Manfred E. Berger

Renate Schmidt »Was ich will«

Im Gespräch mit Manfred E. Berger

Renate Schmidt »Was ich will«

ECON Verlag
Düsseldorf · Wien · New York · Moskau

Die Deutsche Bibliothek – CIP-Einheitsaufnahme

Berger, Manfred E.:
Im Gespräch mit Manfred E. Berger: Renate Schmidt
»Was ich will«. – Düsseldorf; Wien; New York;
Moskau: ECON Verl., 1994
ISBN 3-430-18005-8
NE: Schmidt, Renate:; HST

Gesetzt aus der: Century, Berthold
Satz: Dörlemann-Satz, Lemförde
Papier: Papierfabrik Schleipen GmbH, Bad Dürkheim
Druck und Bindearbeiten: Bercker, Kevelaer
Printed in Germany
ISBN 3-430-18005-8

Inhalt

Und plötzlich war es mehr als Bayern . . .

»Ich zitiere Renate Schmidt: ›Mein Verhältnis zur Macht ist ein ganz einfaches: Ich will sie!‹«
»Hab' ich so gesagt, ja.«
»Gilt das für alle Lebensbereiche?«
»Der Ausspruch bezieht sich konkret auf das Ministerpräsidentenamt in Bayern. Es gibt Lebensbereiche, da verzichte ich liebend gern auf Macht. Macht kann man genießen, aber anderes auch!«
»Frauen und Männer, die sich für Ämter mit politischer Macht bewerben, müssen sich in den schwierigen Nominierungsverfahren ihrer Parteien gegen andere durchsetzen. Und das gelingt nicht immer den Besten.«
»Manchmal ist das so. Sicher. Es kommt auch auf den Zufall, auf Beziehungen und – sagen wir es ruhig – auf Seilschaften an. Und daß dabei der Qualitätsgedanke schon mal auf der Strecke bleibt, das stimmt. Aber das ist nicht die Regel.«
»Frauen und Männer, die sich für Topjobs in der Wirtschaft bewerben, müssen häufig psychologische Testverfahren absolvieren. Wäre es nicht sinnvoll, Politikerinnen und Politiker auch solchen Tests zu unterziehen, bevor man ihnen wichtige Ämter überträgt?«
»Das ist vielleicht reizvoll für Sie, aber was soll dabei rauskommen?«
»Häufig ein ganz anderes Bild, als der Betreffende von sich

selber hat. Jedenfalls aber objektivere Einschätzungen, ob er generell geeignet ist, die Führungsarbeit zu tun, die im angestrebten Amt verlangt wird.«
»Wollen Sie mich etwa testen?«
»Wären Sie denn bereit, sich solch einem Test zu stellen?«
»O Gott! – Wer soll mich denn testen?!«
»Die Psychologin einer renommierten deutschen Personalberatung.«
»Und was soll dabei rauskommen?«
»Ein Bild von Renate Schmidt, das sich eventuell von dem unterscheidet, was sie selbst von sich . . .«
». . . na schön. Eine meiner wichtigsten Eigenschaften ist ja die Neugierde. Aber daß ich in der Lage wäre, sagen wir mal, einen Nudelladen zu führen, weiß ich schon selber.«

Ort und Zeit wurden vereinbart. Trotz des noch ungewissen Ausgangs stimmte Renate Schmidt zu, daß das Testergebnis im geplanten Gesprächsbuch unverändert wiedergegeben werden darf. Damit war das Thema für sie abgehakt, zunächst wenigstens.

Hoffnungen gegen den Strich

Ängstlich zeigt sie sich nicht, die Frau, deren Bekanntheitsgrad in früheren Jahren nicht nur durch politische Präsenz gestiegen ist. Ihre offensichtliche Neigung zu extravagantem Outfit und ihre oft sehr pointierten Äußerungen ließen Gegner und häufig auch Freunde daran zweifeln, ob hinter der Fassade auch Kraft und Kompetenz vorhanden seien. Wäre er nicht vom Gegenteil überzeugt gewesen, hätte sich CSU-Streibl kaum dazu hinreißen lassen, sie öffentlich »Krampfhenne« zu nennen und mit »Mäuschen« zu titulieren.

Während andere Politikerinnen ein erlesenes Kostüm zum Standardlächeln tragen, die besondere Brille oder ein pfiffiges Ohrgehänge zum Markenzeichen machen, zeigt Renate Schmidt mal große Hüte und mal ein »Kommunionskleid«, mit Busen und viel Bein. Statt einer wichtigtuerischen Miene im strengen Rahmen der Frisur bietet sie die Haarpracht eines barocken Engels und ein stets offenes Gesicht. Zum Liebling der Boulevardjournaille avancierte sie - weil netzbestrumpft mit Strapsen - spätestens als Besucherin des Kultfilms *Rocky Horror Picture Show.*

Und dennoch: Als nach Björn Engholms Rücktritt unversehens auch ihr Name im Gerangel um die SPD-Kanzlerkandidatur großgeschrieben wurde, verbanden sich mit ihrer Person unerwartet viele politische Zukunftshoffnungen. Was nicht zuletzt sie selbst überraschte:

»Sie müssen sich das mal vorstellen. Wenn ich mir die Karrieren der anderen, die ich so kenne und die dafür in Frage kamen, anschaue, unterscheidet sich meine diametral davon. Die sind im Regelfall seit zwanzig, dreißig Jahren in der Politik. Sie waren in den unterschiedlichsten Funktionen in der Öffentlichkeit tätig, also bekannt. Ich bin erst seit 1980 Politikerin. Und bis 1990 haben mich nur die Leute in Bayern gekannt oder solche in bestimmten Fachbereichen. Bundesweit wurde ich doch erst wahrgenommen, als ich Vizepräsidentin des Bundestages geworden bin. Und ich habe in das ganze Schema der Engholm-Nachfolge nicht hineingepaßt. Selbst Heidi Wieczorek-Zeul hat dreimal besser reingepaßt als ich.«

»Aber wissen Sie inzwischen, wer Sie vorgeschlagen hat?«

»Nein, ich weiß wirklich nicht, wer auf die Schnapsidee kam. Ich weiß es bis heute nicht. Definitiv.«

»War es ein Medienballon? Oder war es doch der Oskar Lafontaine?«

»Also irgendwie über dpa ist's gekommen. Aber ich habe

keine Namen. Nichts! Das ging los am 1. Mai, als Robert Jungk das in Nürnberg in einer Rede verkündete. Da bin ich sogar rot geworden, was mir nicht mehr sehr häufig passiert. Und dann haben alle geklatscht. Und ich hab' ihn gefragt, was ihm denn da jetzt einfällt!
Er sagte einfach: ›Da reden doch in Bonn alle drüber!‹
Und da habe ich gesagt: ›Lieber Robert Jungk, das muß man dann schon ein bißchen näher definieren, wer denn *alle* ist.‹
Und im übrigen habe ich das wirklich als eine nette kleine Spintisiererei eines älteren Herrn abgetan. Als ich dann die dpa-Meldung auf dem Tisch hatte, habe ich – und das passiert mir auch selten – richtiggehende Magenkrämpfe bekommen. Alles in mir hat sich zusammengezogen.«

Die »Lachnummer« wird zum Doping

»Einige Wochen vorher, als erkennbar war, daß Engholm zurücktreten würde, sprachen wir über mögliche Kandidaturen für die Nachfolge. Auf meine Frage: ›Warum nicht Renate Schmidt?‹ sagten Sie sinngemäß, es sei für Sie zu früh. Ein Kanzler oder eine Kanzlerin müsse größere administrative Erfahrungen haben.«
»Richtig – ich finde, man sollte schon ein bißchen regiert haben, bevor man Bundeskanzler wird!
Für mich ist es nicht die Frage, wie mit großen Apparaten umzugehen ist. Das traue ich mir zu. Wissen Sie, ich bin viel zu mißtrauisch, um mir irgend etwas gefallen zu lassen. Um Verwaltungen zu kontrollieren, muß man eben einen Zahn zulegen, damit es funktioniert. Da hätte ich bei mir keine Sorge. Aber – das Bundeskanzleramt ohne vorherige Regierungserfahrung zu übernehmen wäre ein Akt auf einer zu dürftigen Grundlage. Man sollte Minister eines großen Mi-

nisteriums oder Ministerpräsident gewesen sein, wenn man sich aktiv um eine Kanzlerkandidatur bewirbt. Selbst wenn man vom Jugendministerium käme, wäre es ein bißchen wenig. Es muß keine lange Zeit gewesen sein ...«

»Sie meinen, man müsse sich Standing als ›Erste‹ oder ›Erster‹ erworben haben?«

»Das ist für mich der Punkt. Ich bin jetzt seit drei Jahren die Erste in meinem Landesverband. Ohne Rückversicherung und mit allen Risiken, die jemand hat, der an der Spitze steht. Und mit dem psychologischen Druck, der damit verbunden ist, daß man Verantwortung im wesentlichen alleine zu tragen hat. Bei aller Teamfähigkeit und dem Einbeziehen anderer in viele Entscheidungen bin ich die letztverantwortliche Person. Und das muß doch wohl ein bißchen mehr erprobt sein, bevor man sich an die schwere Aufgabe macht, das Bundeskanzleramt haben zu wollen.«

»Dennoch: Sie waren Kandidatin, Sie widersprachen dem auch nicht. Auch nicht in einer gemeinsamen Fernsehsendung mit Gerhard Schröder, die von Fritz Pleitgen moderiert wurde. In dieser Sendung wurde Ihre Kandidatur als ›Lachnummer‹ apostrophiert.«

»Ich war stinksauer! Bei dieser Gelegenheit konnte ich nach sehr langer Zeit wieder einmal feststellen, daß es eben doch etwas ausmacht, eine Frau zu sein. Einem Mann, gleich mit welchem Lebenslauf, hätte man so etwas nicht geboten. Kein Journalist hätte das gewagt!«

»Auch Funktionäre aus der SPD-Parteizentrale sollen Ihre Kandidatur so bezeichnet haben.«

»Ich will ja nicht abstreiten, daß anonyme Funktionäre so etwas gesagt haben könnten. Da waren auch welche, die haben zur Kandidatur Schröders komische Bemerkungen gemacht. Darum geht es aber nicht – sondern ich fühle mich noch immer schlecht behandelt, wenn ich an diese Sendung denke. Gerhard Schröders Kinderbildchen und

seine Karriere wurden wunderschön präsentiert. Über mich gab es nur einen nichtssagenden Beitrag.
Da war kein Gleichgewicht gewollt! Schröder durfte Fragen beantworten, ich nicht. Es war unerträglich. Und deshalb habe ich mich mit Herrn Pleitgen auch nach der Sendung auseinandergesetzt.
Heidi Wieczorek-Zeul und ich waren für diese, ich sag' das mal so, Bonner Journalistenmafia nur Spielmaterial. Und die Herren waren sehr generös. Sie haben uns das nämlich gesagt. Und dazu, daß wir das ja auch selber wüßten, sowohl Heidi als auch ich. Damit wurde die Pleitgen-Sendung für mich ausschlaggebend: So nicht, meine Herren! Das war der Punkt, wo ich mich entschieden habe: Du sagst nicht sofort nein! Dann habe ich Vergleiche gezogen.
Gerhard Schröder hat gleichzeitig mit mir im Bundestag angefangen, war Juso-Vorsitzender, dann vier Jahre lang Fraktionsvorsitzender im niedersächsischen Landtag. Aber ich war immerhin Stellvertretende Fraktionsvorsitzende im Bundestag und bin dessen Vizepräsidentin. Und ich sagte mir: Soviel schlechter sind deine Lebenserfahrungen auch nicht, sie sind anders – aber nicht schlechter. Gerhard Schröder und Rudolf Scharping hatten den Vorteil, daß sie zwei Jahre Regierungserfahrung als Ministerpräsidenten hatten.
Aber während und nach der Fernsehsendung habe ich mir überlegt, daß es ja wohl keine Schande ist, für so ein Amt im Gespräch zu sein. Und dann dachte ich: Nun laß ich die mal wirklich etwas schmoren, die Herren.«
»Stand da nicht ein klein wenig die Überlegung Pate, diese Schmorstrategie zu nutzen, um über die Medien bundesweit und damit auch in Bayern noch häufiger präsent zu sein?«
»Das ist nicht schlecht gesehen.«

Nützliche Kandidatinnenkandidatur

»Im Zeitraum eines Jahres sind fast eintausend Artikel in der Presse erschienen, in denen der Name Renate Schmidt vorkam. Den Platz zwei in der Themenpalette belegte die Kanzlerkandidatinnenkandidatur. War das den Aufwand wert?«

»In bezug auf den Bekanntheitsgrad hat es großen Wert gehabt. Aber was mich am meisten gefreut hat, war die Erkenntnis, daß ich bei den Menschen soviel Resonanz fand. Manche Journalisten sind gehörig auf die Nase gefallen, als sie versuchten, mich in Fernsehsendungen niederzumachen. Auch bei ihren TED-Umfragen kam es dann nicht so, wie sie vorher angenommen hatten. Und das war ihnen manchmal peinlich.

Mir hat es auf keinen Fall geschadet, sondern eher genutzt. Es war für mich eine ganz wichtige Erfahrung. Und alle, die sehen wollten, konnten es sehen: Wer denkt, wir seien inzwischen über die Frauenproblematik hinweg, der hat sich getäuscht. Immer wenn sich eine Frau zutraut, eine Stufe höher zu steigen, dann haben die Herren keine Freude daran, sie blocken ab, wie und wo sie nur können.«

»Empfinden es sozialdemokratisch-bayrische Mannsbilder denn auch jetzt noch als Zumutung, daß ihr Vorsitzender eine Vorsitzende und ihr Ministerpräsidentenkandidat eine Kandidatin ist?«

»Das ist in der Zwischenzeit wirklich kein Thema mehr. Das wird erst wieder ein Thema, wenn ich keinen Erfolg habe. Im Moment habe ich das Gefühl, daß ich sie mitziehe. Der Sache bin ich wohl dienlich und damit ihnen selber auch. Sie haben wohl das Gefühl, daß ich etwas bewege. Das freut sie, und das finden sie gut.«

»Trotzdem gibt es Gemunkel und Geraune.«

»Kennen Sie jemanden, der allen gefällt? Man weiß auch in

der Partei, daß es draußen Leute gibt, die mich als Person und als Frau in der Funktion völlig akzeptieren und doch nicht die SPD wählen. Das liegt dann nicht am Frausein. Jedem Mann an meiner Stelle erginge es genauso. Und das wissen alle bei der BayernSPD.«

Kleine Nachlese

Am 3. Mai 1993 schreibt Helmut Lölhöffel in der *Frankfurter Rundschau* einen Kommentar, in dem er das Scheitern Björn Engholms analysiert. Und er hat den Zustand der SPD beschrieben, der er am Schluß prophezeit, sie stehe »... politisch und personell vor weiteren schweren Entscheidungen. Verheerend wäre für diese Bundesrepublik, wenn ihr gerade jetzt als Gegengewicht zu einer unfähigen Regierung eine funktionsfähige Opposition fehlte«. Vor dieser Passage werden mögliche Nachfolgekandidaten genannt, darunter auch Renate Schmidt. Aber generell wird vermerkt: »Ein SPD-Vorsitzender oder eine -Vorsitzende ist indessen nicht aus dem Hut zu zaubern.«
Einen Tag später schon zauberten die Kollegen vom Boulevard:
Am 4. Mai 1993 berichtete der Kölner *Express*, die Enkelinnen und Enkel seien bereit. Daß die Zeitung auch Helmut Schmidt (74) und Johannes Rau (62) unter die sogenannten Brandt-Enkel einreihte, war insofern ohne weitere Bedeutung, als sie ihnen gleichzeitig nur geringe Chancen auf eine Kanzlerkandidatur für die SPD einräumte! Wie sie im übrigen auch bei Hans-Ulrich Klose und Heidi Wieczorek-Zeul die Chancen nur »gering« schätzte. Bei Gerhard Schröder wurde das Vor-Urteil persönlich – »Chancen: Nicht so gut, wie er selbst glaubt.« Nur Scharpings Chancen wurden mit »gut« bewertet – und die von Renate Schmidt:

»Vorzüge: Wäre erste Frau als Kanzlerkandidatin, gilt als ehrgeizig und schlagfertig, genießt Vertrauen in allen SPD-Flügeln.
Chancen: Gut. Manche Genossen vermissen bei der Bundestags-Vizepräsidentin zwar politischen Tiefgang. Doch sie vertritt als Nicht-Ministerpräsidentin keine Länderinteressen und war nie an den Eifersüchteleien der SPD-Enkel beteiligt.«
Da hatte der *Münchner Merkur* am gleichen Tag ganz andere Ideen. Wahrscheinlich war Wilhelm Christbaum gerade vom Zahnarzt gekommen, als er einen Kommentar unter dem Titel »Kanzlerin Renate?« schrieb.
Der Anfang: »Für Björn Engholm muß das gestern ein Gefühl gewesen sein, als hätte der Zahnarzt aufgehört, am Nerv herumzubohren.« Der Kommentator schreibt über den gewesenen und die potentiellen Gegner von Kanzler Helmut Kohl. Und dann am Schluß: »Die Kandidatendiskussion schlägt ja bereits seltsame Kapriolen. Renate Schmidt, als SPD-Spitzenfrau in Bayern vor allem reif fürs Volkstheater, gilt als mögliche Kanzleranwärterin, Niederlage auch bei ihr inbegriffen. Eine feine Idee: Die Männer in der ersten Reihe blockieren sich aus Neid gegenseitig und einigen sich auf eine Dame, unter deren Führung jeder macht, was er will. Kohl würde sich wohl biegen vor Lachen. Das wird die SPD doch nicht wollen? Mancher Wähler kommt sich schon jetzt vor, als würde er den Zahnarztbohrer an seinen Nerven spüren.«
Nicht beim Zahnarzt war dagegen Thomas Fricker, der am 5. Mai 1993 in den *Badischen Neuesten Nachrichten* und den *Kieler Nachrichten* ausführlich aus Bonn berichtete. Hinter dem Bewerberquartett Scharping, Schröder, Wieczorek-Zeul und Schmidt sah er – »dem Vernehmen nach gar nicht mit schlechten Aussichten« – den Saarbrücker Oskar Lafontaine auf seine Chance »lauern«. Über Renate Schmidt schrieb er:

»›Es gibt niemanden in verantwortlicher Position, der in dieser Situation sagen kann: Nie‹, schwadronierte die 49jährige vielsagend. Die Bundestagsvizepräsidentin gilt bei der SPD seit Jahren für allerhöchste Ämter tauglich. Insider halten die Nürnbergerin zuweilen für überbewertet. Aus der Gewerkschaftsriege stammend, zählte sie ursprünglich zum linken Parteiflügel. Als eine der ersten SPD-Spitzenkräfte schwenkte sie aber etwa in der Asylfrage um und fiel damit in Bayern bei ihrer Partei prompt durch.«
Am 6. Mai meinte die *taz*: »Die Partei peitscht Engholms Erben in den Endspurt« und entdeckte ganz nebenbei, daß der Abgeordnete Kuhlwein einen »mutigen und kontaktfreudigen Vorsitzenden« haben wolle und Rudolf Dreßler vorschlage. »Das fand dieser selbst absurd«, schrieb die *taz*, die auch berichtete, daß Wolfgang Thierse und Herta Däubler-Gmelin für eine Urwahl werben würden. Die Stellvertretende Fraktionsvorsitzende habe Renate Schmidt eine »hervorragende Kandidatin« genannt, und auch die AsF-Vorsitzende Karin Junker würde eine Schmidt-Kandidatur begrüßen.
Ebenfalls am 6. Mai veröffentlichte *Die Woche* die Ergebnisse einer FORSA-Umfrage. Wer neuer Kanzlerkandidat werden solle, war gefragt worden. 32 Prozent wollten Schröder, 19 Prozent Schmidt und 11 Prozent Scharping.
Am 8. Mai berichtete Ilse Weiss in der Münchener *Abendzeitung* vom Politikerstammtisch aus Nürnberg, Renate Schmidt habe gesagt: »Meine Chancen sind besser, als ich selbst geglaubt habe.« Und die *Ostsee-Zeitung* schmeichelte Renate Schmidt am 10. Mai mit einer Meinung der *Financial Times*: Sie sei die beste Bewerberin für die Nachfolge und könne mit einem Quantum süddeutscher Leidenschaft eine frische Brise in die Bundestagswahl 1994 bringen.
Daraus wurde im Zusammenhang mit einer Kanzlerkandidatur bekannterweise nichts. Aber damals war es mehr als

eine Brise im Blätterwald. Der Wirbel dauerte nicht viele Tage, aber es erschienen 64 Artikel mit mehr oder weniger ausführlichen Meldungen über die Kanzlerkandidatenkandidatur der Renate Schmidt, die sie dann am 12. Mai selbst mit einer »Mitteilung für die Presse« beendete. Eine kurze Zeitspanne. Tage, die aber noch neugieriger machten – auf den Menschen und die Politikerin Renate Schmidt.

Renate Schmidt macht einen »Eignungstest«

Die Psychologin Rabia Haack von der ifp-Personalberatung ging gewohnt professionell zu Werke. Und falls Renate Schmidt unsicher gewesen sein sollte, als der Test begann, überspielte sie dies mit spritzigen Bemerkungen und mit Lachern aus ihrem gewohnten Repertoire. Über drei Stunden dauerte die Klausur der Frauen. Und beiden sah man später an, daß sie in diesen drei Stunden hart gearbeitet hatten.

Rabia Haack: »Anstrengend war es einfach deshalb, weil Frau Schmidt es sehr gut versteht, ein Gegenüber für sich einzunehmen. Man wird in ihren Bann gezogen. Und im Verlauf des Tests erlebt man dann die Wechselbäder: wohlwollend und mir zugewandt, dann wieder reserviert und kühl, dann fast aggressiv sogar. Aber ich erlebe auch mit Managerbewerbern für Großkonzerne, daß meine Visitenkarte ganz unwillkürlich vom Tisch gewischt wird, wenn sich jemand ärgert, weil er mein Verfahren nicht durchschaut.«

Später dann Renate Schmidt: »Also, was die mit den Bildern wollten, damit komm' ich ja überhaupt nicht klar! – So. Was liegt jetzt an?«

»Welche Bilder meinen Sie?«

»So altmodische Darstellungen von Leuten. So, wie man das doch heut gar nicht mehr zeigt. Ganz altmodisch.«

Wenige Wochen später liegt die »Einzelbegutachtung über Frau Renate Schmidt, geb. am 12. Dezember 1943«, vor. Die Psychologin erklärt auf Nachfrage, was es mit den »altmodischen Bildern« auf sich hat:

»Ich habe nach dem langen Gespräch drei Testverfahren angewandt. Was Frau Schmidt meint, sind die TAT-Tafeln, ein altbekanntes und altbewährtes Verfahren, in der Psychologie ein klassisches Instrumentarium. Ob altmodisch oder hin oder her, da geht es gar nicht um die Bilder, sondern darum, wie eine Person mit so einem Bild umgeht, was sie hineininterpretiert. Da ist nichts falsch, und nichts ist richtig, es kommt darauf an, wie die gezeigte Situation gedeutet wird. Das sind eben Bleistiftzeichnungen – ein bißchen konservativ vielleicht. Aber das könnte man auch mit sogenannten moderneren Bildern machen. Aus dem Verhalten und den verbalen Reaktionen können wir dann schließen, wie zum Beispiel das Konfliktverhalten ist – und so fort.«

Nachdem sie das Gutachten kannte, hatte Renate Schmidt noch Fragen an Rabia Haack. Es gab ein vertiefendes Gespräch zwischen den beiden Frauen:

»Ich wollte schlicht und einfach ein bißchen detaillierter wissen, was eigentlich woraus resultiert. Ich habe so etwas zum erstenmal gemacht und wollte etwas über die Verfahren wissen. Und warum ich da so Plättchen hin- und herschieben mußte. Das war der eine Teil. Denn ich hab' mich schon wiedererkannt im Ergebnis. Und der zweite Teil betraf einen Satz, eine Andeutung, über mein Verhältnis zu Männern. Ich habe mich auch da wiedererkannt und kann den Zwiespalt jetzt genauer definieren: auf der einen Seite starke Frau zu sein und auf der anderen Seite im Privatleben mal schlicht sagen zu können: ›Es ist mir Wurscht – ich bin den ganzen Tag starke Frau, bitte jetzt nicht mehr!‹«

Renate Schmidt hatte in gewissen Abständen deutlich zu erkennen gegeben, daß sie neugierig auf das Gutachten sei, dessen vollständiger Text hier folgt.

Einzelbegutachtung über Renate Schmidt,
geboren am 12. Dezember 1943

I. Erster Eindruck

Mit Frau Renate Schmidt lernen wir eine lebendige und resolute Frau kennen, die eine offene und klare Sprache spricht. Durch ihr ungekünsteltes, natürliches Auftreten trägt sie zu einer angenehmen Gesprächsatmosphäre bei. Die an sie gestellten Fragen beantwortet sie bereitwillig und ohne Umschweife. In ihren Ausführungen neigt sie weder zur Weitschweifigkeit noch zur Wortkargheit, so daß sie insgesamt eine gute Mischung zwischen ausführlicher Darstellung und Konzentration auf das Wesentliche trifft.
Nicht nur in ihrem sprachlichen Ausdrucksvermögen bleibt sich Frau Schmidt treu, sondern auch in ihrem Gesamtverhalten erlebt man sie als eine authentische Persönlichkeit. Sie ist keine Frau, die sich verstellt und durch Wohlverhalten zu gefallen versucht. Weder überschwengliche Höflichkeit noch ein verstärkt kalkulierendes, auf den Partner zugeschnittenes, taktierendes Anpassungsverhalten mit kühler Distanziertheit und Glätte entsprechen ihrem burschikosen Naturell.
Unbeeindruckt von Konventionen und gesellschaftlichen Normen, fällt es Frau Schmidt von daher nicht schwer, unerschrocken und selbstbewußt, aber auch bestimmend aufzutreten. Sowenig sie bemüht ist, sich durch scheinbar geistreich-intellektuelle Aussagen zur Schau zu stellen, sowenig ist sie auch bestrebt, weiblichen Klischeevorstellungen zu entsprechen. Auch hier bleibt Frau Schmidt echt und unverfälscht.

Als Vizepräsidentin des Deutschen Bundestages und als Landesvorsitzende der bayrischen SPD gehört Frau Renate Schmidt zu den Spitzenpolitikerinnen und damit zu dem Personenkreis des öffentlichen Lebens. Insoweit verzichtet die Verfasserin auf eine detaillierte Werdegangsanalyse. Auf biographische Daten wird nur insoweit eingegangen, als sie für die Persönlichkeitsprägung aus psychologischer Sicht entscheidend sind.

Frau Renate Schmidt wurde in Hanau geboren, verbrachte aber ihre Kindheit überwiegend in Coburg, einer Kleinstadt, in der sie sich sehr wohl fühlte. Hier war sie beliebt und anerkannt, hatte einen großen Freundeskreis und konnte in einem vertrauten und überschaubaren Umfeld ihr lebhaftes Temperament entwickeln. So gründete sie beispielsweise eine »Viererbande« (Zitat), spielte Theater und nahm ansonsten an vielen Aktivitäten teil, wobei sie nie eine Mitläuferin war, sondern häufig eine exponierte Stellung innerhalb ihrer Gruppe einnahm. Sie war diejenige, die alles »managte« (Zitat) und damit letztlich auch die Ziele bestimmte.

Ihre wache Neugierde, ihr großes Interesse an ihrer Mit- und Umwelt machen deutlich, daß Frau Schmidt ihre engsten Angehörigen nicht als alleinige Bezugspersonen erlebte. Wenn jemand von ihren Familienangehörigen ihre Entwicklung prägte, so war es zum einen ihre Großmutter, zum anderen ihr Vater.

Ein inniges Verhältnis hatte Frau Schmidt vor allem zu ihrer Großmutter, die sie als ihre intellektuelle Förderin erlebte. Sie führte Frau Schmidt in die Literatur ein, weckte ihre Freude am Aufsatzschreiben und regte damit auch ihre Phantasie an. Mit ihrer Unterstützung gelang es Frau Schmidt – gegen den Widerstand ihrer Eltern –, den Besuch des Gymnasiums durchzusetzen.

Den starken Einfluß ihrer Großmutter spürt man auch heute noch. Trotz ihrer zahlreichen Verpflichtungen schafft sich Frau Schmidt immer wieder Freiräume, in denen sie kulturelle Ereignisse genießt und sich ihrer Leidenschaft, dem Lesen, hingibt. Auch die Grund-

steine für ihr ungebrochenes Selbstbewußtsein – »Ich war immer vom Gesamtkunstwerk Renate Schmidt überzeugt« (Zitat) – dürften unter anderem durch die positive Unterstützung ihrer Großmutter gelegt worden sein.
Ihren Vater erlebte Frau Schmidt dahingegen als »ferne Person« (Zitat). Da er sich immer einen Sohn gewünscht hatte – »Irgendwie bin ich das dann auch geworden« (Zitat) –, war er in ihren Augen kein »typischer Töchtervater« (Zitat). So verlangte er von ihr Mutproben und Glanzleistungen in Sportarten, die ihr verhaßt waren. Lediglich am Schwimmen fand sie Freude – eine Sportart, die sie besser beherrschte als er.
Trotz des ambivalenten Verhältnisses zu ihrem Vater respektierte und achtete sie ihn. Seine Fähigkeit, auf sich selbst keine Rücksicht zu nehmen, für andere da zu sein – »Wir hatten immer ein offenes Haus« (Zitat) –, bewunderte sie. Seine Pedanterie und seinen Ordnungsfanatismus lehnte sie hingegen entschieden ab, obwohl sie – wenn auch im übertragenen Sinne – diese Werte ebenfalls verinnerlichte.
Ihr Talent, sich schnell auf neue Sachverhalte einstellen zu können, und ihre Fähigkeit, auch in scheinbar ausweglosen Situationen noch eine Lösung zu finden, hat Frau Schmidt – wie ihre Entwicklung zeigt – nicht nur ausgebaut, sondern ausbauen müssen. Vorgelebt wurde ihr dies unter anderem von ihrer Mutter, die aufgrund der wirtschaftlichen Verhältnisse Berufstätigkeiten unterschiedlichster Art nachging. Sie schätzte deren praktischen Sinn und ihr klares Weltbild.
Ihre drei Jahre jüngere Schwester erlebt Frau Schmidt als grundverschieden. Sich selbst sah sie immer als die unbequeme Rebellin.
Ihre erste Identitätskrise durchlebte Frau Schmidt mit dem Umzug nach Nürnberg. Damals war sie gerade vierzehn Jahre alt. Galt sie in Coburg aufgrund ihrer Lebendigkeit und ihrer Stellung im Klassenverband – sie war Klassensprecherin – als etwas Besonderes, so war sie in Nürnberg ein »Nobody«. Rückblickend betrachtet meint Frau Schmidt, daß ein solcher Dämpfer für ihre persönliche Entwicklung sehr wichtig gewesen sei, da sie ansonsten ein allzu

überzogenes Selbstbild aufrechterhalten hätte. So lernte sie, sich in bestehende Strukturen einzufügen und durch Beharrlichkeit und Ausdauer – Eigenschaften, die ihr im späteren Berufsleben noch zugute kommen sollten – voranzukommen. Sie wurde eine fleißige Schülerin.

Ihre Eigenwilligkeit und ihr Bestreben, Dinge nach eigenen Maßstäben zu beurteilen, kommt dann auch in ihrer Einstellung zu ihrer frühen Schwangerschaft zum Ausdruck. Frau Schmidt erwartete kurz vor ihrem Abitur im Alter von achtzehn Jahren von ihrem damaligen Freund und späteren Ehemann ein Kind. So erlebte sie ihre Schwangerschaft als etwas Selbstverständliches, obwohl dieser Umstand letztlich dazu führte, daß sie das Gymnasium vorzeitig verlassen mußte. Da Frau Schmidt von ihrer Persönlichkeitsstruktur ohnehin nicht zu den Menschen gehört, die bestehende Sachverhalte bis ins kleinste Detail analysieren und problematisieren, löste ihr damaliger Zustand in ihr keinen inneren Konflikt aus. Im Gegenteil, sie erlebte diese neuartige Situation als eine Herausforderung. Es galt, der Umwelt, aber auch sich selbst gegenüber zu beweisen, wie stark und unabhängig sie ist.

Die darauffolgenden Jahre waren geprägt durch ein hohes Maß an Selbstdisziplin, Aufopferungsbereitschaft, Ehrgeiz und Fleiß.

Als »quasi Alleinernährerin« war sie für das Wohl ihrer Familie verantwortlich. Beim Großversandhaus Quelle, ihrem ersten und einzigen Arbeitgeber, mußte sie sich als Programmiererin in einer reinen Männerwelt behaupten; als Ehefrau und Mutter von drei Kindern galt es, den Haushalt zu strukturieren und zu organisieren. Trotz dieser Belastungen gelang es Frau Schmidt, sich beruflich durchzusetzen. Bei Quelle entwickelte sie sich von einer »einfachen« Programmiererin zur leitenden Systemanalytikerin, die umfangreiche Projekte steuerte.

Ihr Engagement bezog sich dabei aber nicht nur auf ihr originäres Arbeitsumfeld. Ausgestattet mit einem hohen Gerechtigkeitssinn, setzte sie sich darüber hinaus mit kämpferischem Elan für die Belange der anderen Mitarbeiter im Unternehmen ein.

1973 wurde sie als Betriebsrätin freigestellt und drei Jahre später in den Gesamtbetriebsrat gewählt. 1980 folgte dann ihr endgültiger Schritt in die Politik.

III. Persönlichkeitsstruktur

Analysiert man die berufliche und persönliche Entwicklung von Frau Schmidt, so lernt man eine Frau kennen, die sich immer wieder hohe Ziele steckt und stets bestrebt ist, den Erwartungen voll gerecht zu werden. Daß sie auch in schwierigen Phasen ihre Zuversicht nicht verliert, dürfte zum einen auf ihre emotionale Robustheit, zum anderen aber auch auf ihr ausgeprägtes Geltungsstreben zurückzuführen sein.

Mit Beharrlichkeit und eiserner Konsequenz versucht Frau Schmidt, ihre Vorstellungen zu realisieren. Offene Konfrontationen scheut sie in diesem Zusammenhang weder im Privat- noch im Berufsleben. Ist sie einmal von einer Sache hundertprozentig überzeugt, so wird man sie nur schwer davon abbringen können, auch wenn sie prinzipiell Sachargumenten offen gegenübersteht.

Als eine dynamische, nach vorne drängende und zielorientierte Frau strahlt sie Bestimmtheit und Durchsetzungsvermögen aus. Diese Eigenschaften lassen sie einerseits in der Öffentlichkeit glaubwürdig erscheinen, machen sie andererseits auch etwas hart, so daß sie in ihren Reaktionen im zwischenmenschlichen Bereich schroff wirken kann.

Frau Schmidt ist bestrebt, sich von der Beständigkeit ihrer früheren und jetzigen Kollegen durch besondere Leistungen hervorzuheben, um dadurch im Mittelpunkt zu stehen. In erster Linie möchte Frau Schmidt durch ihre Gestaltungskraft, ihr Engagement und ihren Sachverstand überzeugen; sie versteht es aber auch sehr wohl, ihre Attraktivität bei der Durchsetzung ihrer Vorstellungen gezielt einzusetzen.

Ausgestattet mit einem klaren, festgefügten Weltbild, gelingt es Frau

Schmidt, auch bei noch so komplexen Sachverhalten eine eigene Stellung zu beziehen. Sie ist weder die tiefsinnige Grüblerin noch die intellektuelle Überfliegerin, sondern diejenige, die Probleme anpackt und entsprechende Akzente setzt. Getrieben von einem unbändigen Ehrgeiz, braucht sie ein Umfeld, in dem sie »wirbeln« kann. Wichtig ist ihr dabei das Gefühl der Verantwortung und der Anerkennung.

IV. Schlußfolgerungen

Auch in der Wirtschaft hätte Frau Schmidt sicherlich keinerlei Schwierigkeiten, sich in einer verantwortungsvollen Führungsposition zu behaupten. Sie ist tatkräftig und durchsetzungsstark. Als Führungskraft zeigt sie Standfestigkeit und Profil. Sie weiß sich zu artikulieren, kann präzise argumentieren und ihre Ideen und Vorstellungen mit Überzeugung und entsprechendem Engagement vertreten.

Durch ihre pragmatische Grundhaltung hat sie ein gutes Gespür für das konkret Machbare. Sie ist weniger die »trockene« Theoretikerin als vielmehr die praktisch zupackende Initiatorin, die sich trotzdem durch ein konzentriertes Vorgehen auszeichnet. Probleme schiebt sie nicht zur Seite, sondern befaßt sich so lange aktiv mit ihnen, bis sie gelöst sind.

Im sozialen Umgang zeigt sich Frau Schmidt agil und beweglich. Sie kann sich schnell auf unterschiedliche Situationen und Personengruppen einstellen, ohne ihr konkretes Ziel aus den Augen zu verlieren. Durch ihre Begeisterungsfähigkeit und ihren mitreißenden Schwung gelingt es ihr, sich auch dort Akzeptanz zu schaffen, wo sie zunächst auf Mißtrauen und Skepsis trifft.

Andererseits darf aber auch nicht übersehen werden, daß ihre Selbstkontrolle durch ihr starkes Dominanzstreben eingeschränkt wird. So gibt es durchaus Situationen, in denen Frau Schmidt emotional reagieren kann. Ihre dynamisch-vorwärtsdrängende Art

schlägt vor allem dann in Ungeduld und Ungehaltenheit um, wenn sie das Gefühl hat stillzustehen. Insoweit kann sich die Zusammenarbeit mit ihr entweder sehr angenehm oder aber schwierig gestalten.
Ihre Führungsarbeit wird sie straff, konsequent und zielstrebig meistern. Sie selbst versucht dabei, durch Begeisterungsfähigkeit, Einsatzfreude und Fleiß als Vorbild zu fungieren.
Insgesamt erlebt man Frau Schmidt als eine gestandene Persönlichkeit, die zwar Ecken und Kanten hat, die aber durch ihre Power und Geradlinigkeit zu überzeugen vermag.

»Erkennen Sie sich wieder?«
»Mir fallen natürlich Hunderte von Geschichten ein. Storys und Histörchen. Und zu vielem könnte ich was sagen. Aber – ich fühle mich an vielen Stellen schon so getroffen, wie ich bin. Und die Zusammenarbeit mit mir kann sich sehr angenehm oder auch sehr schwierig gestalten; dies trifft also ohne weiteres zu.«
Und nach einem Lacher sagt sie noch leise: »Also – insgesamt stimmt das, ja.«

Reingestolpert – wie sich Renate Schmidt als lernfähiges System entdeckt

»Rückblickend gesehen, Frau Schmidt, Sie kamen aus Nürnberg, wurden Abgeordnete im Deutschen Bundestag in Bonn. Fremdes Land also, neue Aufgaben und neue Menschen. War Hans-Jochen Vogel ihr Promotor?«

»Also – ich habe ganz am Anfang überhaupt keinen Promotor gehabt. Ich bin da wirklich reingestolpert in die neue Lebensphase, wie Sie sagen. Und ich frage mich heute rückblickend, wieso das so gutgegangen ist. So ganz klar ist mir das nämlich nicht.«

»Wie ist das passiert – das Reinstolpern?«

»Ich habe in Bonn ja tatsächlich niemanden gekannt! Und man muß sich vergegenwärtigen, daß Hans-Jochen Vogel 1980 noch immer ein Vertreter des rechten Parteiflügels war. Er hatte zwar schon einiges in seinem Denken verändert. Er hatte sich auch in einer Vermittlerrolle versucht, zwischen Rechten und Linken. Aber dennoch war er eindeutig zuzuordnen.

Hans-Jochen war damals Listenführer der bayerischen Landespartei. Und in den Augen der meisten von dieser Liste war ich die Linke, die einem Kollegen und Genossen vom rechten Flügel der Partei sein Mandat weggenommen hatte. Da war ich nicht sehr beliebt!

Das hat zwar so nicht gestimmt. Denn der Mann hat das Mandat wegen einer bis heute nicht ganz aufgeklärten Spendenaffäre verloren, die vielleicht auch noch etwas hochgespielt wurde. Zumindest ist er von der Partei nicht mehr aufgestellt worden. Er soll eine Spende der AEG, wo er nach wie vor bezahlter Betriebsrat war, nicht in vollem Umfang an die Partei abgeführt haben. Es war auch meine Meinung, daß jemand, der einen solchen Vorwurf nicht vollständig aus dem Weg räumen kann, nicht geeignet ist, ein Mandat wahrzunehmen . . .«

». . . und dann haben Sie das Mandat bekommen?«

»Ja. Ich bin nominiert worden. Gegen den Willen einer ganzen Menge Leute. Auch gegen den Willen von Bruno Friedrich, der damals Stellvertretender Landesvorsitzender war, bin ich Kandidatin geworden. Ich war eine absolute Außenseiterin, ohne jede Funktion in der Partei. Nie war ich über Nürnberg hinausgekommen, was die Partei betrifft. Nie auf einem Bundesparteitag, nicht auf einem Landesparteitag, nicht mal bei einem Bezirksparteitag bin ich gewesen. Grad' mal im Stadtteil war ich bekannt, durch die Bürgerinitiative für den Kinderspielplatz. Und man hat gewußt, daß ich Betriebsrätin war. Das war's aber auch schon.«

»Aber wenn Sie sich dem linken Flügel zugehörig fühlten und aktiv Gewerkschaftsarbeit gemacht haben, gab es doch ganz sicher gewerkschaftliche Unterstützung . . .«

»Ja. Nur hat das in diesem Fall nichts genutzt! Meine Gewerkschaft Handel, Banken und Versicherungen, die HBV, hat ein Grußtelegramm geschickt, an die Nominierungsversammlung. Da habe ich ganz schnell abgewinkt und darum gebeten, es nicht zu verlesen. Das wäre kontraproduktiv gewesen. Dieser Kollege vom AEG-Betriebsrat hatte nämlich eine viel mächtigere Gewerkschaft hinter sich – die IG Metall! Auch als klar war, daß mein Vorgänger nicht mehr aufgestellt werden würde, standen die Kollegen von der IG Metall noch mit Transparenten vor den Türen und haben Stimmung gemacht.«

»Gegen Sie und Ihre Kandidatur?«

»O ja! Die machten Stimmung gegen mich und alle anderen neuen Kandidaten. Einer von denen war zum damaligen Zeitpunkt schon 40 Jahre in der Partei, ein anderer fünfundzwanzig Jahre und der dritte ebenfalls fünfundzwanzig Jahre und nicht sehr viel älter als ich. Daß schließlich ich aufgestellt worden bin, das war schon eine kleine Sensation. Ja – es war sogar *die* Sensation!«
»Wie kam es denn zu dieser Sensation – hatten Sie aus freien Stücken selber ›Hier‹ gerufen?«
»Nein, nein! Mich haben Frauen vorgeschlagen, die ich aber auch nicht kannte. Die Vorsitzende der AsF, der Arbeitsgemeinschaft sozialdemokratischer Frauen, Helene Kühnlein, hatte ich bis zu diesem Zeitpunkt noch nie persönlich gesehen. Sie hat mich angerufen und gesagt: Du, wir sitzen da zusammen, und wir haben gedacht, daß du das machen solltest . . .«
»Haben Sie nicht nachgefragt: Und warum denkt ihr das?«
»Doch! Aber erst hab' ich denen gesagt, das sei absurd! Und erst dann habe ich gefragt. Denn eine solche Kandidatur lag damals weit abseits von allem, über das ich mir Gedanken machte. Dann sagten die: ›Du hättest eine große Chance! Du bist Betriebsrätin, und endlich wäre da mal jemand, der unverbraucht ist!‹ Und außerdem hätten Frauen jetzt überhaupt die großen Möglichkeiten, meinten sie noch.
Dann kam noch Berthold Kamm, der mich in die Partei aufgenommen hatte und im Landtag war, und wollte mich überzeugen. Er verfügte zwar nicht über eine Hausmacht, war aber auf meiner Seite. Und für viele andere war ich dann wohl die richtige Verhinderungskandidatin gegen den Genossen, der nicht mehr aufgestellt werden sollte. Wenn die vorher gewußt hätten, wer dann alles gegen mich antritt, hätten sie mich wahrscheinlich erst gar nicht gefragt.«

Bevor Renate Schmidt sich sagte: »Ich versuch's«, war sie »eigentlich kein unglücklicher Mensch«. Sie hatte einen Beruf erlernt, den sie mochte. Dann wurde sie freigestellte Betriebsrätin. Und sie verdiente genug, um ihre Familie durchzubringen. Bevor sie »Ja« sagte zu der ihr angetragenen Kandidatur, hatte sie sich zwar schon einmal überlegt, ob sie hauptamtlich zu den Gewerkschaften gehen sollte. Irgendwie spürte sie, daß nach sieben Jahren ein Wechsel vielleicht sinnvoll sei.

»In alle Ewigkeit« freigestellte Betriebsrätin zu sein, begann ihr auch deshalb fragwürdig zu werden, weil sie in einem Betriebsrat eigentlich mehr tun wollte, als darüber zu verhandeln, zu welchen Konditionen Mitarbeiter im eigenen Hause einkaufen dürfen. Doch die Idee, sich aufzumachen, um in die große Politik zu gehen, war ihr trotz allen Überlegens nicht gekommen. Ihre Sätze sind von viel Lachen begleitet, wenn sie über die für sie so entscheidenden Tage spricht.

»Ja – ja, was wäre denn möglich? habe ich mich immer gefragt. Du kannst ja nicht bis zum Ende deiner Tage bei dieser ›Quelle‹ bleiben. Es war eben die Lust da, etwas anderes zu machen. Aber doch nicht etwas so weit Entferntes! Und nicht so etwas, wo man dann andauernd Reden halten muß – so etwas, wo man immer an seinem Foto vorbeifahren muß, und solche komischen Sachen. Wirklich, das war vollkommen außerhalb meines Denkens.

Und dann war ich sehr erstaunt darüber, wie mich die anderen Menschen sahen. Ich habe damals über mich selbst ein Stückchen mehr erfahren. Damals – damit meine ich den 17. Dezember 1979, ein Datum, das ich nie vergessen werde. Da saß ich im Wohnzimmer und schrieb Artikel für die Betriebsratszeitungen.

Ich hatte das Essen zum drittenmal aufgewärmt und hab' geflucht, weil mein Alter nicht nach Hause kam. Der war bei einer Parteiversammlung. Als er dann kam, war er total geschafft. Auch deshalb, weil wir am Abend davor Gäste hatten und erst um drei ins Bett gekommen waren. Dann saß er seit neun in der Früh in diesem Parteiausschuß. Jetzt sagte er mir nur: ›Der wird nicht mehr aufgestellt ...‹ und sank ins Bett. ›Genau so‹, dachte ich mir, ›hab' ich mir einen Familiensonntag immer vorgestellt.‹
Das war die Situation. Dann ging zum erstenmal das Telefon. Mein Mann hat geschlafen, als dieser erste Anruf kam. Und ich habe der Helene sofort gesagt, das sei ein absolut absurder Vorschlag! – ›Ich könnte dir jetzt sofort sagen, kommt überhaupt nicht in Frage. Rechne auch bitte zu 95 Prozent damit, daß das nichts wird. Ich will aber noch mit meinem Gerhard reden. Danach rufe ich dich an.‹
Als dann der zweite Anruf kam, hat mein Mann noch immer geschlafen. Berthold Kamm war am Telefon. Es saßen da irgendwelche Menschen zusammen, die ich alle nicht kannte, und ließen mir ausrichten, ich hätte mich immer geweigert, in den Stadtrat zu gehen, aber nun sei ich dran!
›Ich bin überhaupt nichts‹, habe ich denen gesagt. Und dann dachte ich, wenn ich das nachher dem Gerhard erzähle, lacht der schallend und sagt: ›Die spinnen ja!‹ Doch der hat vollkommen anders reagiert. Erst danach habe ich selbst angefangen, ernsthaft darüber nachzudenken.
Ich habe dann meinen Chef aus der Datenverarbeitung um Rat gebeten. ›Frau Schmidt‹, hat er gesagt, ›das ist etwas, wofür sie hundertprozentig geeignet sind.‹ Dann habe ich mit meinem Betriebsratsvorsitzenden gesprochen. Es kam die gleiche Reaktion. Er hat aber auch gesagt: ›Überlegen Sie, was Sie sich damit antun ...‹ Auch noch einen weiteren Vertrauten aus dem Personalwesen der Firma habe ich um Rat gebeten.

Vier Männer habe ich also befragt. Und immer auch mit der kleinen Hoffnung, daß einer mir sagt, das sei eine Nummer zu groß für mich. Aber nirgendwo kam diese Reaktion. Im Gegenteil. Ganz euphorisch wurde mir zugeraten. Dann habe ich mich immer wieder selbst gefragt, was ich eigentlich will. Es ging bis ins körperliche Unbehagen. Diese ganze Geschichte brachte mein Inneres total durcheinander.
Ich hatte anfänglich auch nur ganz vage Vorstellungen von dem, was da auf mich zukommen könnte. Ich hatte politische Gefühle, ja. Aber ich habe wenig, eigentlich gar nichts gewußt. Um ein paar lokale Sachen hatte ich mich gekümmert, auch Zeitung gelesen – aber selbst das nicht immer. Es war wirklich schrecklich. Alles. Ja, das waren meine Gefühle.
Ich hatte viele Gespräche mit Gerhard, meinem Mann. Und mit meinem jüngsten Sohn. Mit den älteren Kindern auch, aber nicht so intensiv. Meine Tochter wohnte nicht mehr zu Hause, und mein Sohn Alexander war schon siebzehn, also in einem Alter, wo das Argument ›Eure Mutter bleibt euch erhalten‹ nicht mehr von so großer Bedeutung schien. Aber mit unserem damals zehnjährigen Florian habe ich lange Gespräche geführt.
Für meine Entscheidung mit ausschlaggebend waren auch die Informationen, die ich von der Ehefrau eines Nürnberger Bundestagsabgeordneten im Gespräch erhielt. Denn was wußte ich vorher schon von Sitzungswochen, von sitzungsfreien Wochen und so weiter und so fort. Als ich mehr über den Alltag eines Abgeordneten erfahren hatte, ging es mir etwas besser.«

Am 17. Dezember war Renate Schmidt gefragt worden. Sie wollte ihre Entscheidung nicht über Weihnachten vertagen. Deshalb sagte sie für den 23. ihre Entscheidung zu und hielt sich an diesen Termin. Und am 10. Januar 1980 trat sie erstmals »gegen die Mannsbilder« an.

»Ich muß sagen: Wir durften in der Reihenfolge des Alphabets antreten, dadurch war ich auf dem letzten Platz. Jeder hatte zehn Minuten Redezeit. Bei mir ging's ja wirklich nicht um die Existenz. Aber ich war aufgeregt wie noch nie. Nach meinen ersten drei Sätzen haben alle gelacht. Dann habe ich gesagt, was ich will und welche Positionen ich vertrete.«
Sie bekam den meisten Beifall und schon im ersten Wahlgang die meisten Stimmen. Ein Gegenkandidat verzichtete dann zu ihren Gunsten, und der andere war ihr in der Stichwahl unterlegen. Sehr bemerkenswert, wenn man bedenkt, daß sie angab, noch gar nicht zu wissen, was sie politisch wollte. Wie analysiert sie ihren damaligen Erfolg?
»Ich hatte keine Angst! Ich hatte meinen Beruf und mußte nicht ganz dringend in die Politik, um eine Existenz zu gründen. Ich war eben nur aufgeregt. Aber die Leute haben bemerkt, daß ich was rüberbringen kann. Schaun Sie, der eine Gegenkandidat war schon ein älterer Mann, und die Delegierten wollten wohl jemanden mit zeitlicher Perspektive. Der andere Kandidat hat wirklich nur rumgestottert. Und der dritte Mann hat zehn Minuten über Radwege geredet.
Für mich waren zwei Fragen ganz wichtig: Kernenergie und Nachrüstungsbeschluß. Da hab' ich mich ein wenig ausgekannt. Und dann habe ich noch ein paar Positionen aus dem sozialen Bereich vorgestellt, ja, und mich selber. Und die Delegierten haben sich das schlicht angehört und angesehen und haben sich wahrscheinlich gefragt, wie diese Frau auf Außenstehende wirkt.«
»Hat das Argument ›Frau‹ eine große Rolle gespielt?«
»Ja, sicherlich!«
»Haben Sie das auch angesprochen?«
»Nur am Rande. – Das sieht doch jeder!«
»Damals sahen Sie ganz anders aus, schwarzer Pullover, Brille mit schmalen Gläsern und dickem schwarzen Rand . . .«

»... ich hatte mehr Formen, weil ich damals viel mehr Kilo auf die Waage gebracht habe.«
»Und irgendwann, viel später, hatten wieder mal andere die Idee, daß Sie das gestandene Mannsbild Hiersemann als Vorsitzenden der BayernSPD ablösen sollten ...«
»Ich war eben ein gestandenes Weibsbild ...«
»... um, so die Hoffnung, die deprimierende Geschichte der BayernSPD zu beenden, die gleichzeitig die Geschichte der unendlichen Siege der CSU ist. Bis dahin hatten Sie einen weiten Weg zu gehen. Sie wußten noch nicht recht, was Sie politisch wollten, und kamen dennoch in den Bundestag. Erzählen Sie mal nach dem Motto: Ich kam, und da ...«
»Ja, also, das war ... Ich habe also bei der Bundestagswahl 1980 das Direktmandat in Nürnberg gewonnen. Das war wichtig für meinen Start in Bonn. Wäre ich nur über die Landesliste in den Bundestag gekommen, wäre mir vieles schwerer geworden. Die Leute haben plötzlich gesehen, daß die Frau ja auch 'ne Wahl gewinnen kann!
Ich selbst hatte mich als ›lernfähiges System‹ entdeckt. Den Begriff, auf Menschen angewandt, habe ich erst später von Helmut Schmidt gehört. Aber damals, als ich in den Bundestag kam, da war ich so. Für die Bonner war ich zwar ›die Linke‹ – und generell eine Außenseiterin. Aber ›dieses unmögliche Weibsbild‹, wie einer sagte, gewann in einer nicht ganz einfachen Situation plötzlich einen Wahlkreis, ein Direktmandat. Das hat mir sehr geholfen bei meinem Start in Bonn.«

»Küssen« im Bundestag

»Damals waren wir nur 10 Prozent Frauen in der Fraktion. Und manches hat mich vielleicht von den anderen unterschieden. Jedenfalls habe ich meinen Mund aufgemacht.

Und meine zwei ersten Reden im Bundestag waren wohl auch anders, als man sie von den längerdienenden Politikerinnen gewohnt war. Von meiner zweiten Rede ist bereits ein Auszug im ZDF-Heute übertragen worden. Da ging's um Frauenpolitik. Helmut Schmidt und ich, wir hatten beide ein Gedicht in unsere Reden eingebaut . . .«

»Deutscher Bundestag, 9. Wahlperiode, Stenographischer Bericht, 26. Sitzung, Bonn, Donnerstag, den 19. März 1981, Seite 1156:
Frau Schmidt (Nürnberg)
. . . Lassen Sie mich zur Illustration noch ein ganz klein wenig literarisch werden und mit Erlaubnis des Herrn Präsidenten aus einem Gedicht zitieren:
Du hast Hände, die schreiben und streicheln und bauen können.
Du hast einen Mund, der sprechen und küssen und lächeln kann.
Du hast Beine, die gehen und stehen und tanzen können.
Du hast Augen, du hast einen Kopf.
Du kannst sehen, denken, rechnen, überlegen und fordern.
Du kannst erfinden, dichten, erkennen, verändern.
Eigentlich bist du ein Mensch,
keine Kuh, kein Staubsauger, keine Kaffeemaschine, keine Legehenne, keine Puppe.
Du bist ein Mensch.
Du kannst sogar einen Menschen zur Welt bringen.
Deshalb bist du arbeitslos,
deshalb bekommst du weniger Ausbildung, weniger Lohn.
Du bist eine Frau.
. . .«

»Der Bundeskanzler Helmut Schmidt hat aus Schillers ›Glocke‹ zitiert. Und – man stelle sich nur vor – ich hatte das

Wort ›küssen‹ ausgesprochen, das im Deutschen Bundestag offensichtlich noch nie ausgesprochen worden war. Und über diese ganz besondere, große Tat bin ich dann sehr schnell da gewesen. In einem kleinen Kreis zwar, in der Fraktion, aber immerhin.
Dann bekam ich plötzlich auch richtige Aufgaben übertragen. Und wie es meine Art ist, habe ich alles sehr ernst genommen. Die Kollegen und Kolleginnen haben manchmal genervt reagiert, weil ich nicht hinnehmen wollte, daß sich bestimmte Sachen nicht verändern, verbessern ließen. Aber ich habe immer wieder nachgehakt – meistens mit Erfolg. Ich hatte wirklich nichts dagegen, daß ich bei den Fraktionsmitarbeitern plötzlich den Namen ›Miss Power‹ weghatte.
Als ganz normale Abgeordnete habe ich in einem Jahr vierzehnmal im Bundestag geredet, was absolut unüblich war. Ich war irgendwo immer mittendrin – habe in der Nachrüstungsdebatte gesprochen, bei Tschernobyl, bei allen großen Debatten, in denen es Zoff gegeben hat. Dann hat mich Dieter Hildebrandt im *Scheibenwischer* erwähnt – alles so Kleinigkeiten, die Aufmerksamkeit erregten. Und wenn man in bestimmten Milieus bekannt geworden ist, in der Politik und einigen der sie tangierenden Bereiche, dann kommen auch die größeren Aufgaben, die man braucht, wenn man nicht nur tingeln will.
Als Herta Däubler-Gmelin den *Arbeitskreis Gleichstellung von Mann und Frau* in der Fraktion abgegeben hatte, wollte Anke Martini die Aufgabe auch gerne übernehmen. Aber die Frauen wollten mich. Hans-Jochen Vogel hat das sehr unterstützt. Damit wurde ich dann auch Stellvertretende Fraktionsvorsitzende und nicht nur für die Gleichstellungsbelange zuständig. Ich war häufig vermittelnd tätig, in anderen Themenkreisen und zwischen verschiedenen Gruppen und Menschen.«

»Sie sprechen von der Aufmerksamkeit, die Ihnen damals entgegengebracht wurde, und von Sympathie. Aber es gab auch die Meinung, Sie seien häufig nicht entschieden genug gewesen. Auch heute noch spricht man von der Unentschiedenheit der Renate Schmidt, wenn es um Personen geht.«
»Ach, das tut mir ja so schrecklich leid! Schaun Sie, ich sehe eben erst die positiven Seiten eines Menschen und dann erst seine Schwächen. Ich komme sowohl mit dem Oskar zurecht als auch mit dem Hans-Jochen oder dem Rudolf. Und ich sage häufig: Denkt doch mal dran, daß wir drei oder vier, daß wir unsere positiven Seiten zusammentun könnten! Es wäre doch gelacht, wenn man da nichts Gescheites draus machen könnte! Man muß nicht dauernd die Schwächen addieren; man kann ja auch einmal die Stärken zusammentun!«
»Womit wir in der Gegenwart gelandet wären. Meine ursprüngliche Frage galt dem, was passierte, nachdem Sie gewählt worden waren. Das also war eine Sensation gewesen. Dann stiegen Sie – wahrscheinlich zum erstenmal im Leben – im Bonner Bahnhof aus dem Zug. Und was geschah dann?«

Frust im Bundestag

»Es war grauenhaft! Ich war orientierungslos und absolut unglücklich. Ich habe jedes Wochenende geheult, zu Hause, wegen nichts und wieder nichts. Ich mußte nur schräg von der Seite her angeredet werden, schon waren die Schleusen offen. Ich wußte überhaupt nicht, wie ich in Bonn was tun sollte, und auch nicht, was ich dort tun sollte. Ich war in diesem Tohuwabohu, in diesem Wust von unterschiedlichsten Anforderungen und Arbeiten völlig hilflos und wußte nicht, was ich wo anpacken kann.

Die Regierungsbildung hat wahnsinnig lange gedauert. Die Festlegung der Ausschüsse im Bundestag hat wahnsinnig lange gedauert. Ich bin in den Ausschuß gekommen, in den ich nicht wollte, in *Jugend, Familie und Gesundheit.* Ich wollte in *Forschung und Technologie.* Da haben die mich aber nicht reingelassen. Und zur Strafe bekam ich die zweite Mitgliedschaft im Ausschuß *Bildung und Wissenschaft.* Davon habe ich aber damals gar nichts verstanden.
Die Berichterstattungen, die ich wollte, bekamen andere. Dann habe ich mich für Themen gemeldet wie zum Beispiel BAföG. Nie hatte ich vorher was gehört davon. Wirklich, so hat das angefangen. Ich war tod-tod-tod-unglücklich, weiß aber noch, wie sich das Blatt wendete.
In meiner Not ging ich zu Peter Conradi, der damals Sprecher der Linken war. Und die Linken, die wußten ja alle so Bescheid! Und die waren ja so progressiv! Und die wußten alles von der Welt, sie wußten überhaupt alles. Ich galt ja auch als ›Linke‹, wußte aber nichts und kam mir schon wieder äußerst blöd vor, da in Bonn.
›Peter‹, habe ich gesagt, ›ihr wißt ja alles! Ihr erzählt, was ihr schon alles gemacht habt, schon 1950! Und von 1965 erzählt ihr und von 72 und von jedem Parteitag, den ich nur dem Namen nach kenne, von dem ich aber nicht weiß, was da geschehen ist. Ihr schmeißt mir das alles um die Ohren, und ich verstehe nur Bahnhof!‹
Ich habe Peter Conradi offen gesagt, wie mir zumute war, und mir war es ernst damit: ›Wenn ich heute unten an Ossis Bar ein Bier trinken würde und es käme einer von den ‚Kanalern' und würde sagen: Sag mal, willst du nicht zu uns in den Kessenicher Hof kommen, du sitzt hier so alleine herum, wie geht's dir denn, können wir dir irgendwie helfen?, dann würde ich sagen: Weißt du was? – Ich komme mit! So, Peter, geht's mir im Moment. Wenn sich nicht irgendeiner von euch jetzt mal hinstellt, die Neuen zusam-

menholt und ihnen was Vernünftiges erzählt, dann geh' ich wirklich. Und wenn ihr nicht aufhört, nur von euren ungeheuren Verdiensten aus vergangenen Tagen zu erzählen, dann werden wahrscheinlich noch mehr gehn!‹ In Wirklichkeit hatte ich den Eindruck, daß die anderen alle Bescheid wußten . . .«

»Haben Sie damals bemerkt, ob es den Parlamentsneulingen in den Fraktionen der anderen Parteien ähnlich erging?«

»Da hatte ich überhaupt keinen Überblick. Ich hatte zwar Kontakt zu Frauen in anderen Parteien. Bei denen war es wohl ähnlich. Aber wirklich darüber geredet hat niemand. Auch nicht die Neuen in meiner Fraktion.

Nach meinem Gespräch mit Peter wurden wir tatsächlich eingeladen. Da saßen wir dann und haben erzählt. Und da habe ich festgestellt, daß ich gar nicht so blöd war, wie ich dachte. Die anderen wußten genausowenig. Die scheitern am selben, habe ich gemerkt, die wissen auch nicht, was sie mit dem ganzen Papier sollen. Die hatten auch das Ende von dem Fädchen nicht gefunden, das man in den Fingern haben muß, um etwas aufzuschnüren. Und als ich dies nun wußte, da ging's mir richtig gut!

Das war am Vorabend meines Geburtstages. Und es ging mir wirklich besser. Mit einer Wut sondergleichen habe ich mich in die Arbeit gestürzt. Im Januar wurde im Ausschuß gefragt, wer zur Ersten Lesung ›Haushalt‹ sprechen wolle. Ich wußte zwar noch nicht mehr, aber habe mich doch gemeldet.«

Renate Schmidt wollte ihre Jungfernrede im Bundestag hinter sich haben. Wollte im Wahlkreis nicht mehr gefragt werden, wann sie endlich eine Rede hält im Parlament. – Prinzipiell, sagt sie, würden die unangenehmen Dinge von ihr immer auf der Stelle erledigt, immer sofort, immer als erstes. Nie mehr wolle sie wegen unangenehmer Sachen

Bauchgrimmen haben und nicht schlafen können. Sie versuche, sagt sie, »das Widerliche, ob Telefonat oder Termin, sofort hinter mich zu bringen. Das Schöne kommt dann als Belohnung obendrauf«.

»Und damals meldeten Sie sich für eine Rede in der immens wichtigen Haushaltsdebatte. In der Materie kannten Sie sich nicht aus. Also hatten Sie keine politische Botschaft, sondern nur den Willen, vor dem Bundestag zu reden?«

»Ach Gott, ja. Damals kam der Referent der Arbeitsgruppe und hat mir eine alte Presseerklärung von sich gegeben. So ungefähr könne ich das doch sagen, meinte der. ›Was soll ich bitte?‹, hab' ich ihn gefragt. ›Ja, ich habe gedacht . . .‹, sagte der. Aber ich wollte meine Rede selbst machen. Und dann habe ich einen ganz groben Fehler begangen – in den Augen eines bestimmten Menschen. Das war der Kollege Egon Lutz aus Nürnberg. Ich bin nämlich nicht zu ihm gegangen mit meinem Redeentwurf. Ich wollte schon Unterstützung haben. Die holte ich mir aber von unserem Ausschußvorsitzenden. Und der Kollege hat mir dann auch den einen und anderen wichtigen Tip gegeben, der mich weitergebracht hat.

Es war so: Von meinem Vorgänger wußte ich, daß der Kollege Lutz jeden als seinen Protegé bezeichnete, der einmal Rat von ihm wollte. Und in diesen Ruf wollte ich nicht kommen; deshalb habe ich ihn nie etwas gefragt. Das hat eine ungeheure Distanz geschaffen, denn er hätte sich so gern als Übervater gesehen. Und nun kam da eine, die selbständig arbeiten wollte. – Ja, dann habe ich meine erste Rede vor dem Bundestag gehalten. Eigentlich ging es ganz gut.«

»Sie sprechen von der Distanz, die Sie geschaffen haben, weil Sie sich nicht Rat holten von jemandem, der dies von Ihnen erwartet hatte. Schafft solche Rigorosität nicht menschliche Abstände, die im politischen Alltag Schaden für die Sache oder für Sie persönlich anrichten können?«

»Ja. Das kann sein. Aber was richtet das andere an? Es gab

Fälle, in denen solche Rigorosität, wie Sie das nennen, Schaden für die Sache stiftete, weil man über bestimmte Zeiträume nicht miteinander arbeiten konnte. Da war Konkurrenzverhalten entstanden, wo keines notwendig gewesen wäre. Aber dieses Konkurrenzverhalten kann man nicht einfach abschaffen, das liegt im Menschen. Egon Lutz hätte mir bestimmt Rat gegeben, guten, vernünftigen Rat, gar keine Frage. Aber von diesem Moment an wäre draußen die Meinung verbreitet worden, daß ich meine Arbeit im wesentlichen nur mit seiner Hilfe bewältige.
Als ich einem Mandatsträger in Nürnberg handschriftlich zum Geburtstag gratulierte, hat der mich angesprochen. ›Ich dachte immer, daß dieses ganze Zeug der Egon macht!‹ sagte der zu mir. Es ist schon bei meinem Vorgänger Hans Batz so gewesen, daß in ganz Nürnberg zu Recht oder zu Unrecht bekannt war, daß Egon die Arbeit für beide macht. Und diesen Eindruck hat Egon stehenlassen. Und was hätte das für mich bedeutet? Ich wäre im Wahlkreis auf Dauer die Nummer zwei gewesen. Und das hätte sich auf alle anderen Ebenen übertragen.«
»Würden Sie das heute etwas anders machen?«
»Ja, aber die Souveränität, die durch Erfolge entsteht, kann man nicht haben, wenn man grad' anfängt und in Papier erstickt.«

Die Zäsur

»Sie hatten sich also eingelebt im Bundestag. Wie ging es weiter nach der ersten Rede?«
»Es ging eigentlich ganz gut. Ich habe mich immer für Dinge gemeldet, die andere nicht machen wollten. Mit dem Gefühl, irgend jemand muß es machen. Ein Beispiel.
Herbert Wehner hatte einen Brief an eine Tierschutzorgani-

sation geschrieben, dessen Kopie wir dann in unserer Post hatten. Da war zu lesen, daß die SPD-Bundestagsfraktion sich sehr darum kümmern werde, Tierversuche einzuschränken. Da habe ich mich gefragt, wie wir das denn machen und wer das macht. Und dann stellte ich fest: Es ist eben nur ein Brief, und tun tut niemand was. Also bin ich in den Gesundheitsausschuß und habe gesagt, ich kümmere mich jetzt darum. Dabei konnte ich dann sehr viel lernen. Wie man mit Verbänden umgeht beispielsweise.
Und so ganz allmählich wuchsen meine Kenntnisse auf allen möglichen Gebieten. Ich wurde in der Fraktion zunehmend akzeptiert, obwohl ich teilweise extrem linke Vorstellungen vertrat. Und – das darf man nicht unterschätzen – ich habe diese Vorstellungen in einer Partei vertreten, die mit der FDP in einer Koalitionsregierung stand. Mit dem Bundeskanzler Helmut Schmidt, der gewiß auch kein Linker war. Aber – meine Vorschläge und meine Arbeit waren wohl verläßlich.«
»Sie waren als Bundestagsabgeordnete Mitglied in zwei Ausschüssen, es sollte weitergehen. Doch dann, 1984, gab es eine Zäsur.«
»Ja, am 13. November 1984 starb mein Mann.«
»Ihr Mann stand nicht im öffentlichen Leben?«
»Nein. Und er war nach außen viel zurückhaltender als ich, aber nicht introvertiert. Er war ein starker Mann. Ich konnte mit dem, was so unter dem Stichwort ›Softie‹ läuft, noch nie etwas anfangen. Wir beide hatten viele Streitereien und Auseinandersetzungen über wichtige und unwichtige Dinge. Aber uns war klar: Egal was passiert, wir beide würden immer zusammenbleiben. Selbst eine andere Beziehung hätte uns nicht auseinandergebracht.
Wir waren seit sechsundzwanzig Jahren zusammen. Ich war fünfzehn, er war siebzehn, als wir uns kennenlernten. Und danach haben wir alle wichtigen Dinge im Leben gemein-

sam getan. So ein gemeinsames Leben ergibt einen Zusammenhalt, der nicht nur an äußeren Daten festzumachen ist.«

»Sie hatten drei Kinder. Es gab viel zu organisieren und zu tun, zumal Sie selbst einen Teil Ihrer Zeit in Bonn verbringen mußten. Hatte Ihr Mann diese Aufgaben übernommen?«

»Ja, das hat er. Wobei ich sagen muß, daß er von sich aus nicht sehr initiativ war. Ausgedacht hab' ich mir fast alles, was wir so machten. Aber er hat es begleitet. Und nicht nur klaglos, sondern im wesentlichen aus Überzeugung und mit Freude. Aber daß wir unsere Wohnung in Nürnberg aufgegeben haben und dann ganz nach Paßberg rausgezogen sind, das war seine Idee. Doch dies alles ist nebensächlich. Als er starb, hatte ich nicht nur meinen Liebsten verloren. Ich hatte auch meinen schärfsten und genauesten Kritiker verloren, der mir so häufig gesagt hat, wo's langgeht.«

»Hatte er keine eigenen Karriere- oder Machtinteressen?«

»Genau die hatte er nicht. Wenn er mir etwas sagte, mußte ich mich nie fragen, warum sagt er das jetzt, was will er damit erreichen. Ich wußte, daß er mich ganz einfach sehr mochte. Und deshalb durfte er es mir auch sagen, wenn er fand, daß ich mich unmöglich verhalte!

Nach seinem Tod kamen natürlich so ganz praktische Dinge auf mich zu, um die ich mich nie hatte kümmern müssen. Nach Jahren mußte ich vieles wieder selbst in die Hand nehmen, was mein Mann für die Familie erledigt hatte. Ich erlebte aber auch, daß meine Tochter und die beiden Söhne, die ja schon recht erwachsen waren, die Kritikerfunktion ganz schnell übernahmen. Und in Teilen, aber wirklich nur in Teilen, übernahmen sie auch die anfallende Arbeit.

Wenn ich jetzt sehe, wie der Zusammenhalt in unserer Familie ist, habe ich viel Freude. Wenn meine Schwiegermutter krank ist oder wenn sonst etwas erledigt werden muß – es ist schon toll, wie diese Familie, bestehend aus Mutter, drei Kindern und Enkeln, funktioniert, obwohl wir alle unser eigenes Leben leben. Es sind sehr gute Erfahrungen, die ich da mache. Also – es ist sehr schön, diese Kinder zu haben. Sie sind gar nicht so, wie ich selbst bin oder wie ich mich sehe. Und ich mußte auch ein bißchen älter werden, um zu sehen, daß es etwas Gutes ist, daß sie sich von mir unterscheiden.«

»Haben die Kinder das politische Interesse ihrer Eltern nicht geerbt?«

»Politisch interessiert sind sie alle drei. Sie haben mitbekommen, was wir gemacht haben, wohin wir gegangen sind. Sie haben gefragt, oder wir haben ihnen unaufgefordert erklärt, warum und wie man dieses oder jenes tut. Und der Jüngste hat schon mit zehn die sogenannten *Elefantenrunden* im Fernsehen kommentiert. Das war manchmal sehr lustig.«

»Wie wirkte sich Ihre familiäre Veränderung auf Ihre Karriere aus?«

»Zunächst mit völligem Stillstand. Ich habe mich mit anderer Arbeit betäubt. Mit körperlicher Arbeit vor allem. Wir haben das ganze Haus umgebaut. Das waren die ersten Wochen. Nur an meinem Geburtstag bin ich für einen Tag nach Bonn geflüchtet, wollte nicht zu Hause sein. Danach haben wir versucht, unser normales Leben zu regeln, damit es vernünftig weitergeht.

Im Januar bin ich dann wieder nach Bonn gegangen, habe aber keine Reden halten wollen. Ich war in zwei Ausschüssen und in der Frauen-Arbeitsgruppe. Damit hatte ich automatisch zu den Vielrednerinnen gezählt. Und ich weiß noch genau, daß im Januar eine Debatte über Zivildienst und Kriegsdienstverweigerung angesetzt war. Über diese Themenkreise hatte ich sehr viel gearbeitet und sollte reden. Ich wollte nicht. Alle möglichen Leute haben mich regelrecht vollgelabert, ich sollte ans Pult. Aber ich habe gesagt: ›Ich kann nicht, liebe Leute. Ich bringe im Moment nichts rüber!‹«

Beginn einer Wandlung

»Dann kam die Phase, in der die Frage des Vorsitzes in der BayernSPD zu entscheiden war, als mich Rudi Schöfberger und Anke Martini gefragt haben, ob ich statt ihrer kandidieren wolle. Das war im Februar und März. Ich konnte es nicht machen. Nicht, daß ich die ganze Zeit geweint hätte. In den Bundestagsausschüssen habe ich normal gearbeitet. Aber ich habe die Leute nicht an mich herankommen lassen. Wenn mir jemand auch nur ein wenig zu nahe kam, habe ich die Krallen ausgefahren.
Es dauerte eine ganze Weile, bis ich meine Selbständigkeit schätzenlernte. Nur – ich konnte es noch nicht zulassen, das positiv zu finden. Mein Körper reagierte mit einer fürchterlichen Allergie, mit großen roten Flecken, mit Fieber und Schüttelfrost und allem anderen, was er an Symptomen hervorbringen kann. Das war im Juli 85. Meine Tochter war schon aus dem Haus, mein ältester Sohn mit seiner Freundin in Urlaub gefahren, mein jüngster Sohn kampierte in einem Zeltlager. Ich war das erste Mal allein. Zu Hause, aber allein. Ich wachte in der Früh auf, wußte, daß ich nach München fahren sollte, und es ging nicht. Drei Wochen lag ich da. Danach bin ich mit meinem jüngsten Sohn für drei Wochen nach Finnland gefahren. Und dort begann das Sich-öffnen-Können. Ich konnte heulen und lachen, wann immer mir danach war. Nach diesem Urlaub ging es mir deutlich besser. Mein Pflichtbewußtsein war wieder da: Man schmeißt nichts hin, was man angefangen hat; man führt, was man anfängt, zu einem vernünftigen Ende; man schaut zu, daß

das mit den Kindern klappt, daß eine Ordnung in allem ist. Also – nicht nur die Preußen haben einen Sinn dafür!
Im Frühjahr 1986 bin ich mit einer ganzen Gruppe – auch Egon Lutz war dabei – zu einem Pfingsturlaub in der Toskana gewesen. Da habe ich bemerkt, daß ich mich wieder fürs Leben interessiere, für andere Menschen – und auch wieder für meine eigene berufliche Zukunft. Ich fühlte mich auch freier.
Denn früher hatte ich mich häufig zurückgenommen, gerade auch im Berufsleben. Es gab so eine innere Bremse, aus Rücksichtnahme auf meinen Mann. Diese innere Einstellung bestimmte einen Status, mit dem ich zufrieden war: Abgeordnete zu sein, das ist doch was. Mehr mußte nicht sein. ›Mehr kannst du deinem Mann nicht zumuten‹ war oft der entscheidende Gedanke gewesen, wenn ich gern was Bestimmtes getan hätte. So wäre ich zum Beispiel wahnsinnig gern nach Bonn zu dieser ersten Friedensdemo gegangen. Aber Gerhard, mein Mann, der wollte nicht. Und dann noch ein Wochenende in Bonn ohne ihn?
Im Sommer 1985 habe ich einfach gemerkt, es ist wie ein stückchenweises Wiederwerden. Dann habe ich Thomas kennengelernt. Ein heftiges Kennenlernen war das am Anfang. Und es war wieder ein Stück vom Wieder-zu-sich-selber-Finden und Wissen-was-los-ist. Und der Thomas, der ging auch mit auf Demos. Die Kinder hatten sich weiter verselbständigt. Und weil ich mich wieder öffnen konnte für andere Menschen, mich wieder interessiert habe, ging es beruflich auch wieder voran.«
»Wer war oder wer ist Thomas?«
»Thomas habe ich bei einer Lesung kennengelernt, bei uns in der Kunsthalle. Dann trafen wir uns wieder, als die Nürnberger SPD ein großes Jubiläum feierte. Er sang dort mit, im Gewerkschaftschor. Nachher gingen wir gemeinsam zum Essen und – na ja. Da war's halt passiert.

Für mich war es eine ganz wichtige Beziehung. Ist es auch heute noch, wenn auch auf einer ganz anderen Ebene. Er ist ein Mensch, der um etwas ringt, der diese Welt verändern will, so wie ich auch. Nur will er's auf eine andere Art und Weise. Ich habe vieles von ihm gelernt, er hat mich mit vielem Neuen konfrontiert. Zum Beispiel im Bereich der Literatur. Politisch war und ist er viel linker als ich.
Es war eine gute Beziehung, die an Schwierigkeiten im persönlichen Bereich scheiterte. Aus seiner Sicht driftete ich in Bereiche ab, zu denen er keinen Zugang mehr hatte. Und ich habe nicht akzeptiert, daß ich mich zurücknehmen sollte, weil es keinen Gleichklang im Erfolg gab.
Als wir uns kennenlernten, habe ich endlich wieder aus dem Tal herausschauen können, in das ich durch den Tod meines Mannes gekommen war. Und als ich die Idee hatte, daß es vielleicht doch auch noch andere männliche menschliche Wesen geben könnte, war Thomas da. Mich haben schon immer Männer fasziniert, die nicht in normale Schubladen einzuordnen waren. Mich haben Künstler interessiert.
Irgendwie ist mein verstorbener Mann auch einer gewesen. In seinem Architektenberuf war er derjenige, der zeichnete, und nicht der, von dem die Statik gemacht wurde. Er fotografierte. Und er hatte eigentlich in allen Belangen eine eher künstlerische Sicht von den Dingen. Auch durch meinen Mann hatte ich eine Menge mehr über Literatur erfahren. Und er spielte Klavier. Im Privaten kann ich mit amusischen und kulturell uninteressierten Menschen nichts anfangen. Und wenn man schon mit jemandem zusammen ist, muß man gemeinsam auf einem Stern leben und nicht getrennt auf zweien.«

Renate Schmidt arbeitete in Ausschüssen des Deutschen Bundestages. Sie erwarb sich das Vertrauen von Hans-Jochen Vogel. Sie wurde Stellvertretende Fraktionsvorsitzende. 1990 eroberte sie wieder das Direktmandat in Nürnberg, das sie schon 1986 gegen Oskar Schneider, den damaligen Bundesbauminister von der CSU, und gegen die stärkste der Grünen, nämlich Petra Kelly, gewonnen hatte. Dann brachten die katastrophalen SPD-Ergebnisse bei den bayerischen Landtagswahlen eine schicksalhafte Wende. Der damalige SPD-Bundesvorsitzende Hans-Jochen Vogel war selbst im bayerischen Landesverband beheimatet. Er rief Renate Schmidt an und forderte: »Renate, da in Bayern muß sich jetzt endlich was ändern!«
Rudi Schöfberger, der bayerische Landesvorsitzende, stand in dem Ruf, sich nicht ausreichend um die Partei gekümmert zu haben. Zwischen ihm und dem sozialdemokratischen Spitzenkandidaten Karl-Heinz Hiersemann gab es außerdem erhebliche Spannungen und Gegensätze. Und nach dem schlechten Wahlergebnis standen beide SPD-Matadoren am Pranger. Renate Schmidt meint auch heute noch, daß weder Hiersemann noch Schöfberger dieses Wahlergebnis zu verantworten gehabt hätten. Sie fragt, wer denn wohl überhaupt in der Lage gewesen wäre, in der damals vorherrschenden Wiedervereinigungseuphorie etwas für die SPD zu bewegen. Und sie meint zu wissen: keiner.
Aber sie weiß auch: »Also, wenn das besser ausgegangen wäre, dann hätte es in der Partei keine Landesvorsitzende Renate Schmidt gegeben!«
So aber sagte Hans-Jochen Vogel zu ihr, nun müsse sie ran. Als sie sich für die Kandidatur entschieden hatte, verband sie ihre Bereitschaftserklärung allerdings mit einem Junktim:

»Ich mache das nur, wenn gleichzeitig eine Organisationsreform durchgezogen wird.«

Renate Schmidt: »Ich war in Bayern in einer Situation, in der ich in meinem Leben häufig war. Ich war in der Funktion der Stellvertreterin. Und darauf war ich scheinbar abonniert. Das war im Betriebsrat so, das war in der Datenverarbeitung an manchen Stellen so, wo ich stellvertretende Teamleiterin war. Und bei der Gewerkschaft war ich Stellvertretende Vorsitzende in Bayern, in der Bundestagsfraktion war ich das auch und eben auch im Landesverband meiner Partei. Und – die SPD stellte ja nicht die stärkste Fraktion im Bundestag. Was also wurde ich: Vizepräsidentin. Nun sagt man einem ja überall, daß der Stellvertreterin/dem Stellvertreter – der Vizin/dem Vize – im Prinzip zugetraut werden müsse, auch Erste/Erster zu sein. Aber zwischen dem Prinzip, das sagt, man könne etwas sein, und dem wirklichen Sein ist doch ein großer Unterschied. Dabei will ich nicht verkennen, daß die Stellvertretung ja etwas sehr, sehr Komfortables ist. Eine der bequemsten Situationen. Sie verschafft Geltung, überträgt aber nicht die volle Verantwortung. Man kann sich in dem Ausmaß zurückziehen, wie man es selber für richtig hält.

Mit dem Vereinigungswirbel und dem denkbar schlechten Wahlergebnis in Bayern entstand 1990 eine ganz neue Situation. Karl-Heinz Hiersemann wurde das unheimlich schlechte Wahlergebnis zugeschrieben, für das auch ich die Mitverantwortung getragen habe. Aber in dem ganzen Strudel von negativen Ereignissen wurde auch erwähnt, daß Karl-Heinz schon zweimal große Niederlagen zu verkraften hatte. Und daß derjenige, der danach ein drittes Mal vorgeschlagen werden solle, schon ganz besondere Qualitäten haben müsse. Zu einem Schwur darauf kam es dann nicht mehr.

Hans-Jochen Vogel fragte mich. In Bonn hatte ich schon

einen gewissen Namen. Es war auch klar, daß ich ein Ministeramt bekommen hätte, wenn wir in eine Regierung eintreten würden. Es gab vieles, das ich in der Fraktion gerne noch gemacht hätte. Nichts langweilte mich. Und solche Optionen gibt man nicht leichtfertig auf.

Die Gespräche in meinem privaten Kreis über das mögliche neue Mandat lösten überhaupt keine Begeisterungsstürme aus. Aber ich habe dann gedacht, daß es irgendwann nicht mehr nach dem Lustprinzip gehen kann. ›Wenn schon nicht mit Lust, dann aber mit einer besseren Organisation‹, sagte ich.

Dann sagten sie: ›Wir wollen dich, aber die neue Organisationsform, die wollen wir nicht.‹ Ich wußte aber: Die Macht ist nicht da, die Organisation stimmt nicht, das Geld stimmt nicht, dann mußt du eben kämpfen! Damit wurde aus einem Muß plötzlich – ja, so was wie Liebe! Ich wußte nun, was ich wollte, und habe denen gesagt: ›Ihr könnt nur beides zusammen haben.‹ Und schließlich haben sie's so genommen. Die Umorganisation und mich.

Die Macht war vorher sehr komisch verteilt im Landesverband. Und dann gibt es Besonderheiten in Bayern, die sich so in keinem anderen Bundesland spiegeln. Den anderen SPD-Landesverbänden stehen immer die gleichartigen Teilorganisationen der CDU gegenüber – während uns in Bayern eine eigenständige Partei, die CSU, mit ihrer Riesenmacht begegnet. Die CSU hat auf Landesebene eben auch bei Bundestags- oder Europawahlen eine eigenständige Wahlkampfkostenerstattung. Wenn wir auch nur ganz grob kalkulieren, hat sie finanziell ein mindestens zehnfaches Übergewicht durch ihr unabhängiges Spendenaufkommen, die Mitgliederbeiträge und die staatlichen Wahlkampfgelder. Die CSU hatte – was ja auch sinnvoll ist – ihre eigene Organisation im Lande auf allen Ebenen der staatlichen Organisation angepaßt. Und die SPD hatte das nicht. Da-

durch waren wir nicht kommunikationsfähig. Der Bauernverband, die Industrie- und Handelskammern, alle hatten sich in den unterschiedlich strukturierten Landesteilen entsprechende Untergruppierungen geschaffen. Nehmen Sie Mittelfranken. Auf der Ebene stand denen bei uns aber nicht eine mittelfränkische Ebene gegenüber, sondern der übergreifende Verband für ganz Franken, der auch für die vollkommen anderen Strukturen in Unterfranken sprechen sollte. Das schuf keine Glaubwürdigkeit.
Der Landesverband der Partei, dessen Vorstand kontra Staatsregierung agieren mußte, hatte nicht einmal die Mittel dafür, das zu tun. Die Entscheidungsmöglichkeiten über das, was dieser Vorstand überhaupt entscheiden durfte, und welche Mittel er dafür aufbringen konnte, die lagen bei den drei damals mächtigen Bezirken. Und das konnte nicht erfolgreich sein.
Wir hatten diese Diskussion schon drei- oder viermal. Hans-Jochen Vogel hatte diese Einsichten schon gehabt und war damit gescheitert. Helmut Rothemund hat ein weiteres Mal begonnen und setzte sich auch nicht durch. Der guten Ordnung halber muß ich sagen, daß ich, als Rothemund es versuchte, auch noch der Meinung war, es sei überflüssig. ›Gut, 10 oder 15 Prozent des Erfolges hängen davon ab‹, sagte ich da, ›aber damit kann man doch nicht die Welt verändern!‹
Ich habe erst später eingesehen, daß diese 10 oder 15 Prozent unabhängigen Einflusses nicht verschenkt werden durften. Ich sah, daß es fahrlässig gewesen war, darauf zu verzichten. Da habe ich meine Position geändert.«
»Die Mitglieder und etablierten Funktionäre werden es Ihnen nicht alle gedankt haben.«
»Es war unterschiedlich. Das liegt in der Natur der Sache. Vertraute Strukturen waren plötzlich nicht mehr da. In den Arbeitsgemeinschaften gab es Reibungen, weil neue Leute

zusammenkamen. Und es gab Machtverlust für einige, die früher mit entschieden hatten. Trotzdem: Es gab einen gewissen Push bei vielen in der Partei, eine neue Motivierung, weil ich etwas durchgesetzt hatte, was nicht wenige schon vorher wollten.
Noch etwas war interessant. Die Journalistinnen und Journalisten hatten schon lange an uns hingeredet und auch geschrieben, daß die Reform notwendig und richtig sei. Und mir haben sie auch nicht geglaubt, als ich sagte, ich will die Reform und werde sie auch durchsetzen. Und dann ging's doch, und plötzlich war aus dem ›Sonnenschein der SPD‹ auch in Bayern die ›Powerfrau‹ geworden!«
»Was Sie jedoch nicht weiter störte . . .«
»Beruflich nicht, ich sagte es bereits.«
»Und doch hatten Sie einen Widersacher, mit dem es schwierig war – ich meine Albert Schmid, den Fraktionsvorsitzenden im Bayerischen Landtag. Hatten Sie einen sachlichen Dissens?«
»Keinen sachlichen Dissens, nein. Unterschiedliche Auffassungen gab es, gibt es, aber nichts, was uns hindern würde, zusammen gute Arbeit zu leisten . . .«
»Sie sprechen von der Gegenwart. Wie war's zu Beginn?«
»Da gab es so Sachen nach dem Motto ›Die Frau Landesvorsitzende muß das jetzt machen‹ oder ›Der Herr Fraktionsvorsitzende muß das jetzt machen‹. Das war eher unbewußt, nicht aus unlauteren Motiven. Wir hatten noch keine eingeübte Arbeitsteilung.
Unsere beidseitigen Erfahrungen waren auch von der großen Konkurrenz geprägt, mit der sich unsere Vorgänger, also Schöfberger und Hiersemann, beäugt hatten – und deren Vorgänger auch. Da wollte der eine dem anderen nicht so einfach nachstehen.
Ich kann nur sagen, daß Albert Schmid und ich inzwischen eine ganz entspannte Atmosphäre haben. Und das hat sich

auch auf die Mitarbeiter der Fraktion und der Landesgeschäftsstelle am Oberanger übertragen. Es geht alles ohne Spannungen.«
»Das muß neu sein . . .«
»Das stimmt. Es ist seit Ende 1993 so. Wir akzeptieren gegenseitig unsere unterschiedliche Art zu arbeiten. Wir wissen, daß wir aufeinander angewiesen sind. Die Fraktion und er, die Partei und ich – wir haben ein Ziel: Wir wollen diese CSU da weghaben!«

»Mach's nicht, Renate!«

»Damals hatten Sie zunächst ein anderes Ziel: Sie strebten in Bonn nach Höherem.«
»Ganz abgesehen von den positiven Entwicklungen in Bayern, war für mich klar, daß ich nicht auf Dauer Frauenpolitik machen wollte. Ich war jetzt in höheren Funktionen in den Arbeitskreisen und in der Fraktion. Und ich finde überhaupt, daß immer wieder neue Menschen in diese Funktionen kommen müssen, die dann auch wieder Neues denken. So wie es bei mir auch gewesen war.«
»Aber Sie strebten in das Amt einer Vizepräsidentin des Deutschen Bundestages. Dieses Streben hatte doch wohl konkretere Hintergründe als idealisierende Gedanken über die Notwendigkeit vom Wechsel bei politischem Personal?«
»Sicher. Einmal wollte ich mich nicht auf einen Politikbereich festlegen lassen. Und zweitens hatte ich ganz einfach Lust auf Neues. Und drittens wollte ich nun eine Funktion haben, in der ich auch etwas machen konnte.«
»Sie bewegten sich in Bonn auf Oppositionsparkett. Was konnte da ›etwas machen‹ heißen? Wollten Sie sichtbarer, herausgehobener sein? Durch ein repräsentatives Staatsamt, mit dem der Bundestag auch Oppositionspolitiker betraut?«

»Genau das. Die Idee kam, als wir wußten, daß Annemarie Renger nicht mehr für das Amt kandidieren wird. Und das war's: Vizepräsidentin, weil das eine staatliche Funktion ist und weil es auch eine sehr gute Ausgangsposition ist, um überhaupt zur Kenntnis genommen zu werden.
Das habe ich so mit Hans-Jochen besprochen, der fand, das wäre eine ganz gute Idee. Ich dachte, das Amt sei so begehrt nun auch wieder nicht, aber für mich eben wichtig. Aber dann kam Anke Fuchs und wollte auch. Damit hatte ich eine sehr ernst zu nehmende Gegenkandidatin. Die Entscheidung lag nun bei der SPD-Fraktion.
Anke Fuchs und ich haben uns gut vertragen. Wir haben bei einem Mittagessen über unsere Kandidaturen gesprochen und beide sehr bedauert, daß wir gegeneinander antreten müssen. Und wir haben beide versucht, uns wechselseitig zu überreden, daß die jeweils andere doch lieber oder besser nicht kandidieren wolle oder solle. Ein unnützer Versuch, wie wir beide auch schon vorher wußten. Und so ging es denn bei der Abstimmung in der Fraktion auch Spitze auf Knopf.
Viele haben sich bemüht, mir den Versuch auszureden. Ludwig Stiegler, der nicht nur bei der Organisationsreform in Bayern ganz eng an meiner Seite gekämpft hatte, sagte diesmal: ›Mach's nicht, Renate. Du kriegst eine auf den Deckel! Kandidier nicht weiter!‹
Ich habe dann in meiner Bundestagslandesgruppe gesprochen. Und meine Meinung war, daß es nichts ist, mit ›auf den Deckel kriegen‹, wenn ich gegen eine Anke Fuchs verlieren sollte. Und dann gab's diese knappe Mehrheit! Sieben Stimmen! Das muß man sich vorstellen . . .«

Renate Schmidt bekam also alles, was sie gewollt hatte: die Organisationsreform in Bayern und den Landesvorsitz. Dazu ein Amt, das sie über Bayern hinaus bekannt machen mußte und mit Insignien ausgestattet war, die nicht nur in Bayern Eindruck machen. Aber – Vizepräsidentin des Deutschen Bundestages, das ist nicht nur ein Titel, den man vor sich hertragen kann.

Das Präsidium des Bundestages ist in hohem Maße für das Ansehen des Parlamentes verantwortlich. Und um dieses Ansehen ist es nicht gut bestellt. Die immer stärkere Medienpräsenz entfernt die Schleier vom früher so geheimnisumwitterten Parlamentsgeschäft. Wieviel bedeuten der Vizepräsidentin Schmidt die bereits traditionellen Rituale? Sie hatte es schon einmal als überflüssig bezeichnet, »daß die Saaldiener im Frack rumlaufen«. Was wäre sonst noch überflüssig?

»Also: Der Gong ertönt, die Abgeordneten des Parlaments, so sie vorhanden sind, erheben sich, die amtierende Präsidentin, der amtierende Präsident tritt ein . . .«

»Also, der Gong ist sinnvoll, sonst weiß man ja nicht, wann's angeht. Das Aufstehen halte ich für ein Zeichen der Höflichkeit. Für manche mag das manchmal komisch aussehen. Aber ich habe überhaupt nichts gegen gute Formen, soweit sie nicht nur Hüllen sind, die etwas verdecken sollen. Ich bin absolut der Meinung, daß Höflichkeit und Freundlichkeit im Umgang miteinander das Leben ungeheuer erleichtern. Jeder darf sich fragen, ob die eine oder andere Form überflüssig ist, weil sie nicht mehr dem Zeitgefühl entspricht. Aber Formlosigkeit, so eine Art parlamentarisches Chaos, da bin ich sehr dagegen.«

»Liegt das von Ihnen gerügte Verhalten im Parlament in der Zeit? Hat es mit der Ellenbogenmentalität zu tun, die überall festgestellt wird? In einem der größten deutschen Konzerne läßt der Chef auch hochrangige Mitarbeiter vor seinem Schreibtisch stehen, Stühle sind nicht im Angebot. Ein Intendant in der deutschen Medienlandschaft rennt morgens schon mal durch die Büros seiner engsten Mitarbeiter, um deren Schreibtische eigenhändig leer zu fegen. Ist schlechtes Benehmen gesellschaftsfähiger geworden?«

»Was man als Kind nicht gelernt hat, läßt sich später nur schwer erwerben. Ich zum Beispiel halte Hilfsbereitschaft für etwas ganz Wichtiges. Ich habe als Kind einfach gelernt, einem anderen Dinge aufzuheben, die ihm runtergefallen sind. Und wenn ich als älterer Mensch günstig stehe, fällt mir auch kein Zacken aus der Krone, wenn ich einem jüngeren etwas aufhebe. Ich finde es auch absolut in Ordnung, wenn eine Frau einem Mann im engen Flugzeug in den Mantel hilft, das ist für mich ein Zeichen der Höflichkeit . . .«

»Während ich Frauen erlebe, die es unter ihrer emanzipatorischen Würde finden, wenn ein Mann ihnen in den Mantel helfen will . . .«

»Das ist in meinen Augen blöde. – Da, wo Formen erstarrt sind, müssen neue her. Hilfsbereitschaft und Höflichkeit gehören aber zum vernünftigen Benehmen.

Wir müssen nicht in gestelzter Sprache erstarren – auch nicht im Parlament. Aber die Form gehört zum Leben, sie gehört vor allem auch in die politische Auseinandersetzung. Daß es zwischendrin mal anarchisch wird, gehört dazu. Aber dann muß der Rahmen wieder greifen, die gegenseitige Achtung, die Besinnung auf das Ziel, politische Lösungen für die Fragen zu finden, die wir diskutieren.

Wer Menschen nicht achtet, hat sie wohl auch nicht zur Kenntnis genommen. Ob die Mitarbeiterin oder die Kellnerin in der Gastwirtschaft oder den Pförtner im Bundestag – ich muß sie doch als Menschen zur Kenntnis nehmen und mich ihnen gegenüber auch als Mitmensch verhalten. Ich spreche jetzt nur von meinen Kollegen, Kolleginnen und von mir: Wenn wir zu arrogant sind, im Gegenüber den Menschen zu sehen, wie sollen wir dann für Menschen etwas tun können? Das geht nicht, ist absurd.

Es gibt im Bundestag Sachen, die wirklich überflüssig sind, bei denen ich mich frage: Warum machen wir das nicht anders, schneller, besser? Auch darüber wird diskutiert. Aber deshalb mache ich nicht jeden Pipifax mit, der für modern gehalten wird. Und – Formlosigkeit kommt nicht in die Tüte. Nicht mit mir.«

»Es gibt Parlamentarierinnen und Parlamentarier, die sich mehr als Sie auch mit den theoretischen Fragen des Parlamentarismus auseinandersetzen. Die breite Öffentlichkeit wird sich dafür nur interessieren, wenn sich solche Überlegungen sichtbar im parlamentarischen Alltag niederschlagen. Vorerst jedoch wird dieser staunenden Öffentlichkeit via Fernsehen sehr häufig nur vorgeführt, daß unser Parlament ein schönes großes Haus ist, in dem nur wenige ihrer Arbeit nachgehen.«

»Das ist richtig. Doch müssen Sie auch fragen, warum die denn nicht da sind. Die sind nicht da, weil die Art der Debatten, die dort geführt werden, so langweilig ist, daß es nicht mehr zu ertragen ist. Weil es Debatten sind, die sich in Klein-Klein verlieren, statt große Linien darzustellen.

Aber es gibt Themen, da ist das Parlament gut besetzt. Nämlich dann, wenn es um grundsätzliche Dinge geht, wenn man weiß, so, jetzt kommen die Gegensätze auch raus. Das gibt es auch heute noch. Und die Leute haben ein sehr gutes Gespür dafür. Sie wissen, wann es sich lohnt, im Parlament zu sein, und wann nicht.«

»Dann darf die Öffentlichkeit ja auch dieses Lustprinzip verurteilen . . .«

»Ach, nun betrachten Sie das doch bitte differenzierter. Die Abgeordneten haben heute einen so ausgefüllten Arbeitstag, sie müssen Ausschußarbeit machen, Wahlkreisarbeit, müssen mit Interessengruppen sprechen, sich sachkundig machen, an Hearings teilnehmen, Fraktions- und Parteiaufgaben wahrnehmen. Würden Sie dann noch in eine Debatte gehen, die langweilig ist, wo Sie alle Inhalte kennen, wo Sie wissen, daß es keine Überraschungen geben wird, wo es nichts gibt, wozu man gebraucht wird, außer dazu, den eigenen Leuten zuzuklatschen? Vor dem Hintergrund des Arbeitswustes, den Sie ohnehin schon hätten, ließen Sie es dann auch bleiben, Sie gingen auch nicht hin.«

»Es gibt keine faulen Abgeordneten?«

»So viele wie faule Medienleute.«

»Die Abgeordneten machen also ihre Arbeit. Diese bleibt aber unsichtbar, weil die Medien aus den Ausschüssen und von den anderen Arbeitsbereichen nicht berichten können. Das Fenster des Parlamentarismus ist das Plenum des Parlaments. Wenn es im Plenum so langweilig ist, daß nicht einmal die Abgeordneten hingehen, wie sollen dann die Wählerinnen und Wähler ihre Unlust an dieser Institution verlieren? Und wozu braucht man dann Debatten in dieser Form?«

»Wir sind ein Arbeitsparlament. Der Deutsche Bundestag leistet seine Arbeit hauptsächlich in den Ausschüssen, wo auch die wichtigsten fachlichen Diskussionen stattfinden. In der jetzigen Konstruktion unseres Parlaments hat der Bundestag und haben seine Debatten Notariatsfunktion. Hier wird bekundet und beurkundet, warum die einen für und die anderen gegen ein Gesetz, eine Maßnahme sind.

Wenn es Streit gibt, wenn die Gerichte angerufen werden, können Richter und Streitparteien anhand der Protokolle nachvollziehen, wie ein Gesetz zustande kam, welche Beweggründe dahinterstanden, was mit ihm erreicht werden sollte.

Diese parlamentarische Dokumentation ist auch wichtig

für Verbände und für die jeweilige Fachöffentlichkeit. Die Protokolle des Bundestages sind eine ganz wichtige Arbeitsgrundlage, weil dort klar wird, wer, warum, wann und wieso dagegen war oder für eine Neuregelung oder Änderung.«

Über Medien reden alle

»Vielleicht sollte man einmal zur Kenntnis nehmen, daß, wenn ich im Deutschen Bundestag abstimmen lasse, in mehr als der Hälfte aller Fälle einstimmige Entscheidungen gefällt werden. Bei vielen konkreten Maßnahmen, bei Gesetzentwürfen, Verordnungen, bei der Ratifizierung von Verträgen mit dem Ausland – einstimmig. Manchmal bei Enthaltung der Gruppen. Oft mit Zustimmung der Gruppen. In der Ausschußarbeit gelingt es häufig, im Detail noch Anträge der Opposition aufzunehmen, es gelingt der Kompromiß. Und das kommt in der Öffentlichkeit viel zuwenig rüber.«

»Kommt jetzt die Medienschelte?«

»Wir haben keine vernünftige Parlamentsberichterstattung mehr in den Medien!«

»Weil die Show dort nicht geboten wird. Die Musik spielt woanders . . .«

»Aber warum denn? Wir haben keine vernünftige Parlamentsberichterstattung mehr, sondern nur noch Skandalberichterstattung! Und ich sage ja nicht, daß es nur an den Medienleuten liegt, wenn das so ist. Denn die Auseinandersetzung findet heute nicht mehr im Plenum statt, sondern über Pressekonferenzen. Man agiert mit Presseerklärungen gegeneinander, aufeinander, zwischen den Parteien und in den Parteien. Und es gibt genug Politiker, die selber Konflikte konstruieren und diese dann zum Vehikel nehmen, um eigene Meinung zu transportieren, die ihnen sonst niemand

abnimmt. Da gab's doch kürzlich auf Parteitag der GRÜNEN eine Vereinbarung, daß man eine Sache ohne Journalisten diskutieren wollte. Die waren also nicht im Saal. Aber die Profis wußten damit umzugehen, die gingen halt nach draußen. Da waren die Kameras und die Mikrofone und schluckten alle Informationen.
Das ist genau der Punkt: Diejenigen von uns, die zu den Profis gehören – und dazu zähle ich mich auch –, wissen, daß es eigentlich völlig unerheblich ist, ob man im Parlament geredet hat oder nicht. Man muß schauen, wo und wie man seine Meinung wirklich an die Bevölkerung bringt.«
»Ein bemerkenswertes Outing einer Vizepräsidentin des Deutschen Bundestages . . .«
»An der Stelle müssen sich die Medien fragen, ob das noch in Ordnung ist. Das ist auch ein Aushöhlen von Demokratie.«
»Müssen Sie nicht eher sich und Ihre Kolleginnen und Kollegen fragen, ob Sie mit dem von Ihnen geschilderten Verhalten nicht die Demokratie, oder konkreter, den Parlamentarismus zu einer teuren Alibiveranstaltung verkommen lassen?«
»Welche andere Form ist denn vorstellbar? In der Demokratie muß man durch Reden seine Standpunkte klarmachen. Und dazu braucht man einen Ort, an dem sich die Parlamentarier treffen. Das ist auf Bundesebene der Deutsche Bundestag. Ich bin jetzt seit vierzehn Jahren in diesem Parlament. Als ich angefangen habe, war das Haus übrigens auch nicht viel voller. Aber wenn ich damals abends um 21.30 Uhr gesprochen habe, zu BAföG beispielsweise, konnte ich spätestens am übernächsten Tag davon in der Zeitung lesen. Und die Debatten wurden in irgendeinem Seminar übertragen. Es gibt nichts mehr davon. Ab 16.00 Uhr ist Schluß. Alles, was danach passiert, ist Geheimdokument. Nur noch im Protokoll des Bundestages kann man das nachlesen. Und sonst nirgendwo in der ganzen Republik.«

»Aber Renate Schmidt geht in den *Flitterabend*, weil sie dort einiges sagen kann, was sie sonst nicht los wird. Und sie geht zu Ernst Elitz, um in *Pro und Contra* für die Direktwahl des Bundespräsidenten zu werben . . .«
»Das ist doch in Ordnung! Die will ich, was ist denn daran falsch?«
»Ich frage hier nicht nach der Sache, sondern danach, ob das nicht ins Parlament gehört, in die Verfassungskommission.«
»Das war ja dort! Aber eigentlich hat das dann niemanden interessiert. Zumindest haben die Medien, also die Menschen, die Medien machen, das wohl nicht recht zur Kenntnis genommen. Der Herr Ullmann hat dazu einen Gesetzentwurf geschrieben. Peter Glotz und ich haben ihn darin unterstützt. Dieser Gesetzentwurf gehört nun ebenso zu den Geheimdokumenten wie der Antrag der PDS, zu dem der Gysi im Parlament eine unheimlich gute Rede mit Veränderungswünschen gehalten hatte. Ich muß das natürlich einschränken: ›Herabsetzung des Wahlalters auf sechzehn‹, da haben die nicht alle Tassen im Schrank. Aber an anderen Stellen gab es ganz vernünftige Ideen. Aber das ist nun ein Geheimdossier. Haben Sie etwas gelesen darüber? Ich nicht. Nirgendwo.«
»Man konnte es nachlesen, in vielen Blättern. Aber – wenn Sie mehr Aufmerksamkeit für das Parlament fordern, müßte das Parlament sich erst einmal selbst fragen: Warum werde ich nicht mehr so ernst genommen? Und Sie werden doch nicht im Ernst Peter Glotz folgen wollen, der im *Vorwärts* das Umkrempeln der öffentlich-rechtlichen Medien fordert und dort Automanager wie Goeudevert an der Spitze sehen will? – Die bestimmt nicht mit Glück gesegnete sozialdemokratische Medienpolitik würde damit nur einer weiteren Nivellierung in Richtung Privatmedienqualität Vorschub leisten. Und bei den Privaten findet Parlament doch überhaupt nicht statt.«

»Ich denke, Glotz hat gemeint, daß manche Bürokratien, die es auch bei den Medien gibt, aufgebrochen werden müssen. Das gilt übrigens gleichermaßen für den Bundestag. Aber ich habe mich über den Artikel an vielen Stellen geärgert. Ich finde, wie er das macht, ist es oberflächlich, er sieht nicht, was bei den Privaten passiert. Ich will den Fall Julius Cronenberg nicht überbewerten, das heißt den Fall der Moderatorin von Lojewski. Aber er erhellt schlaglichtartig, wie das funktioniert. Das ist schlimmer als *Bild Zeitung*. Gegenüber dem, was in den privaten Sendern passiert, ist die *Bild Zeitung* heutzutage ein höchst seriöses Medium. Und was die öffentlich-rechtlichen Medien angeht, da bin ich völlig anderer Auffassung als Peter Glotz. Das kann man so nicht machen, ich glaube, das sieht er falsch.«

Unpräsidiales Verhalten

»Rita Süssmuth hat vor einiger Zeit die Idee eines ›Bundestagskanals‹ in die Diskussion gebracht. Medien verkaufen Nachrichten oder Shows, ihr Produkt bestimmt den eigenen Marktwert. Würde das Produkt ›Bundestag‹, würden seine Debatten verkäuflicher sein, gäbe es einen Run der Medien auf die Übertragungsrechte. Für einen eigenen Kanal müßten Sie also das Produkt verbessern, sonst würden Sie – um in Ihrem Bild zu bleiben – nicht nur ›Geheimpapiere‹, sondern auch ›Geheimfernsehen‹ machen.«
»Das sind zwei Aspekte. Erstens: Wir wollen die technischen Voraussetzungen schaffen, daß all das, was im Bundestag geschieht, von Interessierten gesehen werden kann. Auch das, was nach 16.00 Uhr passiert, auch die Abend- oder Nachtdebatte. Man soll sehen können, wie Politiker miteinander umgehen. Wir wollen keine Kommentare oder gestalteten Programme oder geplante Beeinflussung, sondern ›Bundes-

tag pur‹. Wir können uns das im Moment nicht leisten. Vielleicht brauchen wir dafür Kooperationspartner. Ich fände es sehr gut, wenn sich diese Überlegungen des Bundestagspräsidiums verwirklichen ließen. Dann bestünde zumindest das Angebot, Debatten über den 16-Uhr-Abschaltpunkt hinaus zu verfolgen. Und es gäbe nicht nur eine Übertragung, wenn die ganz großen Themen diskutiert werden.
Zweitens: Ich sagte schon, die Kolleginnen und Kollegen im Bundestag haben ein ungeheures Gespür dafür, was im Plenum läuft. Ob es interessant wird oder nicht, ob es sich lohnt dazusein. Wir im Präsidium sind uns einig: Wir brauchen unbedingt eine Reform und eine Reorganisation der gesamten Parlamentsarbeit.
Ich will es an einem Beispiel erläutern: Da beschließt der Ältestenrat, das Thema ›Umwelt‹ auf die Tagesordnung zu setzen. Unter dieser Überschrift gibt es zehn oder noch mehr Unterthemen, die als Anträge in die Debatte gebracht werden. Da geht's um Walfang, um Kompostwürmer, um Waldsterben, ums Ozonloch, bunt durcheinander. Die Themenvielfalt und unsere Regularien gestatten es nicht, eine interessante Debatte zu gestalten. In der Diskussion wird durch die Reden über einzelne Fachgebiete selten deutlich, welche Fraktion oder Gruppe eigentlich für was steht. Da sprechen Fachleute für andere Fachleute über Fachgebiete, und das immer drei oder fünf Minuten lang. Das ergibt keine Struktur, der Nichtfachleute folgen könnten.
Ein weiteres Beispiel: Ein guter Beitrag, der eine Sache in einer Viertelstunde auf den Punkt bringt, wäre für eine Fraktion und für das allgemeine Verständnis sehr viel nützlicher als eine schlechte Rede, die oft nur so lang wird, weil der Fraktion eine Redezeit von einer Dreiviertelstunde zugestanden wurde.
Wir brauchen die Möglichkeit, daß sich ein – nur seinem Gewissen verpflichtetes – Mitglied des Bundestages, das

eine andere Meinung hat als seine Fraktion, melden und seine Meinung vor dem Plenum sagen kann, ohne sich vorher großartig mit den Fraktionsgeschäftsführern einigen zu müssen. Das würde an dieser Stelle etwas weniger Form und mehr Inhalt in den Bundestag bringen, und nun sagen ganz besonders strenge Leute: Das ist Anarchie!«

»Die Bereitschaft zur Anarchie dürfte im Deutschen Bundestag vergleichsweise gering sein. Aber wenn Sie alle im Präsidium wirklich Parlamentsreformen wollen, sollte es Ihnen doch auch möglich sein, sie durchzusetzen.«

»Das versuchen wir nun seit über einem Jahr. Wir versuchen, die Fraktionsgeschäftsführer und die Fraktionsvorsitzenden für das eine oder andere zu begeistern. Es ist wahnsinnig schwierig. Denen geht es konkret um Macht. So, wie das jetzt im Moment ist, sehe ich kaum eine Chance. Für diejenigen, die an den Schaltstellen sind, ist es am bequemsten, keine freien Redezeiten zur Verfügung zu stellen, sondern zugewiesene Zeitkontingente aufteilen zu können. Die eine Fraktion bekommt das und die andere das und die oder jene Gruppe das. Dann hat man es in der Hand zu entscheiden, wer reden darf. Als ob irgend etwas passieren würde, wenn das einmal nicht so wäre!«

»Sie sind also gegen die generell formatierte Debatte, die der Macht der mächtigen Fraktionsmanager dient und die Langeweile fördert. – Sie selbst haben schon mal gegen die Langeweile agiert. Daß Sie es vom Präsidiumsstuhl aus taten, nahm man Ihnen krumm. Stimmt es, daß man Sie wegen ›unpräsidialen Verhaltens‹ rügte?«

»Ja, das war so: Ich habe mich aufgeregt, weil die sich manchmal wie ein Haufen Kinder benehmen. Da kann man schon mal ausflippen. Also: Da war eine namentliche Abstimmung, und wenn die ist, dann kommen alle. Es entsteht ein wahnsinniger Geräuschpegel, die Redner sind oft nicht mehr zu verstehen. Man versucht, dem Redner Gehör zu verschaffen, dann kommt die Abstimmung, und dann gehen sie alle wieder. Aber – sie gehen nicht gleich, obwohl der nächste Tagesordnungspunkt aufgerufen werden muß. Sondern sie stehen herum und ratschen, als ob's auf dem Marktplatz wär' oder bei einem Stehempfang.

Dann sagt man das erste Mal, sie möchten sich bitte setzen, oder wenn sie nicht dableiben wollen, den Raum möglichst schnell und möglichst leise verlassen. Dann sagt man es zum zweitenmal. Und beim drittenmal bin ich in der einen Sitzung ausgerastet. Ich habe keine freundliche Bitte wiederholt, sondern die Herren und Damen sinngemäß gefragt, ob sie sich vorstellen könnten, was ihre Kinder sagen würden, wenn die sähen, wie sich ihre Erzeuger so benehmen. Daraufhin gab's von der Tribüne Beifall. Daran hab' ich gemerkt, daß das nicht in Ordnung war, was ich gemacht hatte. Man darf seinem Frust in so einer Funktion nicht freien Lauf lassen, ohne die möglichen Reaktionen bedacht zu haben. Ich habe den Leuten auf der Tribüne gesagt, daß sie in diesem Raum keinen Beifall zu klatschen hätten. Ich war also so richtig gut drauf! – Danach hat mir Jürgen Rüttgers, der Fraktionsgeschäftsführer von der CDU, im Ältestenrat erklärt, daß es so nicht ginge. Daß ich nicht schlicht und einfach zwischendurch aus der Rolle fallen dürfe. Und er hatte ja recht, der Herr Kollege Rüttgers.

Da war noch mal was. Der Kollege Conradi hat in der Fragestunde wissen wollen, warum die Post jetzt alle gelben Telefonhäuschen abreißt und sie gegen neue, mit so einer komischen Farbe, austauscht. Und weiter führte er aus, daß man doch ein Markenzeichen erhalten müsse und bei so einem Bekanntheitsgrad nichts verändern dürfe. Der Herr Staatssekretär Paul Laufs setzte zu einer Antwort an. Und da konnte ich nicht mehr! Ich habe laut gelacht auf meinem Präsidiumsstuhl. Und in allen Fraktionen haben sie laut mitgelacht, wie der mit todernstem Gesicht begründete, warum das genau so sein müsse und nicht anders. Ich habe dann gesagt: ›Ich weiß, daß ich mich absolut neutral verhalten müßte, Herr Staatssekretär, aber es fällt schwer, es fällt sehr schwer!‹ Das ist dann auch wieder kolportiert und hochrangig besprochen worden. Aber ich will Ihnen was ganz Wahrhaftiges sagen, da können Sie dann lachen: Wirklich, zwischendrin, wenn ich da oben sitze, also zwischendrin ist mir wirklich, als sei ich ein ganz normaler Mensch!«

Im Zusammenhang mit der nicht nur von Renate Schmidt für dringend erforderlich gehaltenen Parlamentsreform sprachen wir über die Comicformen und Sprechblasen, in denen Politik von Politikerinnen und Politikern über die Medien ins Land gestreut wird.

Sie regte sich darüber auf, daß den Politikern häufig 20-Sekunden-Statements abverlangt würden, die unverständlich bleiben müßten, weil in der Kürze der Zeit keine Hintergründe aufgehellt werden könnten. Die dadurch entstehenden Leerformeln seien dann Vorbild für das Umfragendeutsch, das sich alle angewöhnt hätten, auch die ganz normalen Menschen, denen auf der Straße ein Mikrofon unter die Nase gehalten werde.

»Und dann kommt es dazu«, sagt sie, »daß die sich denken: ›Ist doch vollkommen Wurscht, ich sage irgendwas. Und da es in ist, Politiker zu beschimpfen, schimpfe ich jetzt auch mal auf Politiker. Und da mich keiner fragt, warum ich das meine, sage ich einfach einen Scheiß, Hauptsache, ich bin auf dem Sender.‹ Und so kommt es, daß sich Politikersprechblasen und Bürgersprechblasen in einer Sendung, in vielen Sendungen vieler Sender zu einem Sprüchegebläse vereinigen. Und die einen sagen hinterdrein so gut wie die anderen: Ich versteh' die überhaupt nicht mehr!«

»Und beide sind im Recht?«

»So, wie das jetzt ist, sind häufig beide im Recht.«

Menschen im Spiegel von Renate Schmidt

Während ihrer vierzehnjährigen Tätigkeit in der Politik ist Renate Schmidt vielen Menschen begegnet, deren Persönlichkeitsbild sie einige neue Facetten hinzufügen kann. Manches Bild wird auch ganz neu gezeichnet. Und über sie selbst verraten die Schilderungen oft mehr, als ein glattes Porträt von ihr selbst zeigen würde.

Willy Brandt

»Willy Brandt? – Er war ein wunderbarer Politiker und ein überzeugter Demokrat. Und er war zu guten Zeiten auch einer, der wirklich zuhören konnte. Mein Dilemma war nur, daß man von ihm nie ein Feedback bekam, man bekam nur in den seltensten Fällen wirkliche Resonanz. Das ging nicht nur mir so, das erlebten auch andere. Ich weiß gar nicht, ob er es je zuließ, daß andere Menschen wirklich an ihn herankamen. Es wird wohl so sein, daß er manche Menschen – auch aus der SPD – als seine Freunde bezeichnet haben dürfte. Ich gehe davon aus. Andererseits kenne ich kaum Menschen, die sagen: Ja, das war so etwas Ähnliches wie wahre Freundschaft mit ihm.

Er war eine andere Generation. Und es kann sein, daß von einer Generation zur nächsten nur wenigen Menschen wirkliche Freundschaften gelingen. Weil ich das für sehr schwierig halte, sind mir meine Kinder und junge Menschen so wichtig, denen ich versuche, Freundin zu sein. Vielleicht ist das nur ein frommer Wunsch, aber ich möchte im Alter nicht nur als ›Patriarchin‹ gesehen werden. Dann könnte ich ein politisches Erbe kaum weitergeben, obwohl ich vielleicht diesen Wunsch hätte.«

Herbert Wehner

»Ein anderer, den Sie auch noch in seiner aktiven Zeit erlebten, war Herbert Wehner.«

»Ja – Herbert Wehner. Mein Respekt vor seiner Lebensgeschichte, vor einem schlimmen menschlichen Schicksal und vor seiner politischen Leistung ist sehr groß. Das hat nichts mit persönlichem Mögen zu tun. Und – ich habe Herbert Wehner persönlich nicht gemocht.

Zwei Jahre habe ich ihn im Bundestag erlebt. Und in meinen Augen hat seine Art, die Fraktion zu führen, auch dazu beigetragen, daß wir die Regierungsmacht, die Regierungsbeteiligung verloren haben. Er hat damals überhaupt nicht mehr erkannt, was sich in dieser Zeit veränderte. Die Veränderungen spiegelten sich auch in der Fraktion wider. Und er hat geglaubt, er könne die Zeit mit harten Maßnahmen anhalten. Ich habe ihn als jemanden kennengelernt, der wahnsinnig ungerecht war und versuchte, mit Methoden zu führen, die auch für das Jahr 1981 nicht mehr zeitgemäß gewesen sind. Ich habe mir erzählen lassen, daß er auch sehr herzlich und sehr mitfühlend sein konnte. Ich habe das nicht erlebt. Das mag auch daran gelegen haben, daß ich in Bonn das Stigma hatte, eine ganz Linke zu sein und einem ehrenwerten ›Kanalarbeiter‹ in Nürnberg die Kandidatenkür vermasselt zu haben. Und das Stigma fand seine oberflächliche Bestätigung, weil ich in der Fraktion zusammen mit Gerhard Schröder und Erich Meinike und später mit Peter Conradi als Sprecherin der damaligen Linken fungierte. Da man in dieser Funktion auch aufmüpfig sein mußte, fühlte Wehner sich wahrscheinlich in seinem Vorurteil bestärkt.

Ich weiß noch sehr genau, wie ich versucht habe, mich an alle Spielregeln zu halten. Wenn ich in der Fraktion andere Standpunkte zur Geltung zu bringen versuchte, war das für mich etwas Konstruktives und nichts, mit dem man der eigenen Politik schadet. Aber das durchzustehen hat manchmal ganz schön viel Kraft erfordert.

Ich erinnere mich noch an die Nachrüstungsdebatten und an eine direkt damit zusammenhängende Geschichte. Wehner war längere Zeit krank. Wir hatten in der Fraktion begonnen, Unterschriften für einen Brief gegen die sogenannte Nachrüstung zu sammeln. Der Herr Ehmke hatte mir das eigentlich verwehrt. Ich durfte es nicht in der Fraktion. Aber es kamen dann trotzdem über fünfzig Unterschriften zusammen, was viel war für die damalige Zeit. Den Brief wollten wir Ronald Reagan überreichen bei seinem Besuch in der Bundesrepublik. Mit Wehners Stellvertreter Lothar Löffler und mit Helga Timm hatte ich vereinbart, daß der Brief vor der Überreichung nicht an die Presse gehen darf, damit keine Kampagne daraus wird. Das haben wir eingehalten. Als Wehner wieder gesund war, habe ich ihm einen Brief geschrieben und die Sache erklärt.

Ich war unserer Sache sicher: Mit großer Anstrengung und bestimmten Vorkehrungen hatten wir es wirklich geschafft, daß vorher kein Wörtchen in der Presse stand. Das hatte es noch nicht gegeben. Der Brief an Wehner war vollkommen in Ordnung. Er enthielt aber einen Satz, der – aus dem Zusammenhang gerissen – mißverständlich sein konnte.

Und dann hat Herbert Wehner am Dienstagnachmittag in der Fraktion auf seine Art den Mund geöffnet:

›Und da schreibt mir eine Abgeordnete einen Brief . . .‹ – und dann hat er diesen einen Satz vorgelesen, in seiner Art und Weise. Ich war so empört, daß ich mich sofort zu Wort gemeldet habe, um zu erwidern. Alle aus der Fraktion, die mit mir befreundet waren, kamen zu meinem Platz und haben gesagt, ich solle das einfach hinnehmen und den Mund halten. Dabei war es so ungerecht gewesen. Es war absolut neben der Kappe! Und Wehner agierte in einer Art und Weise, die ich wirklich nicht akzeptieren und nicht ertragen konnte.

Am Abend bin ich dann nach Hause. Wir hatten ein Gartenfest. Da hat mich jemand angesprochen. Zweimal in meinem Berufsleben habe ich wegen eines Mannes, den man im weitesten Sinne als Vorgesetzten bezeichnen könnte, geheult. Und Herbert Wehner war der zweite dieser Sorte. Irgendwer sprach mich auf irgend etwas an auf unserem Fest, und ich bin einfach in Tränen ausgebrochen.«

Renate Schmidt spricht von der mangelnden Teamfähigkeit Wehners, von fehlenden Versuchen, unterschiedliche Meinungen in der Fraktion auszutarieren oder zu bündeln. Sie sagt, er habe kaum noch versucht, zu gemeinsamen Ergebnissen zu kommen, und damit »auch der Regierung Helmut Schmidt nicht mehr den Rücken freihalten« können. Die Regierung habe keine Freiräume mehr gegenüber der Fraktion gehabt und die Fraktion keine gegenüber dem Koalitionspartner. Helmut Schmidt müsse aus der Fraktion über lange Zeit vollkommen falsche Signale bekommen haben – diese hätten nicht mehr dem wirklichen Meinungsbild und den Diskussionsinhalten entsprochen. Sie bestätigt andere Urteile:

»Die Gesprächsunfähigkeit zwischen Wehner und Brandt, die mag auch an Brandt gelegen haben. Aber Wehner ist in meinen Augen dafür verantwortlich, daß auch Brandt und Schmidt nicht mehr miteinander reden konnten.

Man kann vieles mit Alter und Krankheit und mit bestimmten persönlichen Erfahrungen entschuldigen. Aber wenn man hört, daß seine Führung schon früher, vor meiner Zeit,

mit Brachialgewalt vonstatten ging, kann das auch damals nicht richtig gewesen sein.«
»Sie haben niemals positive Signale von Wehner bekommen?«
»Was ich zur Ausländerpolitik sagte, das hat ihm offensichtlich gefallen. Aber das weiß ich nur, weil Greta Wehner es mir damals sagte.«

Greta Wehner
»Sie haben Greta Wehner anläßlich der sozialpolitischen Klausur ihrer Fraktion in Görlitz auffällig herzlich begrüßt. Was machte sie dort, und – wieso hatte sie Zugang zu dieser Klausur?«
»Sie macht viel in den neuen Ländern. In Görlitz macht sie Aufbauarbeit für die Arbeiterwohlfahrt, glaube ich. Das spielt auch keine so große Rolle bei der Beantwortung Ihrer Frage. Es ist einfach so: Wenn Greta Wehner irgendwo ist, wo die SPD ist, dann hat sie Zugang. Das ist eine Selbstverständlichkeit, denn Greta Wehner ist eine Institution! Ich glaube, vieles wäre noch schlimmer gewesen, wenn sie nicht dagewesen wäre.
Eine Geschichte noch: Wehner und Greta Wehner. Wir sind als neue Abgeordnete zu Helmut Schmidt ins Kanzleramt eingeladen worden. In vier Gruppen, nach Alphabet. Wir haben gemeinsam etwas gegessen und getrunken. Dort lernte ich Greta Wehner kennen, und wir sprachen sehr ausführlich miteinander. Greta kümmerte sich immer rührend um den schwerkranken Herbert, der wegen seines Diabetes besondere Ernährungsvorschriften einhalten mußte. An dem Abend im Kanzleramt sorgte die intensive Unterhaltung zwischen Greta und mir dafür, daß Herbert mal ›ausschlitzen‹ konnte beim Essen und Trinken, ohne daß Greta es bemerkte. Solche Geschichten kennen alle, die mit beiden mal gefeiert haben. Über solche Gelegenheiten

konnte Herbert sich diebisch freuen. Und das fand ich dann wieder sehr menschlich.
Wenn Sie Greta Wehner als Person, als Frau, richtig wahrnehmen, werden Sie erkennen, daß sie eine absolut eigenständige Persönlichkeit ist, die sich keinem Zeitgeist unterordnet. Und das imponiert mir schlicht und einfach. Jemand, der so ist, muß einfach angenommen werden.«

Helmut Schmidt
»Sie haben Helmut Schmidt noch als Kanzler erlebt. Er ist der Erfinder der ›Nachrüstung‹, die Sie vehement bekämpften. Und er erfand auch einen Begriff, den Sie nicht mögen, nämlich den vom ›Sachzwang‹. Ihre Erinnerungen an Wehner sind auch heute noch sehr gefühlsbewegt. Zeichnen Sie Ihr Helmut-Schmidt-Bild heute weicher als damals?«
»Helmut Schmidt habe ich immer sehr geschätzt. Und vielleicht macht das auch noch deutlicher, wie relativ die gängigen Rechts-links-Strickmuster in Wirklichkeit für mich schon immer waren. Ich habe Helmut Schmidt auch dann vehement nach außen hin verteidigt, wenn ich anderer Meinung war als er.«
»Aber beim Nachrüstungsbeschluß zum Beispiel waren Sie selbst aktiv. Sie haben die absolut gegenteilige Position vertreten.«
»Das hat mich nicht gehindert, ihn zu verteidigen! Ich habe es doch erlebt, wie er an den Infoständen in der Diskussion als ›Kriegstreiber‹ bezeichnet wurde. Ich habe gesagt: ›Ihr habt wohl eine Meise!‹ Auch meinen linken Genossen habe ich deutlich zu machen versucht, daß Schmidt dasselbe will wie ich. Daß wir nur andere Wege gehen wollen. Daß ich seinen Weg nicht akzeptiere und er nicht den meinen – wenn er sich überhaupt damit auseinandersetzt.«
»Daran hatten Sie Zweifel?«
»Auch heute noch. Aber da muß ich auch auf die Rolle von

Herbert Wehner zurückkommen. Ich bin überzeugt, daß die Nachrüstungsdebatte, zumindest die Meinungsbildung, auch mit dem SPD-Kanzler Schmidt anders verlaufen wäre, wenn der Fraktionsvorsitzende die richtigen Transmissionen zwischen Fraktion und Kanzleramt bedient hätte.«

»Was wahrscheinlich nicht mehr zu beweisen ist. Im übrigen hat sich Helmut Schmidt auch in diesem Falle des von Ihnen ungeliebten Wortes vom ›Sachzwang‹ bedient. Und er selbst sah sich dann mit der Tatsache konfrontiert, als die FDP – personifiziert durch Hans-Dietrich Genscher und Otto Graf Lambsdorff – Helmut Kohl als Kanzler wollte. Wie haben Sie Helmut Schmidt danach erlebt?«

»Nach dem Regierungswechsel hat er nur noch mit denen gesprochen, die ihn wirklich gemocht und denen er besonders nahestand. Ich war eine gewisse Zeitlang irritiert, weil er so ein bißchen herablassend zu mir war. Das bezieht sich nicht nur auf mich, sondern zum Beispiel auch auf Hans-Jochen Vogel, den er nach meinem Gefühl ebenso behandelte. Aber trotz aller Irritation hat sich meine Wertschätzung ihm gegenüber in all den Jahren nicht geändert.

Außerdem – daß es ›Sachzwänge‹ gibt, das ist ja wohl unbestritten. Für mich ist nur wichtig, daß dieser Begriff nicht als Totschlagsargument verwendet wird, aus einer scheinbar höheren und deshalb nicht erklärbaren Einsicht.

Ich will immer erklären können, warum etwas nicht durchsetzbar ist, was man ursprünglich beabsichtigte. Und das, was man beabsichtigt, darf nicht von vornherein von einer Schere im Kopf, die sich Sachzwang nennt, kleiner gemacht werden.

Warum soll ich nicht zunächst so denken, als könne man alles neu machen? Was ich will, sind Zieldefinitionen, die ein Optimum beschreiben. Und als Handelnde lasse ich mir dann sowenig wie möglich abhandeln von dem, was ich erreichen will. Ich komme dem Optimum sicher immer nur ein Stückchen näher. Vielleicht nur ein verdammt kleines Stückchen. Aber ich mache Politik in der Welt, wie sie ist, und für die Welt, wie ich sie gerne hätte. Denn ein kleiner Erfolg ist auch schon einer. Und wenn ich dann erklären und nachweisen kann, warum die ersten Schritte noch kleine Schritte sind, biete ich Glaubwürdigkeit. Das ist dann in Ordnung.

Wenn ich mir – mit besagter Sachzwangschere im Kopf – nur Dinge vornehme, die ich in jedem Fall erreichen kann, dann bringe ich gar nichts voran.«

»Stand das als Credo auch über Ihrer Ministerpräsidentinnenkandidatur?«

»Also – die Wahlen sind bald, sie sind allgemein, frei und geheim. Und die Strauß', Streibls, Hubers, Tandlers, Gauweilers und wie sie alle heißen, haben die früher als Sachzwang dargestellte Übung, das Kreuzchen bei der CSU zu machen, selbst ad absurdum geführt. In Bayern weiß man jetzt, daß es im Sinne Bayerns zwingend ist, der CSU eine lange oppositionelle Besinnungspause zu verschreiben. Und das machen die Bayern durch ein Kreuzchen bei der SPD . . .«

». . . die in Bayern von einer Frau angeführt wird, die in Bonn auch manche Händel hat? Es hält sich das Gerücht, daß Herta Däubler-Gmelin die Renate Schmidt genausowenig mag wie Renate die Genossin Herta.«

Herta Däubler-Gmelin

»Das ist ein Schmarr'n! Herta Däubler-Gmelin und Renate Schmidt haben sich über lange, lange Jahre bestens vertragen! Ich weiß nicht, ich wäre wahrscheinlich ohne Herta Däubler-Gmelin nicht Stellvertretende Fraktionsvorsitzende geworden. Ich mache ein ganz dickes Fragezeichen dahinter, ob ich es geworden wäre ohne sie.«

»Aber es gab danach eine Zeit, sagen wir, verminderter diplomatischer Beziehungen?«

»Es gab schon eine Zeit, in der ich sie von der Sache her nicht ganz verstanden habe. Das hat vielleicht auf Gegenseitigkeit beruht. Es war während der Asyldebatte. Da habe ich ihr Verhalten als ›Herumgeeiere‹ bezeichnet und ihr eigenartiges Spiel nicht nachvollziehen können.
Wenn ich Heidemarie Wieczorek-Zeul als Beispiel nehme, dann sage ich: Großer Gott, es gibt nun mal Fragen, da hat man unterschiedliche Positionen und kann trotzdem gut befreundet sein. Aber was mich bei Herta damals störte, ist der Schnee von gestern. Die Gerüchte könnten durchaus von einer Phase der zaghaften Wiederannäherung sprechen, wenn sie Wirklichkeit transportieren würden. Ich finde auch, daß man Herta gegenüber häufig sehr ungerecht gewesen ist. Und ich habe das nicht nur ihr gegenüber gesagt, sondern auch vielen anderen Leuten.
Als wir die Fraktionsreform gemacht haben und feststand, daß es bei nur vier Stellvertretern des Vorsitzenden bleibt, habe ich für sie votiert. Nicht weil ich Heidi für ungeeignet hielt, sondern weil Herta Däubler-Gmelins Wahl absolut in Ordnung war. Alles andere wäre verkehrt gewesen.«
»Liegt ein Grund dafür, daß Herta Däubler-Gmelin manchmal mißverstanden wird, eventuell in der etwas harschen Art, mit der sie auftritt oder Ansprüche für sich reklamiert?«
»Ich hüte mich, solche Urteile zu fällen. – Ich tue mich leicht, lockerer zu sein als andere. Denn im Gegensatz zu anderen habe ich sehr viele mögliche Verletzungen nicht hinnehmen müssen. Vielleicht habe ich auch eine Sicht auf die Dinge, die es mir erlaubt, bei manchen Stellen einfach wegzusehen. Wieder anderes lasse ich gar nicht erst an mich heran.
Und wenn ich das alles außer acht lasse, muß ich sagen: Ich habe Glück gehabt! Glück, das andere Frauen in dem Ausmaß nicht gehabt haben. Aber diese Frauen haben mit mir

und für mich mehr als einmal die Kastanien aus dem Feuer geholt!«

Hans-Jochen Vogel

»Hans-Jochen Vogel wirkt, als würde er Nähe nur sehr schwer ertragen.«

»Das stimmt.«

»Sie kommen beide aus demselben Landesverband, und er ist nicht unschuldig an Ihrer Karriere. Was ist das Besondere an ihm und Ihrer Beziehung?«

»Also, ich mag ihn schlicht und einfach . . .«

»Sie mögen wohl alle?«

»Das ist eine Art Dilemma. Wenn man die Leute so hintereinander durchgeht, muß man den Eindruck haben: Die Schmidt muß ein bißchen blöd sein, die mag alle . . .«

»Bisher waren wir ja auch nur bei der richtigen Farbe . . .«

»Da ist nichts bei mir mit der Farbenlehre, das werden Sie noch sehn. Und ich werde bis zu meinem 98. Lebensjahre schlicht und einfach nicht bereit sein, mir erst rauszusuchen, welches Übel in einem Menschen steckt, um mich dann daran emporzuranken. Ich versuche immer zu sagen: Was ist es denn, das dieser Mensch Vernünftiges zu unserem Projekt beizutragen hat? Und ich mag die Leute dann für ihre vernünftigen Dinge.

Die Klarsichthüllen von Hans-Jochen Vogel habe ich schon längst übernommen. Sie sind ein vernünftiges Ordnungsmittel und erleichtern die Arbeit. Aber ich will hier keinen Vortrag über das Sichverhaken von Vorgängen halten.

Ich mag auch den Horst Ehmke. Und sehe bei beiden das Gute. Und bin dann ganz unglücklich, wenn solche Menschen nicht miteinander auskommen können. Und den Oskar, der von Hans-Jochen sagt, daß er ihn was weiß ich soll, den mag ich auch. Ich habe die Hoffnung, daß man jetzt mehr zueinanderfindet. Was nutzen diejenigen, die nur im-

mer die großen Linien zeichnen, wenn keiner da ist, der sich in den Details auskennt? Und was tun die Detailversessenen, wenn es keinen gibt, der die Details zusammenführt? Ich versuche, mir möglichst viel Gutes aus allem zu holen und es auch nutzbar zu machen.
Hans-Jochen Vogel – wenn man mal ein bißchen an der Fassade kratzt, dann tritt ein sehr liebenswürdiger, netter, reizender Mensch hervor. Ich kenne seine Frau, die Lieselotte. Und ich muß sagen, wenn ein so patentes Weib es schon so lange bei diesem Menschen aushält, dann muß der schon sehr in Ordnung sein! Und dieser Mensch weiß erstaunlich viele Details über sehr viele Politikfelder. Jemanden, der soviel Kenntnisse hat, den kann man gut um Rat fragen. Und bei einem anderen, der mehr strategisch denkt, mit dem kann man sich über die Zukunft unterhalten und den eigenen Kopf klären.«

Björn Engholm
»Renate Schmidt, der ehemalige SPD-Vorsitzende Björn Engholm scheint heute vergessen zu sein, obwohl er der SPD eine der großen Krisen in der neueren Geschichte bescherte. Mit Engholm, das heißt genauer: mit dem von ihm ohne ausreichende interne Abstimmung forcierten Beschluß zur Asylantenpolitik der SPD, verbindet sich auch eine Krise der Vorsitzenden in der bayerischen Landes-SPD. Es spricht niemand mehr vom größten Hoffnungsträger nach Willy Brandt. Auch Sie nicht?«
»Nein. Das hat nichts mit Enttäuschung zu tun, sondern nur mit meiner Unfähigkeit zu begreifen, warum so ein Mensch nicht in der Lage war, mit anderen zu sprechen, damit etwas in Ordnung gebracht wird. Das hat nicht erst mit den Petersberger Beschlüssen angefangen, sondern viel früher. Heute ist das Kapitel Engholm für mich abgeschlossen.«
»Aber als das Kapitel Engholm begann, waren Sie eine

seiner ersten Mitstreiterinnen, was in der Asyldebatte besonders deutlich wurde.«

»Das ist in der Öffentlichkeit so wahrgenommen worden. Aber wissen Sie auch, daß es mir in den ganzen Monaten und Wochen nicht ein einziges Mal gelungen ist, mit ihm gemeinsam wirklich etwas auszudiskutieren oder abzusprechen? Ich wußte nicht, was für ihn akzeptabel sein könnte, wo er Auffanglinien gesehen hat für den Fall, daß etwas nicht funktioniert, wen man einbeziehen muß und so weiter. In Sachen Asyl will ich noch etwas sagen: Ich war schon sehr lange vor den sogenannten Petersberger Beschlüssen der Meinung, daß eine Änderung des Asylrechts erforderlich ist. Und ich habe das im Geschäftsführenden Vorstand auch häufiger gesagt, gemeinsam mit Horst Ehmke und Ingrid Matthäus-Maier. Schon zwei Jahre vorher haben wir das auf einer Fraktionsvorstandstagung thematisiert. ›Da geht uns was den Bach runter‹, habe ich gesagt. Nehmen Sie Herta Däubler-Gmelin und Hans-Jochen Vogel als Zeugen. Beide waren damals explizit dagegen.

Ich war also schon vor Björn Engholm der Meinung, daß die Partei in große Schwierigkeiten kommt, wenn sie nichts tut. Und ich war erstaunt, wie das auf dem Petersberg zustande gekommen ist, sehr erstaunt über die Formulierungen der Beschlußvorlage. Aber unabhängig davon, wie es dann formuliert war – es war eine Tatsache, daß wir etwas ändern mußten. Ich bin zwar heute der Meinung, daß eine SPD-geführte Bundesregierung manches anders regeln müßte, als es geregelt ist. Ich will ja, daß Menschen bei uns eine Zuflucht finden können, die in Gefahr sind. Und im Prinzip bin ich auch der Meinung, daß die Grundgesetzänderung unumgänglich war. Aber in der Umsetzung geschieht heute einiges, was in meinen Augen nicht in Ordnung ist.«

»Björn Engholm hat dieser Tage erklärt, daß er sich ganz aus der Politik zurückziehen wolle . . .«

»Darf er.«
». . . war er als Bundesvorsitzender nicht immer nur ein Flaneur auf dem Parteiparkett?«
»Strategisch gedacht hat er irgendwie vielleicht schon. Ich weiß nicht. Im Präsidium oder auch in anderen Gremien habe ich manchmal den Eindruck gehabt, daß er erzählt, was er für richtig hält, und daß die Sache damit für ihn abgeschlossen ist.«
»War er befangen und dadurch unfähig zu diskutieren?«
»Sie meinen die Falschaussage? – Der *Spiegel* hat's zitiert, ich habe im Parteivorstand und im Präsidium gesagt: ›Björn, ist da noch was, sag's uns halt. Weißt du, sag's uns, hier in diesem Kreis. Wir werden gefragt, draußen. Sag's uns, dann kann man gemeinsam reden, wie man das hinkriegt.‹ Was er wußte, hat er doch die ganze Zeit gewußt. Und wie er dann alles gemacht hat, seine Art und Weise, damit umzugehen, seine Gesprächsunfähigkeit – ich habe keine Ahnung, woher sie kam und welche Ursache sie hatte. Da müssen Sie schon Psychoanalytiker befragen.«
»Die werden mir dann bestätigen, daß die SPD oder die Leute in ihren Führungsgremien zu einem guten Teil eine masochistische Phase gehabt haben müssen . . .«
»Wie kommen Sie denn darauf?«
». . . weil sie es so lange mit einem Vorsitzenden ausgehalten haben, der sich wie ein Flaneur in der Politik bewegte, für seine politischen und privaten Freunde immer seltener zu erreichen war. Wie konnten Sie es denn aushalten, wenn Sie hörten, daß er bei einer Veranstaltung der ›Sozialistischen Internationale‹ in Paris lieber Shopping ging, als einer Einladung des französischen Ministerpräsidenten zu folgen, der mitten im Wahlkampf stand? Oder wie konnten Sie und Ihre Genossinnen und Genossen es aushalten, wenn Ihr Vorsitzender in kritischen Phasen auch den Besuch einer anderen Landeshauptstadt zuvörderst dazu nutzte, seine

Einkaufswünsche zu befriedigen, statt sich in Gespräche über Problemlösungen zu stürzen?«
»Noch was?«
»Ja. Oskar Lafontaine erfuhr von der bevorstehenden Petersberger Sitzung über den Asylbeschluß in der Bretagne aus der Zeitung. Der von Björn Engholm selbst ausgewählte Bundesgeschäftsführer Karlheinz Blessing erhielt die Textvorlage für den Petersberger Beschluß ohne Vorwarnung und – mit der ganz normalen gelben Post, genau einen Tag vor der Sitzung. So wie ihm erging es auch anderen Mitgliedern des Beschlußgremiums. Ihnen auch?«
»Ich habe mir das angehört und sage keinen Ton dazu. Meine Partei hat sich gehäutet, Johannes Rau hat mit der Urwahl Weichen gestellt und – wir haben funktionierende Gremien. Und außerdem haben wir den richtigen Kanzlerkandidaten. Der heißt Rudolf Scharping und wird Ende des Jahres nicht mehr Kandidat sein, sondern Kanzler. Punkt.«

Heidemarie Wieczorek-Zeul
»Ist in der Ära Scharping ›Frau‹ weniger in?«
»Woraus schließen Sie das denn?«
»Von Ihnen sieht und hört die Öffentlichkeit viel, weil Sie Vizepräsidentin sind und in Bayern kandidieren. Heidemarie Wieczorek-Zeul, vor Monaten noch omnipräsente Kandidatin für den Parteivorsitz neben Schröder und Scharping, ist wie von der Bildfläche verschwunden.«
»Das liegt aber nicht daran, daß sie Frau ist, sondern an den Themen, die heute im Vordergrund stehen. Und damit stehen auch die Personen im Vordergrund, die sich um Arbeitsmarkt, um Innenpolitik und Sozialpolitik bemühen. Heidis politische Felder – wie Außen- und Sicherheitspolitik – sind im Moment nicht im Mittelpunkt der Diskussion. Das kann sich in den nächsten Tagen schon geändert haben. Heidi macht ihre Arbeit als Stellvertretende Parteivor-

sitzende. Das ist nicht so öffentlich wie das, was ich zu tun habe.«
»Bei Ihrer eigenen oder der Ihnen zugeschriebenen Kanzlerkandidatenkandidatur haben Sie ausdrücklich auf eine Bewerbung um den Parteivorsitz verzichtet. Wollten Sie Wieczorek-Zeuls Chancen nicht mindern, oder haben Sie unterschätzt, welche Sympathien Sie hätten mobilisieren können?«
»Beides falsch. Die Kandidatur kam zum falschen Zeitpunkt. Vierzehn Tage vorher war ich in Bayern mit 48 Prozent als Landesvorsitzende wiedergewählt worden. Und man kann nicht bayerische Landesvorsitzende und Ministerpräsidentenkandidatin und Kanzlerkandidatin und Parteivorsitzendenkandidatin sein, das geht nicht. Schon gar nicht in einem Jahr mit neunzehn Wahlen. Und überhaupt nicht, wenn man sich – wie ich in Bayern – schon ein Ziel gesetzt hat, das die Mobilisierung aller Kräfte erfordert.«
»Der Vorsitz der Sozialdemokratischen Partei Deutschlands hat Sie nicht gereizt?«
»Wen reizt so etwas nicht?! Und als ich die große Resonanz nach der herbeigeredeten Kanzlerkandidatur gesehen habe, hatte ich schon eine gewisse Lust darauf. Als Politiker müßte man ja verblödet sein, wenn man sagen würde, daß man darauf keine Lust hat. Aber man soll doch nicht dem Peter-Prinzip verfallen, wenn man selbst dessen Gegnerin ist! Noch etwas anderes. Meine Stärke ist die Außenwirkung, sicherlich nicht die Innenwirkung in die Partei hinein. In der Partei stupse ich was an und hoffe dann immer, daß sich irgend jemand des Ganzen annimmt und es umsetzt. Leider Gottes geschieht das dann nicht immer im ausreichenden Umfang, wie ich weiß. Ich als Bundesparteivorsitzende? Die Außenwirkung muß mitbringen, wer Kanzler oder Kanzlerin werden will. Alles andere wäre absoluter Krampf. – Ich bin nicht nur im Prinzip, sondern

auch in Wirklichkeit heilfroh, daß es genau so gekommen ist, wie es gekommen ist.«

Oskar Lafontaine

»Oskar Lafontaine sagte zu mir beim Parteitag in Nürnberg: Renate Schmidt ist eines unserer größten politischen Talente. Finden Sie das arrogant?«

»Wieso soll das arrogant sein? Vom Oskar?«

»Ja.«

»Och – das darf jemand, der schon länger in der Politik ist als ich, auch wenn er nur unwesentlich älter ist als ich, der darf das schon sagen.«

»Im Vereinigungswahlkampf sprach er Wahrheiten aus. Die Wähler sahen es anders, und auch die Partei hat es ihm nicht gedankt. Er wirkt oft sensibel und verletzlich. Wird er nun nicht immer aus der zweiten Reihe aufzeigen, daß eigentlich er der Erste sein müsse?«

»Er ist der Erste im Saarland. Das ist ein paar Nummern zu klein für seine politische Potenz. Ich weiß nicht, ob er immer der Zweite sein wird. Jedenfalls ist er eine notwendige Ergänzung. Aber natürlich könnte er auch der Erste sein.

Aber dann muß man auch an der richtigen Stelle sagen, was man will, und man muß es rechtzeitig sagen. Ich kann seine Verletzlichkeit nachempfinden, meine aber, daß man sich irgendwann davon lösen muß. Man muß einsehen, daß es nicht anders möglich war und daß man selbst ja auch anders hätte handeln können.

Ich kann nicht so nachtragend sein. Aber ihm ist nach den verlorenen Bundestagswahlen von verschiedenen Leuten ganz übel mitgespielt worden. Daß das Narben hinterläßt, ist mir klar. Wahrscheinlich wäre es bei mir auch so, wenn ich das erleben müßte. Aber er hatte auch noch das Attentat zu verkraften und dann die verlorene Wahl.

Ich kann das leicht sagen, aber ich glaube, ich hätte auf

den Tisch gehauen und hätte gesagt: Seid ihr verrückt geworden? Genau so, wie ich das will, machen wir das jetzt! Ihr geht jetzt schön nach Hause, und ich gönne mir eine Pause von drei Wochen. Und dann komme ich und werde höchstwahrscheinlich sagen, so und so machen wir die ganze Chose.«
»Wenn er es so gemacht hätte, wäre ihm die Partei gefolgt?«
»Wahrscheinlich ja. Aber ich will nicht daherreden. Wer weiß, ob ich die Kraft gehabt hätte. Und auch zu einem vernünftigen Menschen gehört wohl, daß er sich nach einer Niederlage mal nicht rational verhält.«

Rudolf Scharping
»Renate Schmidt, Sie können vergleichen. Sie haben die Vorsitzenden und Kandidaten Lafontaine, Engholm, Rau, Vogel, Schmidt und Brandt erlebt. Und jetzt erleben Sie Scharping.«
»Der Rudolf ist eigentlich eine sehr glückliche Mischung.«
»Geht das konkreter?«
»Erster Punkt: Er ist nach meiner Beobachtung der kommunikativste Vorsitzende. Er sagt: ›Du, ich muß mit dir reden, das und das habe ich vor, was hältst du davon?‹ Oder er macht einen Anruf und fragt: ›Wo bist du übers Wochenende gegebenenfalls zu erreichen, wenn's nötig ist?‹ Es mag komisch klingen, aber so war das nie zuvor. Ich habe auch von anderen Menschen erfahren, daß er ständig versucht, Konflikte schon im Vorfeld auszuräumen. Und Konflikte wird es natürlich dauernd geben in einer solchen Zeit.«
»Es fiel auf, als er eine Woche krank war, tanzten die Pflegemäuse auf den Tischen . . .«
»Dann kocht plötzlich, ganz plötzlich irgendwas hoch. Ja. Da haben wir alle was zu lernen. Das darf nicht auf Scharping beschränkt sein.
Dann der zweite Punkt: Er ist jemand, der versucht, in den

unterschiedlichsten Bereichen eine gewisse Tiefe zu bekommen. Er muß als Ministerpräsident, als Bundeskanzler Generalist sein. Und er kann nicht vom Familienlastenausgleich über den § 218 bis zu den Unternehmenssteuern und Out-of-area-Einsätzen der Bundeswehr in sämtlichen Verästelungen drin sein. Aber er kniet sich rein und weiß dann überraschend viel, auch im Detail.
Da ist also ein Hans-Jochen-Vogel-Teil in ihm. Er hört zu und ist nachdenklich, das ist der Engholm-Teil in Scharping. Und er versteht sich gut mit den unterschiedlichsten Leuten. Wenn er auch nicht so gut Witze wie der Johannes Rau erzählen kann, ist Rudolf doch auch ein wirklich netter Kerl. Ich finde, wir haben eine gute Wahl getroffen.«

Günter Verheugen
»Günter Verheugen war Generalsekretär der FDP. Nach der Wende fand er eine neue Heimat in Ihrer bayerischen Partei. Wer von Ihnen hat am meisten vom anderen profitiert?«
»Das weiß ich nicht. Er ist ein strategischer Kopf, einer, der um alle Ecken denkt, an Stellen, an denen ich vielleicht geradeaus denke. Ich glaube, wir haben beide gut zu gebrauchende Qualitäten. Nicht nur Politik, sondern jedes vernünftige Arbeitsergebnis entsteht doch heutzutage nur dadurch, daß verschiedener Sachverstand und unterschiedliche Fähigkeiten zu einem Ganzen gefügt werden.
Schaun Sie. Ich weiß so viel über Familienlastenausgleich, daß Sie bestimmt nicht mehr wüßten, was Sache ist, wenn ich aufdrehe und anfange, fachlich darüber zu reden. Und so erginge es dann allen Nichtfachleuten. Es gibt Politikfelder, von denen ich weiß, daß sich andere besser auskennen. Zum Beispiel Günter Verheugen: Wenn es um die Vereinten Nationen geht oder darum, wie man aus der KSZE ein vernünftiges Instrument machen kann, dann verlasse ich mich auf ihn.«

Johannes Rau
»Stichwort: Johannes Rau.«
»Er wäre ganz sicher einer der Menschen, die ich anrufen würde, wenn ich in einer sehr schwierigen Situation Rat bräuchte.«

Gerhard Schröder
»Gerhard Schröder – Macho oder was?«
»Ach ja, das ist ganz, ganz schwierig. Wir kamen ja gleichzeitig in den Bundestag. Waren dann gemeinsam Sprecher bei den Linken in der Fraktion. Schröder hat immer gesagt, was er bei mir positiv fand. Von Schröder gibt es auch Äußerungen nach dem Motto: Wenn die Frauen in der Politik doch alle so wären wie die Schmidt!
Als Sie mich vorhin fragten, ob ich es bei Oskar arrogant fände, wenn er mich talentiert findet, habe ich nein gesagt. Aber wenn Gerhard Schröder das sagt, was ich zitierte, dann schwingt für mich eine Art von Herablassung mit.
Trotzdem, ich finde ihn in seiner Art an manchen Stellen absolut okay. Er und Freimut Duve und ich, wir haben über lange Jahre zusammengehört. Es war eine Zeit, in der man sich alles sagen konnte. Ich mag seine Frau sehr. Bei der Kanzlerkandidatengeschichte habe ich manchmal nicht mehr begriffen, wie er agiert hat. Aber als Typ, find' ich, ist er schon gut. Nur zu den Frauen in der Politik hat er ein eigenartiges Verhältnis. Aber das haben so viele Männer – wenn ich die alle aussortieren sollte, blieben nicht mehr viele übrig.«

Manfred Stolpe
»Manfred Stolpes Name ist beinahe ein Synonym für Stasiverwicklungen, für Diskussionsinhalte über Staatsferne und Staatsnähe in bezug auf das frühere DDR-Regime. Irgendwie ist Stolpe aber auch der Typ ›Bürgerkönig‹, so wie Rau

oder Biedenkopf. Wenn er sein Amt behält, hätten Sie, als bayerische Ministerpräsidentin, wahrscheinlich häufig mit ihm an einem Tisch zu sitzen. Wie sind Ihre bisherigen Beziehungen?«

»Freundlich und gut. Wissen Sie, ich bin so froh, daß mir in meinem Leben bisher Situationen erspart geblieben sind, wie sie Herbert Wehner oder Manfred Stolpe erleben mußten. Ich will die beiden nicht gleichsetzen, ihre Verstrickungen bestanden in ganz unterschiedlichen Formen und zu ganz unterschiedlichen Zeiten. Aber ich bin Gott dankbar, daß ich nicht in solche Situationen gekommen bin. Ich weiß nicht, wie ich mich verhalten hätte.

Ich wünsche mir sehr, immer Heldin zu sein. Und ich weiß doch genau, daß es mir sicherlich auch nicht immer so gelingt. Deshalb kann ich gut nachvollziehen, daß man hin und wieder auch glaubt, das Gute zu tun oder erreichen zu können, ohne zu sehen, daß man damit unter Umständen vielleicht etwas Schlechtes angerichtet hat.

Ich kann's nicht bewerten, und ich will's auch nicht. Ich sehe mir den Menschen jetzt an, schaue, was er jetzt tut. Ich denke auch an andere Verstrickungen, auch wenn das Konservative sind. Und ich sage mir, daß man für die Zeit nichts kann, in die man hineingeboren wurde. Und dann kommt es mir darauf an, ob das, was zur Debatte steht, ein Verbrechen war oder eine Verstrickung der Art, wie ich sie vorhin beschrieben habe. Und wenn es kein Verbrechen war, wie kann ich – als ein in die Jetztzeit und in dieses Land hineingeborener Mensch – dann den Stab über einem anderen brechen? Ich kann das nicht.«

»Wie erleben Sie Manfred Stolpe jetzt?«

»Als jemanden, der versucht, das Bestmögliche für sein Bundesland zu erreichen, der ungeheuer engagiert ist. Und ich erlebe ihn als jemanden, der manchmal zu nachgiebig ist, eben weil er für sein Land schnell Gutes tun will. Das

ist vielleicht ein Erbe aus der früheren Zeit. Nehmen wir das Beispiel Mehrwertsteuererhöhung, da war es, dieses schnelle Tun, das längerfristig gesehen so gut gar nicht war. Dies ist vielleicht eine Eigenschaft, die man in bestimmten Zeitläufen erwirbt. Was tue ich denn, wenn es darum geht, einem Menschen, der jetzt leibhaftig vor mir sitzt, zu helfen? Denke ich dann darüber nach, wie das, was ich für diesen Menschen tue, später in den Geschichtsbüchern bewertet wird? Oder, frage ich, was zieht die nächste Generation für Schlüsse aus dem, was ich in dem konkreten Fall getan habe? Können die überhaupt nachvollziehen, welche Kopfstände ich machen mußte, um zu helfen, oder wozu ich gezwungen wurde, um das mir in die Hand gegebene konkrete menschliche Problem zu lösen?
Wie gesagt: Ich bin froh, daß ich heute lebe und daß ich in diesem Land geboren bin und nicht irgendwo anders und nicht zu irgendeiner anderen Zeit.«

Regine Hildebrandt
»Ein anderes Bild: Regine Hildebrandt. Was fällt Ihnen dazu ein?«
»Da gibt es eine wunderschöne Geschichte. Ich war damals noch Stellvertretende Fraktionsvorsitzende und zuständig für den Arbeitskreis *Gleichstellung von Frau und Mann.* Am 1. April 1990 bin ich als Vorsitzende mit zwei Mitarbeiterinnen, das waren Ingrid Steinmeister und Dorothea Brück, nach Ostberlin gefahren. Dort, im Französischen Dom, gab's eine Mesnerin, und da gab's Eva Kunz, eine AsF-Frau. Inzwischen arbeitet sie im Ministerium für Frauen, Arbeit und Soziales in Brandenburg. Wir haben uns im Französischen Dom getroffen, die neuen Funktionsträgerinnen der dort neugegründeten Arbeitsgemeinschaft sozialdemokratischer Frauen, und wir saßen zusammen, um Strategien auszutüfteln und darüber zu diskutieren, was man im

Einigungsvertrag für die Frauen erreichen sollte. Regine Hildebrandt war mit dabei.
Ich versuche immer irgendwie rauszukommen, nach draußen, an die frische Luft. Und dort saßen wir im Dom, das heißt in einem Kellerraum des riesigen Gebäudes. Draußen schien die Sonne, und ich mußte meine Arbeit wieder in so einem geschlossenen Raum tun. Ich fragte, ob es nicht ein Café gäbe, in der Nähe, wo man draußen sitzen könne. Das gab es damals noch nicht. Das war drei Monate nach dem Fall der Mauer. Aber wir sind trotzdem nach draußen gegangen. Wir haben einen Spielplatz gefunden, mit Bänken. Die Bänke haben wir uns auf die Wiese gestellt. Und dann saßen wir dort, wir ganzen Weiber. Und es war wunderschön.
Wir haben darüber geredet, was wir im Einigungsvertrag und was wir später im Ersten und im Zweiten Staatsvertrag so alles für die Frauen durchsetzen müssen . . .«
»Aber es war der 1. April.«
»Es war der 1. April. Und wir haben leider Gottes in diesen Staatsverträgen ganz wenig davon durchgesetzt. – Aber auf dieser Spielplatz-Wiesen-Konferenz habe ich Regine Hildebrandt kennengelernt.
Sie ist eine Frau, die auch heute noch an vielen Stellen unsere eigenartigen Gesetze und die gewachsenen komplizierten Strukturen nicht nachvollziehen kann oder mag. Sie versucht sich immer wieder über all das hinwegzusetzen, einfach nach ihrem gesunden Menschenverstand zu urteilen. Und das ist gut so. Manchmal ist sie gar nicht bereit einzusehen, warum etwas nicht so geht, wie sie sich das vorgestellt hat. Aber die Gründe dafür, warum etwas nicht geht, sind auch nicht immer ganz einsehbar.
Regine Hildebrandt drängt nach vorn, bewegt, bewegt Menschen. Und dadurch, daß sie Menschen bewegt, bewegt sie mittelbar auch Dinge.«

Wolfgang Thierse

»Neben Regine Hildebrandt und Manfred Stolpe gibt es eine dritte Art von ›Ost‹ und ›Deutsch‹ in der Politik, das heißt, in der sozialdemokratischen Partei: Wolfgang Thierse.«

»Thierse hat diesen Hauch von Internationalität, den Regine Hildebrandt nicht hat und der bei Manfred Stolpe nur in Ansätzen vorhanden ist. Die Intellektuellen sind eben von grenzübergreifendem, internationalem Zuschnitt ...«

»Und werden, wie auch Wolfgang Thierse, von der Partei nicht so ganz ernst genommen?«

»Das ist nun wirklich nicht wahr! Aber in einer Zeit, wo die Macher hoch im Kurs stehen, sind die Denker nicht so im Vordergrund. Dabei ist Wolfgang Thierse derjenige, der am meisten über die neuen Bundesländer hinauswirkt.«

»Was Sie von Gregor Gysi so nicht sagen würden? Was hat er dem Parlament gebracht?«

Gregor Gysi

»Dem Parlament nicht soviel. Da hält auch er vorgefertigte Reden, da ist er dann auch nicht so toll. Er ist gut in Diskussionen oder wenn er sich einfach mit Leuten unterhält. Diese Formen haben wir im Bundestag ja leider noch nicht. Aber das ist ein anderes Kapitel. Was im Parlament von Gysi an wirklichen Impulsen ausgegangen ist, wüßte ich wirklich nicht zu sagen.

Gysi ist ein Intellektueller mit einer besonderen Irrationalität, die mir absolut fremd ist. Bei den Anträgen, die manchmal von der Gysi-Gruppe im Parlament gestellt werden, spürt man, das ist Politik für eine Welt, die man sich wünschen kann, aber nicht für die Welt, wie sie ist. Ich bin dafür, den Sachzwang nicht das Wollen bestimmen zu lassen, sondern nur das Tun. Für die Gysi-Gruppe gibt es allerdings, so scheint's, überhaupt keine real existierende Wirklichkeit, also bestimmt diese auch nicht deren Tun.«

»Im Unterschied zu den GRÜNEN von heute?«
»Ja, ist doch bei den GRÜNEN, zwar noch nicht überall, aber bei vielen, das Bewußtsein eingekehrt, daß man sich realistisch zu orientieren hat, wenn man etwas bewegen will. Zur PDS will ich noch etwas sagen.
Die Partei ist nahtlos aus der für die ganze DDR-Misere verantwortlichen SED entstanden. Und auch, wenn die jetzt agierenden Einzelpersonen nicht schuldig sind, so sind sie doch mit in der Verantwortung einer vergangenen Geschichte. Das gilt genauso für die Leute, die den Blockflötenparteien CDU und LDP angehörten und sich heute hinter der Geschichte von West-CDU und FDP verstecken können. Das tun und können die PDSler nicht. Und schon deshalb finde ich die auf die Gruppe Gysi gemünzten Zwischenrufe im Bundestag, die der PDS die ganze Verantwortung für die Vergangenheit aufladen wollen, höchst albern und ungerecht. Warum soll ich jemanden, der gescheiter geworden ist, als er vorher war, denn daran hindern, neue Konzepte zu machen? Denen zu sagen: ›Ihr dürft jetzt gar nichts mehr fordern‹, ist absoluter Krampf. Wenn die klug sind, stellen sie ihre Forderungen aber so auf, daß diese sich nicht nahtlos an SED-Regimetraditionen anschließen!«

Helmut Kohl

»Helmut Kohl. Was fällt Ihnen zu diesem Kanzler ein, außer daß Sie ihn bald Altbundeskanzler nennen möchten?«
»O Gott . . .«
»So weit ist es schon?«
»Ich bin ganz ernst. Was mir zu ihm einfällt, ist, daß er ganz grob und fahrlässig unterschätzt wird. Und zwar in seinen schier unbegrenzten Fähigkeiten zu erkennen, was notwendig ist, ihn Bundeskanzler bleiben zu lassen. Und deshalb sollten die Kabarettisten ihn nicht immer als Dummerjan vorführen. Er ist der Bundeskanzler der Bundesrepublik

Deutschland, den die Mehrheit der deutschen Bevölkerung gewählt hat. Und eine andere Mehrheit wird ihn nun hoffentlich abwählen. Aber so blöd kann er gar nicht sein. Denn wenn er so blöd wäre, wäre er nicht so lange Bundeskanzler gewesen.«

»Wenn Sie präsidieren, sitzen Sie sozusagen auf Tuchfühlung mit dem Kanzler. Auf dem Fernsehschirm wirkt er häufig sehr statuarisch. Wie erleben Sie ihn im Parlament?«

»Das kann ich nicht beantworten, weil ich ihn in meiner Funktion doch immer nur von hinten sehe. Wir haben zwar einen kleinen Bildschirm auf dem Podium, aber darauf ist nicht viel zu erkennen. Kohl hat manchmal eine etwas eigenartige Art zu reden. Das wird er von mir aber auch sagen. Und er hat seinen eigenen Stil, das darf man nicht verkennen.«

Norbert Blüm

»Als amtierende Präsidentin sind Sie dem Kanzler Kohl protokollarisch vorgesetzt. Insofern ist verständlich, daß Sie sich zur Person nur ungern an der Zunge ziehen lassen. Würden Sie bei dem Minister Norbert Blüm denn etwas weiter ausholen?«

»Ja gern. – Man hat ihn immer das soziale Feigenblatt der Union genannt. Nur sind die offensichtlich jetzt auf Freikörperkultur aus, da kann man das Feigenblatt dann ablegen. Blüms Positionen sind nicht mehr haltbar in der Union, weil die Arbeitnehmer in dieser Partei praktisch gar nichts mehr zu sagen haben.

Norbert Blüm ist es jetzt ein letztes Mal gelungen, eine Idee, ein Modell von ihm, durchzusetzen. Und das zu einem wahnsinnigen Preis. Denn er hatte das beitragsfinanzierte Modell der Pflegeversicherung entwickelt und an keiner Stelle an Kompensation gedacht. Er wollte sie sowenig wie wir Sozialdemokraten. Die Pflegeversicherung hat er nur durchsetzen können, weil seine Partei es sich nicht leisten konnte, ihn gehenzulassen. Und wäre er gegangen, dann hätte die Union nach meiner Kenntnis nur noch als vergrößerte FDP dagestanden. Es kann ja sein, daß sie das werden will ...«

»Sie und Norbert Blüm haben einige Gemeinsamkeiten. Sie lieben die offene Debatte, Sie sind kämpferische Naturen, deren persönliche Eitelkeiten glaubwürdig von Sachargumenten und Sachengagement drapiert werden. Sie tragen beide den Aachener ›Orden‹ ...«

»Unsere persönlichen Eitelkeiten drapieren unser Sachengagement und unsere Sachargumentation – ich bitte doch, so herum zu formulieren!«

»Sie tragen den ›Orden wider den tierischen Ernst‹. In Anbetracht des parlamentarischen Nachwuchses: Gehören Sie beide einer schon jetzt limitierten, aussterbenden Rasse von Politdinos an, deren politische Ethik und Moral noch mehr wert sind als Machbarkeitswahn und Coolness?«

»Ach, das stimmt doch nicht. Ich finde diese Betrachtungsweise ungerecht gegenüber den jetzt Dreißig- und Fünfunddreißigjährigen, die man mit uns vergleicht. Wer war ich denn, als ich mit knapp siebenunddreißig hier angetanzt bin? Bevor man Klassifizierungen vornimmt, sollte man erst mal abwarten, sollte sich die Leute entwickeln lassen. Man wird doch erst mal was werden dürfen! Es wäre genauso ein Unding, uns Fünfzigjährige heute mit Willy Brandt oder Helmut Schmidt zu vergleichen. Jede Generation hat ihre Eigenheiten, ihre Art, wie sie sich ausdrückt und was sie sich zum Ziel setzt. Jede muß dann ausprobieren, wie sie es umsetzen kann. Und alle haben das Recht auf Irrtum. Denn schließlich ist ›jeder Jeck anders‹, das hab' ich im Rheinland gelernt.

Außerdem ist heute noch nicht heraus, ob wir – Norbert und ich – wie die wirklichen Politdinos in die Geschichtsbücher Eingang finden. Wie viele von einer ganzen Generation tauchen dort überhaupt auf? Wie viele Adenauers, Brandts, Schmidts, Wehners gibt es denn? Waren die anderen nur Deppen? Das waren sie sicherlich nicht. Aber wir wissen von ihnen überhaupt nichts mehr. Das waren ungefähr – lassen Sie mich mal rechnen – ungefähr dreitausend Politiker und Politikerinnen, die im Bundestag gesessen sind. Und das sollen alles Pflaumen gewesen sein? Das ist doch ein Schmarr'n!«

Rita Süssmuth
»Sprechen wir nun über Ihre Kollegin, die Doktorin, Professorin und ehemals oberste Frau der katholischen Laien. Rita Süssmuth ist Ihre Präsidentin.«
»Sie ist eine Frau, die im Gegensatz zu weit verbreiteten Gerüchten in der Lage ist, sehr herzhaft zu lachen. Ich finde es wichtig, das einmal zu sagen. Sie leistet ein gewaltiges Arbeitspensum. Im Präsidium haben wir untereinander ein prächtiges Verhältnis, sehr kollegial und kameradschaftlich. Sie hat einen anderen Arbeitsstil als ich. Und im Gegensatz zu mir hat sie keinen so großen Rückhalt in ihrer eigenen Fraktion. Sie ist in manchen Politikbereichen auch stärker unter Beschuß als ich. Deshalb muß sie manchmal vorsichtiger sein.
Sie denkt sehr weit und ist eine wirklich patente Frau, die versucht, was nach vorne zu bewegen. In ihrem Falle bedeutet das, viel Mut haben zu müssen und die Gefährdung der eigenen Position zu beachten. Was täte sie sich leicht, wenn sie sich stromlinienförmig verhalten würde! Aber sie weiß sicher, daß der sogenannte ›Süssmuth-Effekt‹, die Bekanntheit und Beliebtheit über die eigene Partei hinaus, sich verflüchtigen würde, wenn sie sich anpaßte.«

Wolfgang Schäuble

»Wolfgang Schäuble, dem es ja unter anderem darum geht, Themen zu besetzen, wirkt inzwischen so, als würde er um der Macht willen auch Überzeugungen über Bord werfen, die er tags zuvor noch als die innersten verteidigte. Für den *Spiegel*-Leser entdeckte Jürgen Leinemann, daß Schäubles ›Dasein sich fast völlig auf die Politik verengt hat‹. Wie sehen Sie Schäuble?«

»Er war sicherlich ein sehr konservativer Innenminister, aber schon liberaler als sein Vorgänger Zimmermann von der CSU. Er hat versucht, gewisse Grenzen zu sprengen, indem er mit uns Sozialdemokraten vernünftig über unsere Vorstellungen gesprochen hat. Was jetzt los ist, weiß ich nicht, ich habe keine nähere Kenntnis von seiner Person. Ich weiß auch nicht, ob das nun neue Überzeugungen sind oder der Machtwille, der ihn in dieser ›Christo‹-Debatte sagen ließ, der Reichstag in Berlin sei das symbolträchtigste und politisch bedeutungsvollste deutsche Bauwerk überhaupt. Von dem alten Schäuble finde ich da überhaupt nichts wieder. Ich weiß auch nicht, wie er auf die Schnapsidee kommen kann, daß die Wahlen rechts von der Mitte gewonnen werden, da wäre er ja ganz nahe bei der CSU. Aber nur so ist seine merkwürdige Rede zu erklären. Ich kann nicht entscheiden, ob er Überzeugungen ändert oder solche Standpunkte aus taktischen Gründen vertritt. In beiden Fällen halte ich's für schlimm.«

Franz Josef Strauß

»Renate Schmidt, fällt Ihnen denn überhaupt noch etwas ein zu Franz Josef Strauß?«

»Der Ministerpräsident Strauß hat im Lande Bayern das Verdienst, den von seinem Vorgänger, dem Altvater Alfons Goppel, behutsam und mit Augenmaß begonnenen Modernisierungsprozeß konsequent weitergeführt zu haben. Als

Goppel Ministerpräsident wurde, war Bayern ein rückständiges Agrarland und höchstens eine Touristenidylle. Er hat die Grundlagen für die technische und wirtschaftliche Modernisierung gelegt. Das war in manchem noch zu erdverwurzelt, nicht zu klerikal, das will ich nicht sagen; aber bestimmte kulturelle Entwicklungen hat man nicht mitgedacht und nicht mitgemacht.

Strauß hat das zunächst fortgeführt. Bis ihn seine heute bekannten anderen Interessen so ablenkten, daß er nur noch verwalten ließ. Und sein früherer Bürochef, sein bester Amtswalter war Edmund Stoiber, dessen Verwaltungsfähigkeiten größer sind als sein politisches Denkvermögen.«

»Vor Monaten haben Sie mir wörtlich gesagt, und wir sprachen über Strauß: ›Auch, wenn ich an manchen Stellen Dinge ganz sicherlich anders gemacht hätte, seine Bilanz in Bayern ist eine, die sich sehen lassen kann. Und da hat er auch vernünftige Dinge bewegt.‹«

»Das sehe ich heute keinen Deut anders. Nur würde ich es heute ergänzen, weil wir inzwischen so vieles wissen, was ich damals noch nicht für möglich gehalten habe.

Die Straußschen Leistungen sind zu teuer erkauft. Daß sein Ruf dahin ist, stört ihn nicht mehr. Daß der Ruf seiner Familie Schaden genommen hat, hat er zwar auf dem Gewissen. Aber die Familie hätte Ablaß bekommen, wenn sie sich anders verhalten hätte. Daß Strauß seine politische Umgebung korrumpierte, ergab sich automatisch. Zum Korrumpieren gehören immer mindestens zwei. Und diejenigen, die sich dann um sein politisches Erbe schlugen, mußten wissen, was es – auch – beinhaltete. Die politischen Erben des Franz Josef Strauß waren und sind vom gleichen Holz, wenn auch nicht aus so hartem.

Was ich Strauß und seinen ganzen Epigonen sehr übelnehme, ist, daß sie es geschafft hatten, diesen ganzen bayerischen Staat ihr eigen zu nennen und in Haftung für ihre Machen-

schaften zu nehmen. Ich nehme Strauß übel, daß er augenscheinlich nie darüber nachgedacht hat, was nach ihm sein würde. Ein Zyniker der Macht, die er nicht einmal um einer höheren Sache willen, sondern nur für sich selber wollte. Seine Diener sitzen nun vor seinen und den selbstgemachten Scherben.
Ich wünschte, daß die bayerische Beamtenschaft nun sieht, daß sie sich auf saubere Zeiten einrichten kann. Das erleichtert dann auch den Nachtschlaf im Angesicht des bevorstehenden Farbenwechsels. Aber ich nehme an, daß die bayerische Beamtenschaft weiß, daß die Sozialdemokraten und ich keine selbstherrlichen Richter sind oder selbsternannte Vollzugsorgane. Wer nicht zu den korrumpierten Dienern aus der ersten Linie des Herrn Strauß und seiner politischen Erben gehörte, muß kein politisches Fegefeuer fürchten.«

Edmund Stoiber
»Mit dem Thema, mit der Person Strauß, gehen Sie fast sanft um . . .«
»Weil wir druckreif bleiben wollen und weil die Menschen sich selbst ein Bild machen können, nachdem jetzt endlich auch unter dem Teppich gekehrt wird.«
»Bei Max Streibl hatten Sie aber tatsächlich Nachsicht. Als er Sie ›Krampfhenne‹ nannte, meinten Sie lapidar, einem Ehrendoktor der Veterinärmedizin stünde eben nur dieses Vokabular zu Gebote. Bei Stoiber ist das wohl anders . . .«
»Aber da will ich auch trennen. Über das, was sich amigomäßig um und mit Stoiber tut, will ich jetzt nicht sprechen. Ich denke auch, daß es wichtig ist, mal darauf hinzuweisen, daß in Bayern weder Chaos noch Anarchie herrschen. Wir haben es mit der von Strauß begründeten Amigo-Linie und mit der Wirklichkeit im Lande zu tun. Und dazu will ich eines sagen:

Es geht den Menschen hier nicht über alle Maßen schlecht. Sie müssen auch das eine oder andere richtig gemacht haben. Und manches werden wir so weitermachen, wie es bisher gemacht wurde. Die Unterschiede benennen wir. Mit Stoiber könnte man wenigstens vernünftig diskutieren, wenn er nicht in stundenlanges Geschwafel gerät. Das ist bei ihm leicht der Fall, weil er vor lauter Details keine Linie mehr sieht und immer glaubt, den Leuten alles sagen zu müssen, was er weiß. Ich war bereit, öffentlich mit ihm zu diskutieren. Er war's nicht. Und nun werden die Zeiten immer schlimmer für den Mann.«
»Frau Schmidt, ich habe Sorge, daß Sie vor Mitleid gleich zerfließen. Stoiber als Person, wie sehen Sie ihn?«
»Ich kann doch gar kein Mitleid haben, ich wüßte nämlich nicht mit wem. Wenn Sie die verschiedenen Existenzen des Herrn Stoiber mal auflisten, werden Sie das nachvollziehen können.
Erst Straußvertrauter und jetzt Saubermann. Das paßt schon nicht zusammen. Aber da könnte er noch immer sagen, er sei's ja nicht gewesen. Dann stelle ich mir den Stoiber als Generalsekretär der CSU vor: Da haut er verbal drauf, daß die Fetzen fliegen, da ist er ultra-rechts. Dann: Innenminister der CSU. Da spricht er dann gewählter, aber durchaus von ›Durchrassung‹ und ›Durchmischung‹, tut legalistisch und fährt eine fürchterlich harte Linie. Er ist verantwortlich für den ›Münchener Kessel‹. Da ließ er den Polizeiapparat mit aller Macht agieren, um die ›gewalttätigen‹, sprich: mit Trillerpfeifen bewaffneten Menschen, die gegen die Weltwirtschaftsgipfelshow protestierten, einzuschüchtern. Schließlich wird Stoiber Ministerpräsident. Ist dann von einem Tag zum anderen alles Frühere weg? Ist er plötzlich der gute, brave, weise Landesvater?
Da stellt sich mir doch die Frage, wer ist denn dieser Mensch? Und diese Frage stellt sich auch vielen in der CSU.

Auch Sie betrachten sich genau, was zurückliegt: Streibl weg, Frau Berghofer-Weichner in die Wüste geschickt, Gauweiler weg, den Tandler verbissen, den Privatmenschen Strauß scheinbar ohne Not als raffgierig enttarnt und versucht, sich dessen Staatsmannshosen anzuziehen. Und in diesen Hosen sagt er in einer großen Europa-Diskussion mit FDP und GRÜNEN zu mir den Satz: ›Was geht mich die CSU an – ich bin der bayerische Ministerpräsident!‹ Ich glaube, der ist schon etwas durcheinander, dieser Mann.«
»Es wurde spekuliert, daß er die Straußgeschichte nur ausgepackt hat, um Monika Hohlmeier zu treffen, die als Nachfolgerin Gauweilers im Gespräch war.«
»Kann schon sein. Bei einer Umfrage der bayerischen Staatsregierung stand ich auf Platz eins und die Straußtochter auf Platz zwei und Stoiber erst auf dem dritten Platz bei der Frage, wer das Ministerpräsidentenamt zukünftig besetzen soll. Das könnte ihm nicht gefallen haben.
Nach meinem Gefühl glaubte er sein Lebensziel durch sein Amt schon erreicht zu haben. Dort sitzen zu bleiben, so lange wie der Goppel und andere Vorgänger, nichts anderes hatte er vor. Und nun kamen die Irritationen. Schmidt und SPD sind nicht länger die Hofnarren der CSU-Abonnements-Regierung. Dann kommt Franz Josefs leibliche Tochter ambitioniert in die Arena, fängt an, ihm die Show zu stehlen. Bei einem Menschen wie Edmund Stoiber, der sein ganzes Leben nur durch Politik definiert, mußte das Panik auslösen. Und wer weiß, was er sonst noch weiß. Vielleicht noch seinen Namen, obwohl er schon in Kreuth, in diesem Jahr, etwas Rumpelstielzchenhaftes an sich hatte.«

Monika Hohlmeier

Renate Schmidt: »Nein, in bezug auf diese Frau will ich nichts mehr sagen. Ihre Brüder haben verkündet, der Papa hätte sein Geld vor den bösen Sozialisten in die Schweiz in

Sicherheit bringen müssen, hätte die Mama erzählt. Und was Frau Hohlmeier die Chuzpe hatte, öffentlich zu machen, les' ich kurz vor:
›Diese alten kommunistischen Halbschattengewächse, die wir endlich losgeworden sind, die werden wir uns nicht durch die Hintertür der sozialen Gerechtigkeit, der Umverteilung des Geldes, wieder holen.‹
Bei so einem verqueren Denken ist mir die offen gezeigte Raubrittermentalität des Herrn Papa denn doch fast noch lieber.«

Theo Waigel
Das Fußvolk der CSU ist so ratlos und durcheinander, daß honorige CSU-Kommunalpolitiker Frau Renate Schmidt nach Wahlveranstaltungen mit dem Satz beglücken: »Es fällt mir schwer, es zu sagen. Aber ich wünsch' mir, daß Sie's schaffen!« Ob der Parteivorsitzende Theo Waigel nicht doch den Wunsch verspürt, Kalif zu werden, anstelle des Kalifen? Renate Schmidt sagt, sie habe an manchen Tagen schon den Eindruck gehabt, daß Waigel lieber in Bayern wäre. Sie könne sich auch vorstellen, daß es die CSU bei einem deutlichen Stimmeneinbruch mit ihm versuchen müßte. Wie steht sie selbst zu ihm?
»In meinen Augen ist er liberaler und weniger verbissen als Stoiber. Ich kann mir vorstellen, daß man mit ihm auch über Dinge reden kann, die nichts mit Politik zu tun haben. Sagen wir mal, auch über ein Buch, das nicht durch die Bestsellerlisten gegangen und jedem bekannt ist.«
Während des Oberbürgermeisterwahlkampfes in München hatte Gauweiler eine Truppe angeheuert, die den SPD-Kandidaten Christian Ude und die Landesvorsitzende von ihrem eigenen Publikum trennen sollten. Da wurde ziemlich rüde geschubst und gestoßen. Nachdem Stoiber unter Berufung auf Zeugnis von Gauweiler abgestritten hatte, daß

eine solche Truppe existiere, wandte sich Renate Schmidt an Waigel. Der CSU-Chef reagierte mit der Zusage, daß die Aktion abgestellt werde, was dann auch geschah.
Als Waigel am Jahresanfang in Kreuth verkündete, die CSU wolle nun mit der »drohenden Überfremdung Politik machen«, fand Schmidt, das passe »irgendwie nicht richtig zu ihm«. Beim zähen Abschiednehmen des Peter Gauweiler kam eine Irritation hinzu:
»Wenn Gauweiler von den ›Altparteien‹ spricht, benutzt er den Jargon der Reps. Und wenn der Gauweiler, die Reps meinend, sagt, daß es ein Skandal sei, wenn eine Partei, die ›ein bißchen rechts von der Mitte steht, vom Verfassungsschutz überwacht‹ werde, dann darf sich der Parteivorsitzende der CSU dieses doch nicht bieten lassen! Und dann schenkte er dem Gauweiler zum Abschied noch eine Trommel mit der Bemerkung: ›... daß du auch weiter tüchtig drauf hauen kannst‹. Wo, glaubt Waigel eigentlich, erweckt er damit Sympathien? Das alles paßt überhaupt nicht zu seinem sonstigen Auftreten. Ich kann's jedenfalls nicht einordnen.«

Hans »Jonny« Klein

»Wenn Sie Ihren Bonner Posten verlassen, um sich völlig Ihrem Kampf gegen die CSU zu widmen, lassen Sie in Bonn einen bayerischen Vizepräsidentenkollegen zurück, der ein CSU-Mann ist: Hans ›Jonny‹ Klein.«
»Ein Grandseigneur!«
»War das etwa alles?«
»Ist das denn nichts?«

Gute Kontakte

»Haben Sie mit Menschen aus anderen Parteien häufiger mehr als einen flüchtigen Kontakt oder Meinungsaustausch?«

»Gute Beziehungen, so will ich das ausdrücken, habe ich zum Beispiel in Bayern zu Max Stadler. Ich mag den Menschen. Er ist Landesvorsitzender der FDP. Und da täte es mir schon deshalb leid, wenn die jetzt überall rausfliegen. Mit ihm kann ich wirklich gut reden. Wir stimmen nicht überall überein, aber doch in sehr vielem. In der bayerischen Landtagsfraktion gibt es auch die eine oder andere Frau, mit der ich was gemeinsam machen könnte. Na, gute Beziehungen habe ich auch zu Barbara Hoffmann, das ist die Sprecherin der bayerischen GRÜNEN zusammen mit Gerald Häfner.
Die Bundesebene? Ich spreche gern mit Antje Vollmer. Ich glaube, daß wir uns beide gerne mögen. Leider sieht man sich natürlich immer nur auf irgendwelchen Veranstaltungen. Aber darüber freuen wir uns auch. In der Vergangenheit hatte ich sehr guten Kontakt zu Waltraud Schoppe. Diese Frau habe ich wirklich sehr geschätzt; leider ist der Kontakt fast abgebrochen. Ich wüßte gerne, wie es mit ihr weitergeht. Man konnte so gut was miteinander tun.
Mit all denen würde ich reden können, wenn es mal erforderlich wäre. Da ist viel privates Vertrauen, obwohl es die politische Ebene betrifft. Natürlich gibt es auch noch ein paar andere. Aber die behalte ich dann doch lieber für mich.«

Petra Kelly
»Auf politischer Ebene hatten Sie eine Begegnung, die zu relativ engen Kontakten führte. Die Frau, die ich meine, war Ihr konkretes Gegenbild. Petra Kelly.«
»Ja, das war eine der erstaunlichsten Geschichten in meinem politischen Leben. Wobei ich gleich erwähnen will, daß ich sie und Gert Bastian sehr geschätzt habe. Als Petra Kelly in der *Süddeutschen Zeitung* Freimut Duve und noch jemanden und mich als diejenigen im Bundes-

tag bezeichnet hat, die ihr am nächsten gestanden haben, hat mich das sehr gefreut. Eng befreundet waren wir allerdings nicht.
Wenn ich an den Anfang denke – es war ein schwieriges Verhältnis. Petra Kelly hat in Nürnberg zweimal gegen mich kandidiert. Und bei der ersten Kandidatur behaupteten die GRÜNEN glatt, sie hätten als erste eine Frau aufgestellt. Sensationell! Denn ich war längst vorher nominiert. Aber damals ging das mit den GRÜNEN erst so richtig los. Sie machten Power. Wir haben uns dann bei Veranstaltungen kennengelernt. Und Petra hat gesagt, o Gott, wie sehr sie es doch bedauert, daß sie ausgerechnet gegen mich antritt, in diesem Wahlkreis und so. Und ich hab' ihr das sehr treu geglaubt.
Damals war ich deutlich voluminöser als heute. Und sie war die kleine, zarte Petra Kelly. Vielleicht können Sie sich vorstellen, was in mir vorgegangen ist, einer Frau, der man nicht abnahm, daß sie mal Schwächen haben könnte. So wie heute auch noch, man packt mir eher noch was drauf. In der damaligen Kampagne jedenfalls war sie die kleine, zarte Frau, die arme Petra Kelly, die immer soviel Energie aufbringen muß. Über meinen erforderlichen Aufwand redete kein Mensch. Und das hat mich sehr gestört, ich gebe es zu. Und dann wird sie auch noch zehn Tage vor dem Wahltag mit Blaulicht ins Krankenhaus gefahren und war zwei Stunden dort.
So, das war der erste Wahlkampf.
Der nächste Wahlkampf war 1983.
Und wer kandidiert in dem Wahlkreis Nürnberg-Nord außer Renate Schmidt, deren Lebensmittelpunkt ja dort auch lag? Petra Kelly!
Und wieder: Wie leid ihr das doch tut! Und dann wieder, kurz vor den Wahlen – wer wird mit Blaulicht ins Krankenhaus gefahren?

Ich kann's nicht leugnen. Ich hatte einen großen Grant! Die Animositäten sind mit der Zeit kleiner geworden, ich habe sie dann als Person gemocht.
Und dann gab es auf dem Höhepunkt der Friedensbewegung eine Veranstaltung des ›Forum atomwaffenfreie Zone‹ gegen die Nachrüstung, das war 1983 in Berlin. Es war ein Kongreß. Egon Bahr trat auf, Oskar Lafontaine war da, Erhard Eppler redete. Plötzlich hatte es den Anschein, daß die Sozialdemokraten den Kongreß dominieren. Und Oskar Lafontaine setzte sich, wie es doch manchmal sein Talent ist, zum richtigen Zeitpunkt in Szene: Er wollte wegen der Nachrüstung den Generalstreik ausrufen!
Und das alles hat den GRÜNEN ganz offensichtlich gestunken. Wir waren mitten in den Diskussionen über den Generalstreik. Das war natürlich ein ganz großer Blödsinn, hatte aber wie eine Bombe eingeschlagen. Die GRÜNEN liefen so etwas bedeppert in der Gegend herum. Aber dann ist der Milan Horaczek herangetrabt und hat gesagt:
›Ihr werdet gleich staunen, was noch passieren wird!‹
Und plötzlich war die Superbombe da, der ganze Generalstreik war vergessen: Petra Kelly, Gabriele Potthast und der Vogt aus Kaiserslautern und noch zwei von den GRÜNEN waren in Ostberlin festgenommen worden! Mitten auf dem Alexanderplatz!
Ganz große Aufregung! Freimut Duve, Robert Jungk, Daniel Elsberg, Gerd Weiskirchen und ich, sieben oder acht Leute, wir haben sofort einen Brief an Honecker verfaßt. Heute kommt mir das vor wie ein Kasperletheater, und es war wohl auch eins. Es ist kaum zu glauben, was man in jugendlichem Leichtsinn so alles macht.
Einen Brief an Honecker also. Daß das so ja wohl nicht ginge! Und daß er die bitte jetzt sofort freilassen solle und so weiter. Der Brief war geschrieben und unterschrieben, wir fuhren im Konvoi zum Checkpoint Charly. Und dann stan-

den wir an diesem Checkpoint Charly und haben dem Honecker diesen Brief zustellen lassen wollen.
Da kam zuerst ein Offizier, dem wir geschildert haben, um was es ging und was wir da für den Herrn Honecker haben. Und dann kamen wir uns schon sehr komisch vor. Wir warteten und warteten und kamen uns immer komischer vor, denn wir standen nun immerhin schon eine Stunde an diesem Checkpoint Charly. Dann kamen zwei mit ganz vielen Epauletten und Lametta und fragten uns, was wir denn wollten. Den Brief würden sie gerne übergeben, wenn das unser Anliegen sei. Und dann haben wir gesagt, daß Petra Kelly und andere Abgeordnete des Deutschen Bundestages auf dem Alexanderplatz verhaftet worden seien und festgehalten würden, und wir wollten ...
Da sagte dieser Mensch ganz lapidar: ›Also, in diesem Punkt kann ich Sie beruhigen. Die sind schon wieder zurück.‹
Da merkten wir sofort, was im Busch war. Der Freimut Duve, ich glaube der Carsten Voigt und ein Journalist von der *Frankfurter Rundschau* waren auch noch dabei, und ich, wir haben sofort auf dem Absatz kehrtgemacht und sind wie die Blöden zu unseren Autos gerast, eingestiegen und mit Karacho zum ICC zurückgefahren. Und wir kamen gerade noch rechtzeitig. Die Mikrofone für die Pressekonferenz waren schon aufgestellt. Dieser vier Mikrofone haben wir uns bemächtigt und erzählt, was da wirklich los war. Ein wenig haben wir ihnen die Show gestohlen.
Man konnte das alles nicht ernst nehmen. Ich gehe mal davon aus, daß die GRÜNEN es heute genauso sehen. Das war ein Ausmaß an mangelnder Ernsthaftigkeit und Show, das nicht mehr erträglich war – und gefährlich obendrein. Damals kamen dann Gabriele Potthast und der Vogt aus Kaiserslautern und fingen mit ihrer Pressekonferenz an. Was sie damals sagten, weiß ich bis heute. Das hat sich bei

mir fest eingeprägt: ›Gestern abend, zwischen Pizza und Spaghetti, wurde die Idee geboren.‹
Und dann hätten sie in der Nacht das Transparent gemacht, um drüben auf dem Alexanderplatz für den Frieden zu demonstrieren. Die GRÜNEN präsentierten dann ihr Transparent. Das war wunderbar genäht. Von wegen in der Nacht! Nix war da in der Nacht gestichelt worden – das konnten die uns nicht erzählen! Wir wußten nun, daß es eine vorbereitete Aktion gewesen war.
Dann hat Petra Kelly erzählt, daß sie ›am Unterarm sexistisch berührt‹ worden sei! Nun, das diente bei mir wirklich nicht dazu, vergrabene Aversionen schlafen zu lassen. Im weiteren erzählte sie, sie seien in Ostberlin in ein Haus gebracht worden, ›aus dessen Fenstern man auf ein Gefängnis‹ schauen konnte und so weiter. Von der BBC wurde sie gebeten, das ganze in Englisch zu wiederholen. Und in der englischen Version wurde aus dem Haus, ›aus dessen Fenstern man auf ein Gefängnis‹ sehen konnte, ein Haus, das ›ein Untersuchungsgefängnis‹ war. Es war die reine Show, und ich habe mich kräftig darüber geärgert.
Trotz alledem hatte ich an anderen Stellen wieder eine ungetrübte Sympathie für sie. Es gab bei ihr eine so große Wahrhaftigkeit, bei ihrer Arbeit und Hilfe für krebskranke Kinder. Durch meine Arbeit im Gesundheitsausschuß konnte ich daher ganz eng mit ihr zusammenwirken. Und wir haben gemeinsam wichtige Dinge durchgesetzt.
Insgesamt glaube ich, daß Petra Kelly eine Frau war, die in jedem Moment von der Wahrhaftigkeit dessen, was sie tat, überzeugt gewesen ist. Immer überzeugt davon, daß es genauso war, wie sie es im Moment empfand und sagte, und kein bißchen anders. Aber eben dadurch war mein Verhältnis zu ihr von großer Ambivalenz. Freimut Duve hat mich darauf hingewiesen, woher meine manchmal hochkochenden Aversionen kommen könnten, deren Ursprung ich

selbst nicht erkannte. Sie und ich, wir hatten über Jahre viele Begegnungen auf allen möglichen Ebenen. Und eigentlich hätte das alles nicht so früh zu Ende gehen dürfen. Ich empfinde da ein menschliches Vakuum.«

Rücksichten, Ansichten, Einsichten

Ein Buch, dann paßt's . . .

»Sie müssen gut in sich selbst behaust sein.«
»Wie meinen Sie das?«
»Sie hatten von Anfang April 93 bis Ende März 94 eintausendundzwanzig Termine und Verabredungen an vierhundertundachtzig verschiedenen Plätzen oder Orten.«
»Ich habe das noch nie gezählt. Aber das Umherziehen gehört zu meiner Arbeit. Kürzlich hat mir jemand vorgerechnet, daß ich täglich sechs bis acht Stunden in Verkehrsmitteln verbringe. Es gibt wirklich Schöneres. Aber ich kann auch im Flugzeug, in der Bahn oder im Auto arbeiten. Und ich bin in der glücklichen Lage, jederzeit ein kurzes Schläfchen halten zu können, sogar im Hubschrauber. Das brauche ich auch. In der Nacht habe ich höchstens vier bis fünf Stunden Zeit für den Schlaf.«
»Wenn Sie sich in einem Hotel zum Schlafen niederlegen, haben Sie dann vorher ein Bild aufgestellt oder sonst irgend etwas so verändert, daß der Raum für einige Stunden zu Ihrem Heim wird?«
»Nein. Übrigens schlafe ich gar nicht so häufig in Hotels, wie man es nach meinem Terminplan annehmen könnte. Ich versuche, am Abschluß eines Tages in einer meiner Wohnungen zu landen. Nur ganz im Norden oder im Osten und in Berlin schlafe ich im Hotel. Und wenn ich dann mal

schwimmen oder in die Sauna gehen kann, fühle ich mich dort auch wohl. Und dann bekommt man ein paar Blümchen hingestellt und etwas Obst, das bringt auch einen Hauch von Privatheit.
Was ich immer dabeihabe, ist das Buch, das ich gerade lese – so daß ich wütend und traurig zugleich bin, wenn ich's mal vergessen habe. Selbst wenn ich vor dem Einschlafen nur noch drei Seiten lese – ein Buch ist das einzige, was ich brauche, um sagen zu können: So, jetzt paßt's.«

Lernprogramm der »Ombudsfrau«

Von April 1993 bis Ende März 1994 absolvierte Renate Schmidt sechsundsiebzig offizielle Termine im Bundestag, wobei sie sechsundvierzigmal dem Plenum präsidierte. Sie nahm an sechsundsechzig Sitzungen und Veranstaltungen der BayernSPD teil und an weiteren einhundertfünfzehn Terminen der Bundespartei, sechs verschiedene Parteitage inklusive. Zweiundzwanzig Gespräche mit Gewerkschaften, siebenundvierzig mit Wirtschaftsunternehmen oder -verbänden, einhundertachzig Termine fallen unter die Rubrik Diverses und einhunderteinundzwanzigmal saßen ihr Medienmenschen gegenüber.
Vier Neujahrsempfänge stehen im Kalender. Und wenn man alle Veranstaltungen addiert, die nicht direkt mit Bundestag oder Partei zu tun haben, so kam Renate Schmidt auf über zweihundert »bunte« Termine, von politischen Stammtischen über Seminare bis zu einem Kirchentag. Außerdem nahm sie an fünfunddreißig offiziellen Essen teil, besuchte drei Fußballspiele, taufte ein Schiff, war zwölfmal beim Friseur, einmal beim Zahnarzt und – vier Tage krank. Das alles war in einem Jahr, aber es wird nicht alles gewesen sein. Denn viele Treffen und Gespräche finden ihren Weg

gar nicht erst in den Kalender, weil sie unterwegs, spontan entstehen, bei einer der eintausendzwanzig Gelegenheiten an vierhundertachtzig Orten oder Plätzen.
Jeder einigermaßen normal arbeitende Mensch kann von den dreihundertfünfundsechzig Jahrestagen zweiundfünfzig Sonntage, zweiundfünfzig Samstage und rund ein Dutzend Feiertage abziehen, so daß theoretisch zweihunderteinundvierzig Arbeitstage verbleiben. In der Praxis gehen davon noch einmal rund dreißig Urlaubstage ab. Die Nettoarbeitstagsbilanz sieht also noch zweihundertzehn Tage vor. Politikerinnen und Politiker dürfen, wenn sie in exponierter Position tätig sind, nicht das Ziel haben, »normal« arbeitende Menschen zu sein. Samstage, Sonntage und die meisten Feiertage sind ebenfalls Arbeitszeit. Statt der durchschnittlich einhundertsechzehn freien und Urlaubstage hatte Renate Schmidt gerade mal achtzigeinhalb.
»Was wollen Sie. Ich hatte fast drei Wochen Urlaub am Stück, das reicht mir vollkommen. Dann war ich noch vier Tage paddeln, da hab' ich mich auch erholt. Zu Weihnachten und über den Jahreswechsel war ich mit meinen Enkeln in der Sonne. Und den einen Tag, den ich mir in vielen Wochen freinehmen kann, den nutze ich zum Einkaufen und für allerlei Erledigungen. Ich bin damit sehr zufrieden.«
»Über Horst Ehmke wurde in seiner Zeit als Kanzleramtsminister gewitzelt: Ehmke steigt morgens in seinen Wagen. Sein Fahrer fragt: ›Wohin, Herr Minister?‹ Darauf Ehmke: ›Egal, ich werde überall gebraucht!‹ Geht's Ihnen auch so?«
»Das war eine gemeine Persiflage, und Sie werden zu höflich sein, mir diese Frage zu stellen.«
»Hat Politik einen Dopingeffekt für Sie?«
»Manchmal schon. Aber nicht immer. Manche Sachen machen auch Spaß. Mit unterschiedlichsten Menschen zusammenkommen, zum Beispiel, oder zu erkennen, daß man

etwas bewegt hat. Eine neue Sache anpacken macht mir Spaß.«

»Aber es kann doch keinen Spaß machen, jetzt in diesem Wahlkampfjahr immer und immer wieder die gleichen Sprüche aufzusagen. Bei täglich einem Dutzend Veranstaltungen immer wieder die gleichen Fragen zu hören – und die oft peinlichen Lobhudeleien örtlicher Funktionäre und Honoratioren über sich ergehen zu lassen – kann auch keinen Spaß machen, und ebensowenig zwischendurch durch die Landschaft zu jagen.«

»Das war eine Rede. Also. Die Reiserei ist lästig. Gelobt zu werden ist nicht das Allerschlimmste. Um Fragen zu beantworten, bin ich unterwegs, und es wäre mir wirklich lieber, ich müßte nicht sooft die immer gleichen Sprüche aufsagen. Das ist nämlich wirklich furchtbar. Aber ich muß den Leuten schließlich irgendwie mitteilen, was ich will. Aus einem aber ziehen wir alle Lustgewinn, und das ist tatsächlich wie Doping. Wenn ich am Ende eines langen Wahlkampftages, der ja oft schon morgens um sechs Uhr mit Flugblattverteilen vor einem Fabriktor losgeht und an dem noch ein weiteres Dutzend Termine bis zum Abend zusammenkommen – wenn ich dann am Ende eines solchen Tages, sagen wir gegen 21.00 Uhr, in ein Bierzelt mit zweitausend Leuten komme und da rede, und dann kommt der Beifall und ›Woouu‹, das gibt einen Kick! Das ist wirklich wie im Showbusineß. Man verausgabt sich und bekommt ganz viel Energie zurück. Das geht uns allen so, das ist parteiübergreifend.«

»Das sind also die Rosinen im Wahlkampfleben. – Bei Ihren Reisen bekommen Sie viele Anfragen, Menschen gehen Sie direkt um Hilfe an. Auch Ihre Büros in München, Nürnberg und Bonn werden nicht geschont. In manchen Kreisen werden Sie als Ombudsfrau gehandelt . . .«

»Gut so.«

»Das finden Ihre Mitarbeiter nicht immer. So soll sich zum

Beispiel ein halbes Gefängnis darauf verlassen haben, daß Sie keinen Brief in den Papierkorb werfen oder als Aktenleiche verschwinden lassen.«

»Solange mir ein Mensch in einer normalen Form schreibt, hat dieser Mensch ein Recht darauf zu erwarten, daß ich seine Interessen vertrete. Ich bin seine Abgeordnete. Wer mich per Post nicht mit unflätigen Beschimpfungen überzieht oder mir zum fünfundzwanzigstenmal in derselben Sache schreibt, um den kümmere ich mich. Das ist Teil meines Auftrages. Und wenn ich es selbst nicht kann, sorge ich dafür, daß es jemand anderer tut. Das heißt nicht, jedem recht zu geben. Das heißt auch nicht, Vorgänge bis ins Unendliche zu verfolgen. Es heißt aber auch, zu sagen, wenn man nicht helfen kann oder will.

Wenn man das nicht macht – wo sollen die Leute ihren Glauben an die Politiker hernehmen, wenn man sie bei individuellen Anfragen nicht ernst nimmt?

Und woher bekommen die Politiker ihre Informationen darüber, was im Land los ist?

Das mit den Gefängnissen hat wirklich überhandgenommen, so daß ich es für mich eindämmen mußte. Ich verteile das auf meine Kollegen im Bayerischen Landtag, die dann die Gefängnisse je nach Standort betreuen. Aber die Betreuung ist schwierig, weil im Justizvollzug manche Dinge vielleicht mit Scheuklappen gesehen werden. Es gibt aber auch Leute, die einsitzen und denken, sie seien an einem Urlaubsort. Bei Nebensächlichkeiten erinnere ich sie dann sanft daran, daß sie in einer Justizvollzugsanstalt sind und daß das eine Strafe sein soll und keine Belohnung für irgend etwas. Aber ich habe viel gegen ungerechtfertigte Schikanen. Ich will, daß der Mensch, der einsitzt, draußen wieder selbständig sein kann.

Aber das ist ja nur ein kleiner Teil von allem. Es kommt viel. Ich bringe nach jedem Wochenende einen dicken Packen

Papier mit – nicht nur Autogrammwünsche. Zum Beispiel habe ich jetzt Post über das Studentendorf in Passau, das abgerissen werden soll. Daran hängen sicher wieder drei oder vier neue Termine. Aber ich erfahre doch wieder ein Stückchen mehr von dem, was in dem Land, das ich regieren will, eigentlich los ist. Wenn jemand glaubt, er könne am grünen Tisch und nach Aktenlage Politik machen, dann ist das nicht mein Verständnis von Politik.«

Vom politisch-plastischen Sehvermögen

»Hat es Fälle gegeben, in denen Sie sich mißbraucht fühlten?«
»Meine lieben Mitarbeiter und Mitarbeiterinnen fragen mich manchmal, ob ich nicht ganz dicht bin, wenn ich mich dieses oder jenes Falles annehme. Wir überprüfen das dann zusammen nochmals, und oft sage ich anschließend auch: ›Gut, dann machen wir's nicht. Das ist schon richtig.‹ So holen sie mich bisweilen auf den Boden der Realität zurück und erinnern mich daran, daß nicht alle Menschen die Unschuldslämmer sind, für die sie sich ausgeben.
Aber manchmal kommt es dann vor, daß ich, nachdem ich von den Meinigen beschimpft worden bin, einen Brief erhalte, in dem mir einer schreibt, wie er sich über meine Antwort gefreut hat und daß wir die einzigen seien, die reagiert hätten, und daß er nun wieder an die Politik glauben könne. Da freu' ich mich wahnsinnig und schreib' dann ganz groß ›Na, seht ihr!‹ drauf.«
»Gab es in diesem Jahr ein besonderes Erfolgserlebnis?«
»Es gab viele Kleinigkeiten, aber auch eine große Sache. In meinem Nürnberger Bürgerbüro habe ich, als das BAföG zusammengestrichen worden war, eine Bürgerberatungsstelle eingerichtet. Damit haben wir in den vergangenen

zehn Jahren insgesamt weit über eine Million Mark für einzelne Studenten und Studentinnen erstritten. Es handelte sich um keine Rechtsberatung, sondern man konnte dort ganz konkrete Hinweise und Hilfestellungen erhalten. Wir haben mit dem Ministerium korrespondiert und ähnliches unternommen. Weit über eine Million, die sich aus kleinen Einzelbeträgen zusammensetzt – das ist doch toll! Und das für junge Leute, die weiter studieren können, weniger finanzielle Sorgen haben, etwas weniger nebenher jobben müssen. Das sind doch Dinge, die passen.
Wir haben auch für Rentner eine Menge gemacht und manches erreicht, was aus der Opposition heraus nicht immer ganz einfach ist. Aber es gelingt mehr, als man vermuten sollte.«
»Gibt es politische Gebiete, die Sie sich erst erschlossen haben, nachdem Ihnen jemand geschrieben hat?«
»Ja natürlich! – Ein Beispiel von vielen: Da schrieb mir der Maklerverband, daß irgend etwas mit einem Gesetz aus Bonn nicht in Ordnung sei, und ich sagte, daß ich mehr darüber wissen wolle. Dann lud mich der Verband zu einem Gespräch ein. Ich saß mit dreizehn Immobilienmaklern in einer Nebenstube am Nürnberger Flughafen ...«
»Mit Leuten, denen die Jusos und die SPD mal den Beruf verbieten wollten ...«
»Ja, das war wohl ein Blödsinn. Wenn sie seriös sind, dann braucht man sie. – Also. Aus Gründen des Verbraucherschutzes haben wir in Bonn ein neues Gesetz gemacht, das Käufer von Immobilien besser vor unseriösen Gestalten schützen sollte. Nun berichteten mir diese Herren, daß sich durch die neuen Bestimmungen die Grundbucheintragungen fürchterlich verzögern, weil von den Ämtern viele Fragen vorab geklärt werden müssen. Dadurch entstehen den potentiellen Käufern zusätzliche Kosten, weil sie teure Zwischenfinanzierungen in Anspruch nehmen müssen. Das Ge-

setz bedeute zwar mehr Schutz, gleichzeitig aber größere Nachteile. Soweit der Tatbestand in deren Darstellung.
Jetzt korrespondiere ich in dieser Sache mit dem Bundesjustizministerium. Ich lerne, wie das funktioniert, was man tun könnte, ob und wie man was beschleunigen kann. Dabei sehe ich dann, wie unflexibel Behördenapparate reagieren, wenn alles nur nach dem Motto ›Das haben wir immer so gemacht‹ funktioniert.
Ausgehend von den individuellen Anfragen, entwickeln sich für mich transparente Komplexe, die mehr sind als das abstrakte Gesetz. Es passiert dabei häufig, daß sich aus der individuellen Problemstellung, die mir vorgetragen wird, grundsätzliche Fragestellungen ergeben.
Um das abzuschließen: Ohne die unzähligen Fragestellungen, die mir Menschen übersandt haben, wäre mein politisch-plastisches Sehvermögen nicht so geschärft worden. Man spricht dann nicht mehr wie der Farbenblinde von der Farbe, sondern hat einen größeren Überblick.«
»Kein Raumschiff Bonn?«
»Genau das nicht.«

Überheblichkeit

»Vor Tagen diskutierten Sie mit der Jungen Presse in Bayern. Eine junge Frau projizierte auf Sie und die Politiker im allgemeinen, Sie säßen in einem Raumschiff und würden die Wirklichkeit nicht mehr wahrnehmen. Zu Zeugen nahm diese Frau Björn Engholm und Franz Steinkühler, die wohl im SDR gesagt hatten, sie könnten jetzt erst wieder sehen, was wirklich los sei . . .«
»Ich fand das entsetzlich! Wie können diese Leute das so sagen . . .«
»Vielleicht, weil es dieses Raumschiff gibt?«

»Ich befinde mich keine Sekunde in irgendeinem Raumschiff! Natürlich, ich bin in den Tagen, in denen ich in Bonn bin, an meinem Schreibtisch, sehe Kolleginnen und Kollegen. Da macht man vierzehn oder sechzehn Stunden nichts anderes. Aber das ist ein Teil meines Lebens, wie das Berufsleben eines anderen Menschen auch.
Wenn Politiker sagen, sie hätten den anderen Teil des Lebens nicht mehr wahrgenommen, dann haben sie verdammt viel falsch gemacht! Nehmen Sie zum Beispiel den Rudolf Scharping. Der geht in die Betriebe rein, der redet mit den Leuten. Ich – und alle anderen, wir sind doch nur die Hälfte vom Jahr in Bonn. Wer die andere Hälfte nicht so organisiert, daß er kein ›Raumschiff-Bonn‹-Syndrom hat, der kann nicht organisieren oder hat – was überheblich ist – vergessen, von wem er das Mandat hat, in Bonn zu sein.«

Schmusekurs und rote Fahnen

»Das Bonn-Syndrom konnte für Engholm kaum gelten, weil er nicht viel in Bonn war. Aber Entfernung von der Basis, von den Wirklichkeiten, lag ja doch vor. Haben sich die Gewerkschaftsführer auch von der Basis entfernt?«
»Da sollten Sie vielleicht mal etwas näher beschreiben, was Sie meinen.«
»Der DGB hat sich in seiner Außenwirkung einen Sparzwang verordnet. Wäre Ursula Engelen-Kefer nicht, fände er öffentlich gar nicht mehr statt. Franz Steinkühlers Entfernung von der Basis hatte sich deutlich auf seinen Girokonten bemerkbar gemacht. Die SPD hat ihre temporäre Wirklichkeitsferne im Laufe des letzten Jahres überwunden. Die Gewerkschaften scheinen noch nicht zu wissen, was eigentlich los ist. Die Zahl der Organisierten nimmt ab, und ...«

»Und nun machen Sie bitte mal einen Punkt. Zum Thema Steinkühler fällt mir nur ein, daß wir alle, die wir in Großorganisationen arbeiten, von unseren Mitgliedern ein Mandat haben. Und wenn wir das vergessen, sind wir fehl am Platz. Erstens.

Zweitens. In allen Großorganisationen, ob Parteien, Kirchen, Gewerkschaften, sogar bei den Arbeitgebern, ist eine Müdigkeit zu beobachten, die Zahl der Engagierten nimmt tatsächlich ab. Ich will gar nicht leugnen, daß das auch daran liegt, daß sich die gewählten Vertreter dieser Organisationen bisweilen sehr weit von der Basis entfernt haben, daß sich ihre Sprache und ihr Auftreten von denen entfernt haben, für die sie stehen.

Wir sprachen schon darüber, daß die SPD allmählich aus der Distanz zur Wirklichkeit wieder in die Wirklichkeit zurückgefunden hat. Ich denke, daß die Gewerkschaften – zumindest in Teilen – auch auf diesem Weg sind. Ich komme selbst aus der Gewerkschaftsarbeit. Und ich weiß, wie schwer es heute ist, zusammenwirkende Komplexe, wie die Ergebnisse von zwölf Jahren Umverteilungspolitik durch die FDP/CSU/CDU-Koalition, die Folgen der Technologiesprünge, die Arbeitsplätze frißt, den Arbeitsplatzabbau durch Rezession und die Arbeitsumverteilung in Deutschland, Europa und der ganzen Welt, vorausschauend zu behandeln. Ihre Auswirkungen von Branche zu Branche sind unterschiedlich. Ich kann Ihnen sagen, die Gewerkschaften sind da auf einem schwierigen Weg. Aber sie stehen nicht still.

Die Gewerkschaften sind Teil der Ordnungsprinzipien unseres Staates. Damit spielt man nicht einfach, wie das die Bundesregierung so gerne getan hätte. Und die Gewerkschaften haben auch an innerer Verkrustung gelitten. Aber sie sind dabei, sie aufzubrechen.

Es wäre vielleicht auch mal notwendig zu fragen: Wo könnten denn noch zusätzliche Aufgaben liegen? Es gibt zum

Beispiel das, was Phillip Rosenthal ›Teilhabe am Sagen und Haben‹ nennt. Wie ist denn die Stellung der Gewerkschaften zu Investivlöhnen? Es gibt noch keine vernünftigen Gespräche, zumindest nicht über die Breite der Gewerkschaften, über solche Gedanken. Ich will kein vollständiges Programm aufzeigen, was Gewerkschaften alles machen könnten. Das wissen die selbst am besten. Nehmen Sie die pragmatischen Handlungen der IG Metall, beginnend mit VW und Audi. Nehmen Sie Hermann Rappe und die IG Chemie, die wirklich Einfluß in ihrer Industrie haben, wo mehr geleistet worden ist als das Lohnaushandeln. Sie machen nicht nur die Symposien, sie machen auch konkrete Pläne und setzen sie um.«

»Andere Gewerkschafter sagen, Rappe mache einen Schmusekurs.«

»Rappe versucht für seine organisierten Arbeitnehmer und auch diejenigen, die leider nicht organisiert sind, rauszuholen, was er rausholen kann. Und andere Gewerkschafter müssen manchmal etwas gröber vorgehen als Rappe, weil sie vielleicht auch gröbere Gegenüber haben. Zwischendurch dürfen von mir aus gern mal Traditionen sichtbar werden, wie rote Fahnen und das Auf-den-Tisch-Schlagen. Aber es hat sich viel geändert. Heute sitzen den Gewerkschaftern ja nicht mehr die Kapitalisten mit dem Koks auf dem Dings und mit der dicken Zigarre im Mund gegenüber. Es sind Vorstände und bezahlte Manager, deren Hauptziel es auch nicht ist, ihre Betriebe möglichst schnell dichtzumachen. Sie haben ein Interesse an hohen Dividenden für ihre Kapitaleigner. Und die Gewerkschafter und Gewerkschafterinnen haben ein Interesse daran, diese Dividenden geringer zu halten, damit ihre Mitglieder etwas mehr in der Tasche haben und damit die Arbeitsplätze erhalten werden. Zwei legitime Interessen, die ausgeglichen werden müssen.«

Not sprengt Gruppengrenzen

»Sind die Gewerkschaften je willens oder überhaupt in der Lage gewesen, auch die Arbeitslosen zu vertreten?«

»Willens sicher, aber das war zumindest schwierig. Es ändert sich in dieser Zeit. Und das ist gut so. Nur – warum es sich ändert, das ist etwas, das einen nicht fröhlich machen kann. Noch vor Jahren waren Arbeitslose häufig unorganisiert. Sie kamen aus ungelernten Berufen. Und jetzt sind wir soweit, daß auch Facharbeiter und Akademiker arbeitslos geworden sind, also Menschen, die aus hochqualifizierten Tätigkeiten kommen. Sie glaubten bisher, wegen ihrer Qualifikationen krisensicher zu sein, bis zur Rente.

Es gab und gibt Arbeitsloseninitiativen der Gewerkschaften, auch der Kirchen und anderer Organisationen. Ich kenne das auch bei mir aus dem Wahlkreis. Dort kommen nun der gekündigte einundfünfzigjährige Abteilungsleiter mit besten Zeugnissen und der ehemalige Ingenieur, der länger krank war und nun nicht mehr in einen Job reinkommt, zusammen. Da sind plötzlich sehr qualifizierte Frauen. Und nun ergibt sich eine vollkommene Veränderung in der Struktur dieser Initiativen. Es wird nicht mehr nur heißer Kaffee und Frühstück wie Mitte der achtziger Jahre angeboten, sondern es ergeben sich Gespräche zwischen Leuten, die bisher gar nicht zusammenkamen. Gruppengrenzen werden zwischen den gut und den weniger gut Qualifizierten aufgebrochen. Und das ist auch etwas, was ich will. Aus Sprachlosigkeit erwuchsen noch nie kreative Situationen. Auch nicht in unserer Gesellschaft, wo viel Sprachlosigkeit durch Verbitterung aufgekommen ist. Dagegen will ich etwas tun.«

Ein spezielles Deutschlandbild

»Renate Schmidt, können Sie Ihre spontane Reaktion auf den Fall der Mauer heute noch beschreiben?«
»Ich habe mich wahnsinnig gefreut! Ich kann's nicht anders sagen. Ich sag', wie ich's empfunden hab': Da geht einfach eine Grenze auf, da ist zwar noch immer irgendwas, aber die Leute sind nicht mehr eingesperrt, plötzlich sind Dinge möglich, die vorher utopisch waren – das war doch eine riesige Sache!
Und daß die Menschen das so erreicht hatten, auf diese Art und Weise! Das war noch einmal eine Steigerung von dieser Prager Geschichte, als die Flüchtlinge dort endlich aus der Botschaft rausdurften. Es war ein Ereignis, wissen Sie, von dem ich einfach menschlich überwältigt, emotional ungeheuer bewegt und gerührt war.«
»Waren Sie vorher je in der DDR?«
»Ich war zweimal in Ostberlin bei der evangelischen Friedensbewegung, zusammen mit Gerd Weiskirchen. Wir haben dort mit Pfarrern gesprochen. Ansonsten habe ich zur DDR keine Beziehung gehabt, außer in dieser Angelegenheit mit Petra Kelly. Ich hatte keine Verwandten dort und immer so ein Gefühl – was soll ich da?
Mein Mann und ich sind ja über eine Bürgerinitiative erstmals mit der kommunalen Politik in Berührung gekommen. Und in dieser Bürgerinitiative ›Aktivspielplatz‹ habe ich ein paar Leute kennengelernt, die in der DKP waren. Sie haben versucht, mich in die DDR einzuladen. Dazu hatte ich überhaupt keine Lust. Es waren sympathische Leute, sie machten viel für unsere Sache. Nur – ich kann mir vorstellen, daß sie's vielleicht nur gesagt haben, weil sie uns die sogenannten ›großen Errungenschaften‹ vorführen wollten. Dazu hatte ich ein sehr distanziertes Verhältnis.«
»Und als viele Jahre später die Mauer aufging, haben Sie

sich riesig gefreut. Standen Sie damit der gefühlsbetonteren Vereinigungsfraktion mit Kohl und Brandt näher als der sachbetonteren, die sich in Lafontaine personifizierte?«

»Ich erzähl', wie's war. Was war das für ein Anfang! Was haben wir uns alles ausgedacht! Wenn ich mich erinnere, wie ich mit meinem Freund Thomas in Gera war, wie wir mit Genossen von dort zusammensaßen und uns Gedanken über Gedanken machten! Wie macht man jetzt dies und das? Wie kann man erreichen, daß die Menschen an ihren Plätzen bleiben, daß sie Arbeit und Lohn haben, wie erreicht man, daß die Kommunen funktionieren, und so weiter.

Ich habe mich riesig gefreut, ja. Aber ich habe dieses ganz gefühlsduselige ›Nationale‹ so nicht ganz nachvollziehen können. Das war für mich schon ein Bestandteil des Generationsunterschiedes. Was mich gefühlsmäßig berührt hat, das waren die Menschen. Ich erkannte, was sie wollten und wie sie es gemacht hatten. Für mich hat die Tatsache, daß wir wieder auf dem Weg zu einer Nation waren, nicht den Wert gehabt, den sie für Willy Brandt hatte oder für die Generationen, die die große Nation als Lebenserfahrung in sich tragen, weil sie ein Teil ihrer persönlichen Geschichte ist.

Ich weiß noch genau, wie ich mit Heinz Westphal diskutiert habe und zu ihm sagte: ›Du, es ist mir unbegreiflich, wie ihr . . .‹ Und dann ist mir plötzlich aufgegangen, daß meine Geschichte nur diese kleine Bundesrepublik ist und daß seine Geschichte dieses gesamte Deutschland ist. Ich konnte es als Generationsproblem definieren. Ich wußte aber plötzlich auch, daß es ein landsmannschaftliches Problem ist. Ich bin eine Süddeutsche, eine Bayerin, auch wenn ich dort nicht geboren wurde. Und die haben noch nie soviel mit diesem ›ganzen Deutschland‹ am Hut gehabt. Jedenfalls viel weniger als andere.

Das sind Unterschiede, die kann man nicht wegleugnen, wenn man ehrlich ist. Und es gibt sie bis heute und weiter-

hin. Und man darf keine der beiden Empfindungen diskreditieren.
Das war mit viel Gefühl verbunden, aber das Sachbezogene war auch da, und meine damalige Erkenntnis, daß man niemandem so eine coole Sachlichkeit aufs Auge drücken kann. Und noch etwas, was in die Geschichtsschreibung eingehen wird: Wir alle waren – auch der Herr Kohl und Willy Brandt und wir in der SPD – Wochen über Wochen nur Getriebene. Wir waren in dieser Zeit nie Agierende. Kohl kam mit seinen zehn Punkten, um zu zeigen, was er wollte. Wir hatten die Konföderationsidee. All diese Planspiele kamen vom grünen Tisch – wir konnten sie gar nicht so schnell aussprechen, wie sie von den Menschen schlicht und einfach in die Vergangenheit verwiesen wurden.
Ich habe mich gefragt, wie schaut's für die Menschen aus! Da habe ich keine Nation gesehen. Mir war klar, daß wir es nicht aushalten würden, wenn jeden Tag sechs- bis achttausend Menschen zu uns hierherkommen würden – darauf mußte man reagieren! Sachbezogen hat der Oskar sogar bis heute vollkommen recht. Absolut und eindeutig. Wäre es denn nicht schön gewesen, wenn man zuerst eine Konföderation gemacht hätte? Wir hätten die Währungsreform so nicht gemacht, hätten gewartet, hätten alles nur schrittweise gemacht.
Nur, leider Gottes: Der eine Mensch denkt, und in diesem Fall haben die anderen Menschen gelenkt und gesagt, das schert uns keinen Deut! Und daß manche Leute sich danach noch solche Absurditäten vorzustellen wagten, wie die berühmte ›zweite Staatsbürgerschaft‹, das geht mir noch heute gegen den Strich.
Da geht eine Mauer auf, da fallen Grenzen – und wir bauen nun die neuen Grenzen auf? Eine absolute Krampfidee. Es ging nicht. Und weil es nicht ging, blieb keinem etwas anderes übrig, als das sachbezogen Falsche zu tun, aber dafür –

das politisch einzig Richtige. Wer das damals anders gesehen hat, war ein Illusionist.
Bei dem, was getan werden mußte, hat es Fehler über Fehler gegeben. Sie entstanden, weil alles zu eilig geschah. Aber so manches geschah auch bewußt. Und die Menschen aus der alten DDR hatten eben nur ihre eigenen Erfahrungen in die ganzen Abläufe einzubringen, ihre eigene Geschichte, und kein Know-how, das dem unseren vergleichbar gewesen wäre. Wenn heute noch das große Jammern anhebt, man habe damals nichts eingebracht, was es an positiven Regelungen in der DDR gegeben hat, dann lag's auch an der mangelnden Erfahrung und Durchsetzungsfähigkeit der in die neue Demokratie gefallenen Akteure. Sie hatten gerufen: ›Wir sind das Volk!‹. Und unsere Seite hat einfach ausgenutzt, daß sie unsere Gesetze, Regelungen und eingeübten Abläufe einem staunenden Publikum zur einfachen Übernahme präsentieren konnte. In meinen Reden habe ich schon häufig gesagt, daß wir den DDR-Bürgern bei der Vereinigung weniger Gestaltungsfreiheiten zugestanden haben, als uns die Alliierten 1949 gaben.«

Die Stunde der Referenten

Der Versuch, eine gewandelte, neue, eigenständige DDR zu konzipieren, mußte unter anderem schon an der bemerkenswerten Art und Weise scheitern, in der das Regierungsprogramm der letzten DDR-Regierung des Lothar de Maizière entstand. Es schlug die Stunde der »Referenten« aus der alten Bundesrepublik. Denn sie hatten plötzlich das Sagen. In der DDR-Volkskammer trafen sich die neuen frei gewählten Abgeordneten innerhalb ihrer Fraktionen in Arbeitskreisen, die zu unterschiedlichen Themenbereichen gebildet worden waren. Die Arbeitskreise bereiteten Papiere vor,

deren Texte später im Regierungsprogramm ihren Niederschlag fanden. Die personelle Besetzung erfolgte eher nach dem Zufallsprinzip – der oder die Volkskammerabgeordnete, wer immer Interesse an einem Thema hatte, die oder der ging hin. Die erforderliche Sachkenntnis konnte kaum jemand haben. Zwar brachten die Abgeordneten ihre Theorien oder Wünsche, Vorstellungen und Forderungen mit. Aber sie trafen erst einmal auf ein oder zwei Referenten, die schnell aus der alten Bundesrepublik eingeflogen worden waren.
Formal lag der Vorsitz in den Fraktionsarbeitsgruppen bei einem oder einer Abgeordneten der Volkskammer. Tatsächlich aber bestimmten die Referenten aus dem Westen die Themen, und sie dominierten meist auch die Sachdiskussion. Zudem: Fast immer zogen diese Referenten ein vorgefertigtes »Diskussionspapier« aus der Tasche, das, mit einigen Ergänzungen versehen, dann als Beschluß verabschiedet wurde.
Die so zu Mächtigen gewordenen Referenten kamen einerseits aus den Bundesministerien und der Bonner CDU-Zentrale. Andererseits schickte die SPD Fachreferenten aus der Bundestagsfraktion und aus Länderministerien, vor allem aus Nordrhein-Westfalen. Gemeinsam juxten die Westler über die eine oder andere Frage, die manchem neuen Volkskammerabgeordneten wichtig war. Beispiel: »Wie geht denn das jetzt, wenn ich als Abgeordneter Urlaub haben will? Wo muß ich denn den beantragen?«
Nicht zum Juxen, aber zur weiteren Stärkung ihres Überlegenheitsgefühls sehr brauchbar waren die Arbeitsbedingungen für die Westreferenten vor Ort. Da kein funktionierender Kopierer aufzutreiben war, wurden Fahrradkuriere zum Reichstag geschickt. Die Touren mit dem Auto zu machen war nicht möglich, da vor den offenen Grenzübergängen kilometerlange Autoschlangen standen. Und die SPD-Referenten konnten aus ihrer damaligen Ostberliner

Parteizentrale nur über ein einziges Funktelefon mit dem Westen sprechen. Das Gerät stand bei Markus Meckel, dem damaligen Stellvertretenden Parteivorsitzenden der Ost-SPD. Vor dessen Büro stauten sich »normalerweise« fünf bis sechs Referenten, jeder um Rückkoppelung mit seiner Zentrale im Westen besorgt. Das alles war Front- und Krisenmanagement, das den Adrenalinspiegel auf nicht gekannte Höhen steigen ließ.
Als die Ausschüsse und dann die Fraktionen ihre Papiere fertig hatten, kam es zu den Koalitionsverhandlungen zwischen Ost-CDU und Ost-SPD. Vor dem Verhandlungssaal saßen die Westreferenten, jederzeit bemüht, den häufig aus dem Saal kommenden DDR-Abgeordneten Rat zu geben, Antwort auf die immer gleiche Frageformel: Die wollen jetzt dies, wir wollten jenes, was sollen wir tun?
Die Referenten – mächtige Souffleure für die im Licht, von denen manche sogar noch in diesen Stunden an die Möglichkeit glaubten, eine geläuterte DDR schaffen zu können.
Zu den im Ostberlin jener Tage tätigen Referenten gehörte auch Eduard »Ede« Moser, seit 1988 Persönlicher Referent von Renate Schmidt. Im wesentlichen bestätigt er diese Schilderung von der »Stunde der Referenten«. Doch seine wirkliche Stunde sollte erst noch kommen.

Korrektur einer schlimmen Unterlassung

In der neuen Verfassung der DDR war das Ziel der Einheit schon festgeschrieben. Als Unterhändler für den geplanten »Vertrag zur Deutschen Einheit« hatten Kohl und de Maizière den damaligen Staatsminister im Bundeskanzleramt, Wolfgang Schäuble, und den DDR-Mann Günther Krause bestimmt. Als es nach langen Verhandlungen zur feierlichen Unterzeichnung des Vertragspaketes kam, hatte der Artikel II eine völlig andere Fassung als ursprünglich vorgesehen. Welche schlimme Unterlassung mit dieser Änderung vermieden werden konnte und wie sie entstanden war, ist kaum bekannt.

Die Unterhändler des Einheitsvertrags, Krause und Schäuble, waren die Erfinder einer hemmenden und später viel böses Blut erzeugenden Formel: »Rückgabe vor Entschädigung«. Was sie bei ihrer so bemühten wie in Teilen fragwürdigen Sorge für die vom DDR-Regime enteigneten Alteigentümer von Grundstücken an Energie verbrauchten, fehlte ihnen anscheinend, als sie an eine viel ältere und schlimmere Schuld hätten denken müssen. Vergaßen sie deshalb schlicht, daß sich auf dem Gebiet der DDR Hunderte von Grundstücken befanden, die einst »arisiert« worden waren. Jedenfalls fand sich zur Rückgabe des auf DDR-Gebiet befindlichen und von Nazideutschland enteigneten jüdischen Vermögens im Einheitsvertrag kein Wort. Im Gegenteil: Nach den Formulierungen des Vertrages hätten die im sogenannten »Dritten Reich« enteigneten jüdischen Opfer keinerlei Ansprüche mehr gehabt.

In dieser Zeit war Renate Schmidt innerhalb der SPD-Bundestagsfraktion auch für Fragen der »Entschädigung von NS-Unrecht« zuständig. Die Interessen und Rechte der von Nazideutschland enteigneten Juden vertritt die *Jewish Conference on Claims against Germany*, eine internationale Organisation. Ihr in Deutschland zuständiger Geschäftsführer wandte sich kurz vor der feierlichen Unterzeichnung des Einheitsvertrages an Renate Schmidts Büro.

Telefonisch berichtete Dr. Karl Brozik, welche schlimme Unterlassung er entdeckt habe. Er fragte besorgt an, ob überhaupt und wie eine notwendige Vertragsergänzung zu erreichen sei. Da Renate Schmidt sich zu diesem Zeitpunkt nicht in Bonn aufhielt, sprach Dr. Brozik mit ihrem Persönlichen Referenten – Eduard Moser wußte von Broziks per-

sönlicher Tragödie, dessen gesamte Familie in Auschwitz ermordet worden ist.
Von den sozialdemokratischen Verhandlungsführern, die als Unterhändler die sogenannten »A-Länder« gegenüber der Bundesregierung vertraten, hatte Moser gehört, daß der Text des Einigungsvertrages wohl kaum noch zu ändern war. Dr. Brozik und er kamen deshalb zu dem Schluß, daß man nur versuchen könne, über die sozialdemokratischen Verhandlungsführer einen ergänzenden »Brief zum Vertrag« zum Vorschlag zu bringen. Nach dem Telefonat fuhr Dr. Brozik sofort mit der Bahn von Frankfurt nach Bonn.
Unterdessen suchte Eduard Moser in Bonn Kontakt zu Herta Däubler-Gmelin. Ihr Büro im Abgeordnetenhochhaus lag auf dem gleichen Flur. Zusammen mit anderen war sie in der SPD-Fraktion für die »A-Länder«-Koordinierung zuständig. Die Juristin erklärte sich nach einem Gespräch mit dem von Moser vorgetragenen Verfahren einverstanden. Nachdem der Vertreter von *Claims Conference* im Büro des Referenten eingetroffen war, begannen beide am Text des Briefes zu feilen, der bei den Schlußverhandlungen im Bundeskanzleramt vorgelegt und in das deutsch-deutsche Vertragswerk einbezogen werden sollte. Herta Däubler-Gmelin erreichte durch ihre Beharrlichkeit am kommenden Tage sogar, daß der Vertragstext noch einmal geändert und die Formulierungen, die nächtens im Büro des Referenten entstanden waren, in Artikel II des Einigungsvertrages aufgenommen wurden.

Alpenländische Fernsicht

»Renate Schmidt, Sie haben den Regierungsumzug nach Berlin abgelehnt. Entspringt das der Sorge einer Süddeutschen, daß der Staat ›preußischer‹ wird in dem Sinne, daß

Bonn mehr ›ruhigeres Heimatland‹ und Berlin mehr ›Staat‹ für Sie bedeutet?«

»Ich will ja die Hauptstadtfunktion Berlins gar nicht anzweifeln, für die auch Sozialdemokraten lang genug gestritten haben. Da muß ich keine Namen nennen. Für mein Votum waren und sind zwei Gesichtspunkte ausschlaggebend. Der erste: Wir haben so viel umzustrukturieren und zu investieren, daß der geplante Umzug der Regierung, des Parlaments und so weiter in dem vorgesehenen Zeitrahmen unverantwortlich viele Kosten verursachen wird. Ich wage zu bezweifeln, daß der genannte Kostenrahmen auch nur entfernt mit dem tatsächlich entstehenden Finanzbedarf übereinstimmt.

Der zweite Punkt ist der mir wichtigere. Aber er ergänzt auch den ersten. Mit seinen Einzugsgebieten hat Berlin heute über sechs Millionen Einwohner und ist die mit Abstand größte Stadt Deutschlands. Eine solche Dominanz halte ich für schädlich. Daß der Regierungsumzug diese Dominanz noch vergrößert, ist unvermeidlich. Das bezieht sich auf die Kultur ebenso wie auf die Wirtschaft.

Es ist nicht allein die Regierung, die nach Berlin geht. Wirtschaftsverbände und Interessengruppen werden sich dem Sog nicht entziehen können. Sie müssen dahin, wo Politik gemacht wird.

Ich selbst liebe Berlin, es ist eine schöne Stadt. Es gibt sogar Stellen dort, an denen sich auch eine Bayerin sehr wohl fühlen kann. Was ich meine, geht daher nicht gegen diese Stadt und ihre Menschen. Für mich steht im Zusammenhang mit der eben angesprochenen, sich vergrößernden Dominanz etwas, das sich für mich in Berlin negativ mit dem Begriff ›Preußen‹ verbindet: Ich glaube, daß hier die Wurzeln für einen sich entwickelnden Zentralismus liegen. Und den werde ich bekämpfen, wo ich kann.

Das ist ein Punkt, an dem ich die bayerische Landesregierung inhaltlich wirklich nicht verstehe: Wenn der Zentralismus wieder zum Leben erweckt wird, richtet sich das am Ende gegen die Regionen. Wie kann man dann in anderen Zusammenhängen auf ein Europa der Nationalstaaten bauen? Da sehen die Bayern-Verwalter die Chance zur Einrichtung neuer, straffer sachlich-bürokratischer Strukturen, und den politischen Effekt der ganzen Sache, den sehen sie nicht.«

»Wenn ich Ihre bisherigen öffentlichen Äußerungen richtig verstanden habe, liegen Ihnen als bayerischer Politikerin die Regionen Thüringens, Sachsens, Tschechiens oder Österreichs mehr am Herzen als die von Ihren Parteigenossinnen und -genossen regierten nördlichen Küstenländer in unserem Staat . . .«

»Ja freilich!«

»Sind Sie sich mit der jetzigen Landesregierung einig?«

»Wo Konsens ist in unserm Land, muß ich ja nicht streiten. Wir zahlen momentan tatsächlich zuviel bei der EU ein, die Bürokratie in Brüssel ist zwar dort nicht erfunden worden – aber überbordend. Das ganze EU-Gebäude hat keine direkte demokratische Legitimation durch das kostenverschlingende Reiseparlament, das sich so auch nicht selbst erfunden hat. Soweit herrscht Konsens, und wenn die Landesregierung das gleiche sagt, hab' ich sie nicht zu kritisieren. Aber: Wenn der bayerische Ministerpräsident sagt, wir machen jetzt ein Europa der Nationalstaaten, dann ist das Krampf!

Ich will keinen deutschen Zentralismus, der sich mit einer EU-Zentralbürokratie über einen Dirigismus einigt, der uns Bayern verbietet, besondere, weil grenznahe, Handels- und Wirtschaftsbeziehungen, zum Beispiel mit Tschechien, aufzubauen. Es wäre ein absoluter Unsinn, Tschechien sofort in die EU aufzunehmen. Aber wir würden alle sich durch die Blockauflösung auftuenden Chancen vertun, wenn wir mit nationalstaatlichem und zentristischem Handeln neue Grenzen errichteten.«

»Bevor die europäischen Grenzen sich weiter verflüchtigen, haben wir es immer noch mit der Grenze zu tun, die es in Deutschland noch gibt. Die zwischen dem Westen, wo man um Besitzstände fürchtet, und dem Osten, wo der Anspruch auf Gleichheit als legitime Forderung besteht. Sie haben plastisch beschrieben, wie die einen Menschen dachten und daß die anderen Menschen lenkten oder machten. Inzwischen sind die westlichen Macher in der Vorhand, sie waren es ganz schnell. Die Ostdeutschen waren zeitweilig und teilweise so frustriert, daß Beobachter plötzlich von der Entwicklung einer ›Bürgerkriegsmentalität‹ sprachen. Ohne diese Übertreibung ernst zu nehmen – wie sind Ihre Eindrücke?«
»Das stimmt so gewiß nicht. Ich will nicht behaupten, umfassende Kenntnisse über die Mentalitäten in den neuen Bundesländern zu haben. Das wäre anmaßend. Umgekehrt glaube ich aber, die Stimmung einigermaßen einschätzen zu können. Es gibt in den neuen Ländern das an vielen Stellen berechtigte Gefühl, daß Geld an den falschen Stellen aus dem Fenster hinausgeworfen wird. Also, zum Beispiel, bei Investitionshilfen für Unternehmen, die nichts anderes tun, als ihre Betriebe statt um fünfzig nun um fünfundfünfzig Kilometer zu verlagern, weil's da die Zuschüsse gibt. Die schaffen keinen einzigen neuen Arbeitsplatz und kassieren dafür auch noch zusätzlich ab.
Es gibt auch Arbeitsbeschaffungsmaßnahmen in den neuen Ländern, wo man sich nur fragen kann: Was soll der Mist? Dort wird sinnlos aus dem vollen geschöpft, hier bei uns wird bis auf Null zurückgestrichen. Die Gesamtheit wird nicht gesehen.
Ich war im letzten Jahr fünfmal dort, um mich zu engagieren. Und obwohl es da nicht besser ist als an anderen Plätzen, habe ich dort keine Stimmung gespürt, die auch nur entfernt mit Gewaltbereitschaft zu tun hätte. Es gibt, vor allem bei Frauen, eine eher stille Verzweiflung. Eine

Resignation, ein Sich-wirklich-nicht-mehr-Zurechtfinden. Und das ist etwas, über das wir Verantwortlichen wirklich mehr nachdenken müssen. Und das nicht nur in Wahlreden und in der Talk-Show.
Da gibt es zum Beispiel bei der sächsischen Regierung so komische Rechenmethoden. Man sagt, in Wirklichkeit gäbe es gar keine überproportionale Arbeitslosigkeit bei Frauen. Der Anteil der früher beschäftigten Frauen sei eben viel zu hoch gewesen. Und man müsse jetzt zugrunde legen, was in der Bundesrepublik ›normal‹ gewesen sei. Täte man das, sei die Frauenarbeitslosigkeit in den neuen Ländern jetzt auch ›normal‹ hoch, also nicht überproportional.
Statistisch stimmt das. Aber es steht völlig gegen alle Lebenserfahrungen der Menschen in den neuen Ländern. Es trifft die Gefühlswelt in bedrohlichem Maße. Und die Frauen versuchen verzweifelt, Nischen zu finden, wo etwas zu tun ist. Dieses Vorgehen kann man manchmal nur mit leichtem Kopfschütteln zur Kenntnis nehmen, weil geglaubt wird, daß dies zu ständig vom Staat finanzierter Arbeit führen könnte. Aber – was, bitte, sollen sie denn sonst tun? Ich sehe die Gefahr, daß diese mit alter Lebenserfahrung und -erwartung zusammenhängenden Probleme ganz nachrangig werden. Ich will, daß man sie nicht nur endlich zur Kenntnis nimmt, sondern daran arbeitet.
Ich habe aber nicht nur Resignation gespürt. An den unterschiedlichsten Orten, mit Ausnahme von Görlitz, habe ich eher das Gefühl gehabt, daß man in die Zukunft will, daß vieles auch eingesehen wird und daß manche Sachen nicht den alten Vorstellungen entsprechend weitergehen können. Nach meinem Eindruck entstehen im Osten sehr viele Inseln, wo sich etwas Vernünftiges aufbaut. Aber eine Fläche oder ein Gleichmaß ist nicht zu sehen. Doch da muß man auch an die unterschiedlichen Strukturen in den westdeutschen Regionen erinnern.

Der Unmut im Osten richtet sich nach meinem Eindruck nicht mehr so pauschal gegen ›die Wessis‹. Der Begriff scheint ohnehin auf dem Rückmarsch zu sein. Offensichtlich sind wir ein Stück miteinander vorangekommen. Der Unmut im Osten wird differenzierter und damit sicher treffender. Er richtet sich gegen die Treuhand, zum Beispiel.
Beim ehemaligen Sachsenring entstand zusammen mit VW eine ganz tolle Beschäftigungsgesellschaft. Es sollte dort Qualifizierung, Erstausbildung, also praktische Berufsausbildung betrieben werden. Dazu mußten Leute eingestellt werden. Und nun vergibt die Treuhand Richtlinien, die besagen: ›Die Leute müssen so und so lange arbeitslos gewesen sein‹, und anderes mehr. Das zuständige Arbeitsamt hat ein Volumen, sagen wir, von sechshundert Arbeitslosen, von denen aber nur achtzehn die Treuhandkriterien erfüllen. Das erregt Wut, denn die erforderliche Anzahl der Beschäftigten kann dann nur von außen zusammengeholt werden. Ich habe jetzt erlebt, daß diese Mißstände nicht auf die Westdeutschen geschoben werden, sondern auf die Ostdeutschen, die bei solchen Dingen schon mit im Geschäft sind. Und vor Ort weiß man, was einer früher war. Und man weiß auch, wer da konkret sabotiert.«

Die Akten – verbrennen?

»Dort weiß man, was einer früher war. Was würden Sie mit den Stasiakten machen?«
»An manchen Tagen würde ich sie am liebsten verbrennen. An anderen Tagen sage ich mir, daß dies unverantwortlich wäre. Damit es deutlich wird: Ich will sie nicht an den Tagen verbrennen, wo wir mal wieder im ›Bierverschiß‹ sind, wo Schmutzkübel über Sozialdemokraten ausgeleert werden.

Solche Kampagnen sind nicht durch Aktenverbrennung zu verhindern. Wenn's keine Akten oder angebliche Akten mehr gibt, dann wird etwas anderes rausgekramt.
Es gab da übrigens einen dieser Herren von der CSU, der mit der Botschaft über Land zog, ich hätte Stasikontakte gehabt. Man konnte sehr schön verfolgen, wie sich die von ihm gestreuten Gerüchte analog seiner Reisen durch das schöne Bayernland verbreiteten. Meine Mitarbeiter haben darauf gedrungen, daß ich bei der Gauck-Behörde die Akten einsehen lasse. Was dann geschah. Nichts stand drin. Und dieser unmerkwürdige Herr, der gibt nun Ruh'.
Wem nützt es? Das ist die Frage, die ich mir stelle, wenn ich denke, man sollte sie vernichten. Was bedeutet das eigentlich für die Menschen, die wissen, daß sie in den Schmutzpapieren vorkommen und völlig unschuldig sind, oder für die, die nicht wissen, daß sie vorkommen – und nun erfahren andere alles über sie?«
»Aber bayerische Politiker hatten ausgeprägt gute geschäftliche Kontakte mit der DDR. Und Herr Alexander Schalck-Golodkowski lebt in einer Art Asyl am Tegernsee. Sind Sie denn in dieser Hinsicht nicht neugierig zu erfahren, was da gelaufen ist?«
»Ja, glauben Sie denn im Ernst, daß es Papiere gibt, die dem allgemeinen Zugriff offen sind, zum Beispiel in der Gauck-Behörde, und denen wir etwas über diese historischen Beziehungen entnehmen könnten? Der Schalck ist Schalk genug, den Untersuchungsausschüssen zu erzählen, welch weiße Westen alle hatten, die mit ihm Geschäfte machten. Den Rest behält er solange für sich. Und der Herr Schäuble, ein rechter Saubermann, hat doch tatsächlich die Briefe, die ihm der saubere SED-Manager Schalck in der Vereinigungsphase schrieb, verlegt. Und Kopien hat der Schalck natürlich auch nicht, die er vorzeigen kann.
Und ich frage mich, was mit den Gerüchten über die Ge-

schäftsbeziehungen ist, die über Herrn Strauß in die DDR liefen. Da gibt's den Moksel-Komplex und vor allem den Milliardenkredit, den Herr Strauß ›eingefädelt‹ hatte, wie er selbst berichtete. Hat Herr Strauß an all dem partizipiert, oder hat er nicht? Warum findet die Justiz keine Wege, den Herrn Schalck einmal danach zu fragen, was er davon weiß? Warum werden nicht alle Mittel eingesetzt, um das aufzuklären? Statt dessen gibt es Ablenkungsmanöver wie die albernen Anklagen wegen verbotener ›Waffeneinfuhr in die DDR‹ gegen Schalck, der in dieser Sache für einen von der UNO anerkannten Staat im Dienst war. Aber auch mit Strauß hat er verhandelt.

Da dies uns betrifft und nur zweitrangig die DDR, müssen wir wissen, was los war. Die Aufarbeitung der bundesrepublikanischen Geschichte darf sich nicht nur auf die Akten der Gauck-Behörde stützen. Von den großen Geschäften, die mit der DDR gemacht wurden, steht da nämlich nichts drin.

Das alles ist ein einziger Sumpf und Dreck. Da wird ein Manfred Stolpe denunziert, der kleinen Leuten helfen wollte und nicht an die Auswirkungen dachte. Daneben werden kleine Leute denunziert, weil sie in Akten vorkommen, auf die auch Scheckbuchjournalisten ihren speziellen Zugriff haben. Ja, wo leben wir denn?«

»In Deutschland, wo . . .«

»In Deutschland, wo im Westen der Antinaziwiderstand entgegen der Wahrheit vor allem nationalkonservativen Kreisen zugeschrieben wurde, während im Osten ebenfalls entgegen der Wahrheit vor allem Kommunisten die Widerständler gewesen sein sollen. Alles nach Aktenlage, oder? Im Osten haben die Machthaber nach 1949 das Überwachungssystem des Naziregimes fast nahtlos übernommen und bis zur Perversion perfektioniert. Im Westen haben wir uns von den Alliierten ›entnazifizieren‹ lassen. Die Naziak-

ten waren zum Teil jahrelang so unter Verschluß, daß wir nicht rankamen. Häufig wurden sie nur nach politischer Opportunität und nur in Auszügen freigegeben. Wo sind die wirklich wichtigen Stasiakten? Wer bekommt von wem und warum manchmal welche geliefert?
Ich rege mich jetzt furchtbar auf, weil mir das alles so zuwider ist. Ich will, daß kriminelle Handlungen und Verbrechen bestraft werden! Was ich nicht will, ist fortwährende Denunziation durch irgendwelche Drahtzieher. Ich will, daß wir die Vergangenheit beleuchten. Ich will aber nicht, daß ausgerechnet die Opfer mit hängenden Köpfen herumlaufen müssen und die kleinen Leute, die damals schon keine Orientierung hatten.«

Siegreich durch Verzichte?

»Renate Schmidt, bei der Kandidatenaufstellung für die Bundestagswahl haben Sie auf einen Ihnen sicheren Wahlkreis und auf den Listenplatz verzichtet. Die ›Bundestagsabgeordnete‹ Renate Schmidt wird es nach dem November nicht mehr geben. Damit verzichten Sie auch auf das Amt der Bundestagsvizepräsidentin, also auf ein Stück Apparat, den Sie gebraucht, und auf einen Hauch Glanz, den Sie genossen haben.«
»Ach, wissen S', ich bin nicht davon abhängig, irgendwelche Titel zu haben. Meine Funktionen müssen so sein, daß ich Erfolge damit unterstützen und durchsetzen kann, was ich politisch will. Und das, was Sie aufzählen, hat alles mit der Frage meiner Glaubwürdigkeit zu tun. Es gibt genug Beispiele, auch in meiner Partei, in denen Leute nicht verzichteten, um glaubwürdig darzustellen, daß sie wirklich das werden wollten, um was sie sich bewarben.
Wie soll ich den bayerischen Wählern glaubhaft machen,

daß ich wirklich Ministerpräsidentin werden will, wenn ich mich gleichzeitig wieder in den Bundestag wählen lasse? Dann müßten mich die Wähler und sogar meine Partei doch wohl eher zum Teufel jagen. Eine Rückfallversicherung ist nicht meine Sache.
Und die Vizepräsidentschaft – ich denke, daß ich das Amt so ausgeübt habe, daß es seine Ordnung hatte. Manches hab' ich auch genossen. Vor allem werden mir meine Bonner Mitarbeiter sehr, sehr fehlen. Wir sind ein eingespieltes Team. Und so eine verläßliche und vertrauensvolle Zusammenarbeit gibt man nicht gerne auf. Aber, wissen S', was der Franz Beckenbauer immer sagt? Schaun mer mal, sagt er. Das sag' ich auch.«
»Falls Sie Ihr Ziel in Bayern nicht erreichen, sind Sie also ohne Rückfahrschein. Was tun Sie, wenn's nicht reicht?«
»Wie so oft im Leben gibt's drei Möglichkeiten. Daß die erste wirklich wird, ist in den letzten Monaten immer wahrscheinlicher geworden: Wir erzielen ein sehr gutes Wahlergebnis, und ich werde eine Regierung bilden können, von welcher die CSU ausgeschlossen bleibt.
Die zweite Möglichkeit ist, daß wir ein nur gutes Wahlergebnis erzielen. Und dieses Wahlergebnis könnte so sein, daß die CSU zumindest theoretisch in der Lage wäre, eine Regierung mit den Reps zu bilden. Ich gehe aber nach wie vor davon aus, daß die CSU dies nicht will. Dann müßte ich meiner Partei eventuell raten, mit dieser CSU eine Koalition einzugehen. Das wären wir der demokratischen Hygiene schuldig, und ich betone, es wäre notwendig, in diesem äußersten Fall ...«
»Was bedeutete dieser Fall für Sie persönlich?«
»Wenn die CSU gewaltig eins auf den Deckel bekommt, aber dennoch stärkste Partei bleibt, glaube ich nicht mehr an einen Ministerpräsidenten Stoiber. Und vielleicht haben die noch einen in Reserve, bei dem ich mir vorstellen könn-

te, mit ihm eine Regierung zu bilden. Aber es gibt ja, unter der Voraussetzung ›gutes‹ Wahlergebnis für uns, doch auch die vage Möglichkeit, daß die CSU gerade noch allein oder mit der FDP regieren kann. Dann würde ich Landesvorsitzende bleiben wollen und die Oppositionsführung im Landtag übernehmen, eventuell im Tandem mit Albert Schmid. Aber das sind alles Fragen, die ich den Beratungen der Partei und der neuen Fraktion überlassen würde. Das entscheidet niemand allein.«

»Das Tandem mit Albert Schmid ist . . .«

»Ich weiß, was nun kommt. Aber ich sage es noch einmal. Albert Schmid und ich haben ein großes gemeinsames Ziel: Wir wollen diese CSU wegschaffen! Und wir sehen, daß wir das am besten gemeinsam können. Wir haben beide, jeder für sich, lange Lebenserfahrung und eine erfolgreiche politische Laufbahn. Und wir leisten es uns ganz einfach nicht, zur Freude der anderen allein nach irgendwas zu gibbeln und zu hecheln.«

»Sie sprachen von drei Möglichkeiten.«

»Natürlich gibt es die Möglichkeit, daß ich ein schlechtes Wahlergebnis erziele. Das habe ich auch schon bedacht, als ich angetreten bin. Ich denke nur nicht so häufig darüber nach, weil es mich behindern würde.«

»Was wäre ein schlechtes Wahlergebnis?«

»Jedes, das in der Größenordnung des letzten ist. Auch dann werde ich mir hoffentlich sagen können: Du hast getan, was du tun konntest. Vielleicht müßte ich mir dann aber sagen: Du bist nicht die Richtige, vielleicht liegt's an ›Frau‹, vielleicht an etwas, das ich jetzt noch gar nicht weiß oder erkenne. Auf jeden Fall trage ich die volle Verantwortung.

Dann würde ich nicht das Amt der Fraktionsvorsitzenden anstreben, sondern würde mir eine gewisse Bedenkpause ausbitten. Ich sage das alles mit Fragezeichen. Aber wahrscheinlich würde ich bis Weihnachten im Landtag bleiben, mich mit Freunden in der Partei, in der Fraktion und von außerhalb beraten. Jetzt, in diesem Moment, glaube ich, daß ich dann erst einmal Urlaub von der Politik machen würde. Ich mache die Sache mit allen Risiken, ohne Netz und doppelten Boden. Vielen Leuten, die sagen, ›die Schmidt wär' uns schon recht, aber die SPD?‹, habe ich gesagt, das geht nicht, ihr müßt euch schon durchringen, die SPD zu wählen, wenn die Schmidt in der Politik bleiben soll.«

»Nun munkeln aber eine Reihe Leute, die Schmidt habe eine Option in Bonn, als Ministerkandidatin auch ohne Bundestagsmandat.«

»Ach Gott, die Leute können einfach nicht begreifen, daß man etwas mit Leib und Seele tut und ausschließlich tun will. Ich kandidiere nicht mehr für den Bundestag. Wenn ich ein sehr gutes Wahlergebnis habe, werde ich Ministerpräsidentin. Wenn ich ein gutes Wahlergebnis habe, werde ich spätestens in vier Jahren dieses Amt antreten. Beides verlangt harte Arbeit vor Ort. Auch im zweiten Falle wäre es kaum nützlich, nach Bonn zu gehen.

Das hat auch etwas mit der persönlichen Lebensqualität zu tun. Die Art und Weise, wie ich in den letzten vier Jahren gelebt habe, genau seit März 1990, seit den bayerischen Kommunalwahlen, möchte ich so nicht weiterführen. Diese Art von Leben mit zwei Berufen an drei Orten, mit dem Hin- und Herpendeln, führt man nur mit dem Ziel, es auch wieder zu beenden. Ich hielte das zwar locker weiter durch. Wirklich ohne Schwierigkeiten. Ich will das aber nicht mehr.«

»Schwierigkeiten hieße weniger Eloquenz, Müdigkeit?«

»Ich reagiere physisch. Früher hatte ich in einem solchen Fall eine Gürtelrose, das sagte ich schon. Heute bekäm' ich wahrscheinlich eine Grippe. Aber ich achte inzwischen auch mehr darauf, daß ich Urlaub habe und so weiter.«

»Und wer kriegt den Frust ab, zwischendurch?«

»Ich bin selten frustriert. Ich fresse auch wenig in mich

hinein und neige garantiert nicht zu Magengeschwüren. Bei kleinen Frustrationen, wenn mal was nicht klappt, da rufe ich Freunde an, aber selten. Oder ich schimpf' im Auto und erzähl' dem Herrn Schmitz oder dem Herrn Müller, je nachdem, wer mich fährt, was das für 'n Scheiß war, und frag' mich, warum ich da eigentlich hingegangen bin. Oder ich sag's dem Albert Schmid. Und der Friedrich Weckerlein in München kriegt's am Telefon zu hören: So ein Käse oder was. Wenn ich montags ins Bonner Büro komme, dann erzähle ich auch manchmal Klaudia, wie wahnsinnig das Wochenende wieder war. Aber es sind im Moment keine Dinge, die sehr an die Seele gehen, ich versuche, mich abzuschirmen. Denn richtiger Ärger ist etwas, was ich zur Zeit nicht gebrauchen kann.«

»Nur weil Sie auf Macht aus sind, können Sie sich der Welt doch nicht verschließen.«

»Aber ich kann sehr gut unterscheiden, was ich an mich ranlassen darf und was nicht.«

Mehr Macht durch Machtabgabe?

»Sie tun sehr viel dafür, aber was bedeutet Macht denn nun wirklich für Sie?«

»Macht heißt Einfluß haben. Einen möglichst großen Teil dessen, was man für richtig hält, durchsetzen können, das ist Macht. Umzusetzen, was ich für richtig halte im Zusammenleben der Menschen.«

»Und wieso sind Sie sicher, daß das, was Sie wollen, das Richtige ist? Schöpfen Sie die Gewißheit aus sich selbst, was für die anderen das Richtige sein soll?«

»Nein, das ergibt sich aus Erfahrungen und Diskussionen, an denen ich teilhabe oder von denen ich Nutzen habe. Aber es gibt ein paar Ziele, die kommen aus mir selbst. Ich bin nicht zufällig Sozialdemokratin. Ich gehöre in diese Partei, die doch auch in die heutigen Zeiten die Grundgedanken von Freiheit, Solidarität und Gleichheit trägt. Aus alldem kommt das, was ich für richtig halte und was ich umsetzen will. Und dafür braucht man Einfluß, also Macht.«

»Sie leisten sich keinen großen theoretischen Unterbau?«

»Ach. Der Johanno Strasser hat gestern aus einem Aufsatz vorgelesen. Und da war in seinen intellektuellen, wissenschaftlichen Worten genau das drin, was ich in meinen Bierzeltreden erzähle. Und ganz nebenbei fiel mir auf, daß ausgerechnet der, der in früheren Zeiten so asketisch lebte, jetzt davon redet, daß man versuchen muß, einen neuen Wohlstand für alle zu erreichen. Was ist das für ein Wohlstand? Es ist auch bei Strasser jetzt der Wohlstand, den Erhard Eppler immer meinte. Und der Epplersche Gedanke, daß Wohlstand, Wohlbefinden, nicht unbedingt mit zusätzlichem Konsum zu tun haben muß, entspricht auch meiner Auffassung.

Zu meinen elementaren praktischen Handlungsgrundlagen gehört, daß ich nicht allein entscheide. Ich entscheide nach Diskussionsprozessen. Da sind die Theoretiker mit eingebunden. Und zu meinem praktischen Unterbau gehört die Erkenntnis, daß nun lange genug in aller Schönheit geredet wurde. Umsetzen müssen wir's jetzt!«

»Sie sagen, hin zu mehr Wohlbefinden, Sie haben eine neue inhaltliche Definition für Wohlstandsmehrung. Sie können aber nicht verordnen, daß dem alle folgen.«

»Wenn ich Menschen nicht mehr verantwortlich versprechen kann, daß sie zusätzlichen Konsum haben werden, daß sie ihr angeblich auf Zuwachs beruhendes Wohlbefinden nicht mit immer mehr materiellen Gütern steigern können, dann darf ich das auch nicht tun. Im Gegenteil: Ich muß den Menschen sagen, daß es noch weniger werden wird, nicht für alle, aber für den größten Teil.

Was haben wir denn erlebt in den Jahren des unbedingten Fortschrittsglaubens? Fast jeder konnte fast alles versprechen, und fast alle haben fast alles geglaubt. Inzwischen sind wir an alle Grenzen gestoßen, ökonomisch, ökologisch, politisch. Die Menschen fühlen sich nicht mehr wohl, sind unsicher. Die Fortschrittsversprecher blubbern noch herum und stärken die Politikverdrossenheit. Sie macht sich breit, weil die Menschen sich längst nicht mehr ernst genommen fühlen. Wenn ich ihnen aber sagen will, ›ich nehme dich ernst‹, dann muß ich ihnen auch die benutzbaren Strukturen liefern, innerhalb deren und über die sie diskutieren und mitentscheiden können. Und wenn ich es an ein paar Punkten schaffe, daß sie sich nicht mehr bevormundet fühlen, habe ich den Grad ihres Wohlbefindens verändert.«
»Es gibt den Unterschied zwischen ›fühlen‹ und ›sein‹.«
»Glauben Sie, ich ziehe nur eine Show ab, wenn ich für die Direktwahl des Bundespräsidenten plädiere? Zur Wohlstandsmehrung gehört für mich mehr Bürgerbeteiligung! Und das nicht nur auf einem so hohen und fast symbolischen Level. Ich denke an Großprojekte, bei denen schon im Vorfeld eine breite Akzeptanz hergestellt werden kann. Dafür gibt es Systeme.
Projekte, die den Lebensraum von Menschen betreffen, müssen von diesen mit geplant, mit entschieden und mit getragen werden. Und das nicht über die Umwege einer überbordenden Bürokratie, deren Wege niemand mehr nachvollziehen kann, sondern durch Abgabe von zentraler Macht. Das gilt für viele Bereiche. Wir haben in Bayern, und nicht nur da, so viele Entscheidungen zentralisiert, daß für die Regierungsbezirke, die Landkreise und die Kommunen kaum etwas übrigbleibt. Beschäftigen Sie sich mal mit dem Manifest von Georg Kronawitter und seinen Kollegen. Die unteren Gebietskörperschaften dürfen nur noch den Mangel verwalten. Und das will ich ändern.«

»Sie wollen Macht, um sich zu entmachten?«
»Und ich werde versuchen, zusammen mit den anderen Bundesländern Initiativen zu starten, die jede weitere Zentralisierung unterbinden und ein Stück Macht zurückholen, das den Ländern im Laufe der Jahre entwunden wurde. Ich glaube, da würde ich sogar im Einvernehmen mit Kurt Biedenkopf von Sachsen handeln können.«
»Glauben Sie denn, daß Scharping Ihnen ein Stück Macht rausrückt, wenn er gewählt wird und Sie gewählt sind?«
»Ich glaube, auch Biedenkopf könnte mit Scharping besser als mit Kohl.«

Programm – Papier, Papier, Papier ...

Nach viel geheimem Tun legte die Bundes-SPD Mitte März den ersten Entwurf für ein Regierungsprogramm vor. Sechsundzwanzig Seiten Papier, dessen Inhalt vorher so geheimgehalten wurde, als sei das Perpetuum mobile nun endlich doch erfunden, das Patent dafür aber noch nicht erteilt. Heinrich Thiemann, in der SPD-Zentrale zuständig für Programmkoordination, wehrte sich vehement gegen das Ansinnen, neugierigen Journalisten Einblick zu gewähren. Auch die präsidialen Programmacher der allerhöchsten Ebene und ihre Mitarbeiter waren zu strengster Verschwiegenheit vergattert. Einer der Präsidialen hatte sich wohl nicht dran gehalten. Der *Spiegel* wußte Details aus einem Sozialthemenpapier zu berichten, was dann zu erheblichen Diskussionen in der Parteizentrale führte. Als endlich das Geheimdokument auch den Uneingeweihten vor Augen kam, wunderten sie sich sehr. Denn die sechsundzwanzig Seiten enthielten Text, der sich im Ungefähren dort verlor, wo man gern Deutlicheres gefunden hätte.
Fragt man nach, wie so ein Papier entsteht, wird einem

zunächst erläutert: Man müsse bitte zwischen der Arbeits- und der Entscheidungsebene unterscheiden.
Auf ersterer tummeln sich Referentinnen und Referenten, die, manchmal mit und häufig ohne Abstimmung mit ihren Chefinnen oder Chefs, Diskussionspapiere zu entwickeln haben. Die Papiere werden ausgetauscht, und die Arbeitsebene trifft sich zu Vordiskussionen, bei denen heftige Stellvertreterkriege an der Tagesordnung sind und Vorbündnisse abgeschlossen werden. Nach Abschluß dieser Phase werden die Arbeitspapiere unter Berücksichtigung der Vordiskussionsergebnisse überarbeitet und an die Entscheidungsebene übergeben.
Die auf dieser Ebene agierenden Chefinnen und Chefs bestreiten nun mehr oder weniger geschickt eine Schlußdiskussion. Ihr Geschick hängt häufig davon ab, ob sie von der Arbeitsebene richtig eingewiesen wurden und schon vorher wissen, wo Widerstand und harte Diskussionen zu erwarten sind. Die Diskussion auf der Entscheidungsebene führt zu marginalen Änderungen in den Texten. Falls doch noch grundsätzliche Differenzen zwischen Fachbereichen bestehen, werden diese noch einmal heftig ausgetragen. Dann wird mehrheitlich entschieden.
Und wenn alle die Nerven behalten haben, spricht die veröffentlichte Meinung von Geschlossenheit und Führungsstärke. Spannend wird's erst dann, wenn Schlagzeilen aus den Programmen gewonnen werden, mit denen auf die Partei zurückgeschlagen werden kann.
Am 31. März 1994 wurde bei der BayernSPD der erste Entwurf eines Regierungsprogramms fertiggestellt. Es umfaßt sechsundvierzig engbeschriebene Seiten. Eine gewaltige Fleißarbeit, die nun an die Untergliederungen der Partei verschickt wurde. Die Beschlußfassung erfolgte auf einem Wahlparteitag im Mai, bei dem Geschlossenheit und Führungsstärke gezeigt werden mußten.

»Und dafür braucht man Papier, Papier, Papier, Renate Schmidt?«
»Ich finde nicht. Aber: Die Partei kritisiert immer, daß keine Programmarbeit mehr stattfindet; gleichzeitig sehe ich, daß die Partei gar keine Lust mehr auf diese Programmarbeit hat.
Diejenigen, die an der Spitze sind, haben keine Lust, weil sie am ehesten wissen, daß die Spielräume nicht riesig sind, wenn wir regieren, und weil sie auch wissen, daß man an manchen Stellen explizit was ganz anderes machen kann. Sie meinen deshalb, daß dieses vorherige Zupapierbringen, um irgendwelche Leute zu befriedigen, eigentlich ein unsinniges Unterfangen ist. Ich will das mal sagen, weil es eigentlich alle so sehen. Aber es herrscht eine Mentalität, die nicht zuläßt, dies einzugestehen.
Wenn ich mir vorstelle, wie in den vergangenen Jahren um Programme gerungen und gefochten worden ist! Wenn sie heute solche Kommissionen einsetzen, dann sind die Leute, die sich haben einsetzen lassen, meistens nicht verfügbar. Daß sich ein Ortsverein oder ein Kreisverband oder ein Unterbezirk sagt: ›Und jetzt wollen wir aber mal!‹, das gibt es kaum. Irgendwo sitzen einzelne, die erarbeiten mal einen Text für Kultur- und Bildungspolitik, den man dann auch gebrauchen kann. Aber sonst nichts.«
»Das ist Landeserfahrung, Landesverband Bayern?«
»Nein, das ist auch auf der Bundesebene so. Es wird dann herumgemeckert an dem, was zu Papier gebracht worden ist. Klar, das eine oder andere paßt einem nicht. Ich mekkere da auch herum. Ich sitze aber auch in den Gremien und versuche dort, meine Vorstellungen unterzubringen; manchmal gelingt's, manchmal nicht – aber das ist nicht der Punkt.
Jetzt sitzen wir da und haben ein Programm, von dem man sagt, es habe keine Ecken und Kanten. Ja, es stimmt, es hat

keine Ecken und Kanten, es bringt sozialdemokratische Selbstverständlichkeiten. Wir können eben nicht alle zwei Jahre ein ›Godesberger Programm‹ oder ›SPD 2000‹ auf den Tisch legen. Und warum sollten wir uns im Abstand von ein bis zwei Jahren wieder etwas Neues ausdenken? Das wäre absoluter Krampf.«

»Nun ist es aber entstanden, das Programm der Bundes-SPD. War Scharping eher ein Koordinator oder ein Initiator?«

»Teils–teils. Es wird nichts drinstehen, was gegen seinen Willen hineingekommen wäre. In Bereichen, die ihm selbst nicht so wichtig erscheinen, hat er Papiere schreiben lassen und geprüft, ob etwas drinsteht, was ihn stört. Aber das ist es eben, was diese Programmarbeit grundsätzlich von dem unterscheidet, was wir bei der Erarbeitung von ›Fortschritt 90‹ gemacht haben. Das war intensiver. Da hat sich mit der Ökologiefrage auch ein Qualitätssprung ergeben, der jetzt nicht möglich war, weil er nicht mehr nötig war. Man hätte ›Fortschritt 90‹ in den Bereichen fortschreiben sollen, in denen sich durch die Einheit Veränderungen ergeben haben. Das ist nun keine Kritik an Scharping. Der weiß, was er will, und ich weiß, was ich will, und beide wissen wir voneinander, was wir wollen. Aber das, was dann in die Papiere kommt, liest sich oft, als sei es ganz trocken, zu bieder oder aber überdreht.«

»Hat es damit zu tun, daß die Zeit der Theoretiker und Ideologen zunächst einmal vorbei ist?«

»Die Leute wollen konkret wissen: ›Lieber Rudolf Scharping, liebe Renate Schmidt, was machst du, wenn du regierst, an welchen Stellen anders und was machst du genauso, wie es bisher gemacht wurde?‹ Das ist es, was sie wissen wollen!«

»Also Orientierung am Konkreten – und stärkere Personalisierung?«

»Die hat sich auch verstärkt. Die Wähler wollen wissen: Hat sie denn in Bayern einigermaßen vernünftige Leute, die sich dann ums Wirtschaftsministerium und ums Innenministerium kümmern können? Gibt's da jemanden, der wirklich eine Affinität zur Polizei hat, mit Polizisten umgehen kann und trotzdem die Demokratie hochachtet?
Ganz praktisch, ganz konkret, ganz, wie sagt man so schön? Ganz nah an den Menschen dran. Das wollen die Menschen, und nicht vierzig oder fünfzig Seiten Programmentwürfe lesen, das interessiert die meisten einen feuchten Dreck . . .«
»Also Makulatur?«
»Nicht alles, nein. Wir brauchen die Analysen. Oder bei den Themen, zum Beispiel, brauchen wir die Frage ›Ökologische Umstrukturierung der Industriegesellschaft – wie?‹, das bleibt stehen. Oder bei mir in Bayern, die Überschrift ›Förderung der Solar-Energie – wie?‹, das bleibt stehen. ›Veränderungen in der Bildungspolitik‹, ›Kompetenzen sofort nach unten verlagern‹; also zehn Überschriften mit kurzen Texten, das muß schon sein. Aber doch nicht immer wieder diese Papierbündel!
Da, wo Sozialdemokraten regieren, machen sie ganz automatisch Papiere, die klasse sind. Und das bis in die kommunalen Bereiche. Aber so ein Bündel Oppositionspapiere, an Feierabenden, Samstagen, Sonntagen und Feiertagen mühsam und zeitraubend erstellt, wird von einer funktionierenden Regierungsbürokratie in kürzester Zeit zerfetzt. Die eigenen Gremienleute sagen: ›Streicht's doch zusammen, es ist viel zuviel.‹ Und wenn man das Bündel dann zusammenstreicht, sagen sie, es fehle alles, was wichtig sei. Trotzdem – ein Programm wird's natürlich geben.«
»Sehr beruhigend. – Haben Sie denn auch die Minister, nach denen Sie gefragt werden?«
»Ja, freilich habe ich sie. Auch da dürfen Sie beruhigt sein.«

»Auch gegen Wiesheu wird kein Holzpfahl aufgestellt!«

Eine der spannendsten Fragen vor Wahlen ist: »Wer wird was?« Die politischen Lager belauern sich, hoffend, daß unter der anderen Fahne eine oder einer auftaucht, dem oder der man was am Zeug flicken kann. Vielleicht ein Mensch mit Verfehlungen, die sich vertrauensmindernd streuen lassen. Eventuell eine Besetzung, deren frühere Lieder nicht in das neue Programm des Wahldirigenten passen. Man möchte sich genüßlich an den Worten reiben können, wenn sich ein Ministerkandidat, dem noch die Übung fehlt, zum falschen Zeitpunkt an der Zunge ziehen ließ. Man hofft auf den sich kumulierenden Ätsch-Effekt: Ätsch, wir sind doch die Besseren.

Dabei haben die Spitzen mit Eitelkeiten ebenso zu kämpfen wie mit den Tücken des Proporzes. Frau und Mann, links und rechts, alt und jung, verdient und aussichtsreich, evangelisch, katholisch, atheistisch, schwäbisch, fränkisch, ober- und unterbayerisch – ist alles bedacht? Fein austariert? Einen Unternehmer brauchen wir noch? Und deshalb auch eine Gewerkschafterin? Und bitte, achten Sie darauf, daß niemand dabei ist, der durchfällt beim Kaffeesatzlesen der Medienleute.

Solange es in einer Partei keine wirkliche Siegeszuversicht gibt, sind Schattenkabinette oft ein zur Beruhigung der Basis dienendes Parteihonoratiorenmonopoly. Aber wehe, einer Partei droht die Aussicht auf größeren Erfolg. Wehe, wenn nicht nur in den eigenen Reihen geheime Zuversichten keimen. Wenn erst unmerklich, dann aber von Medien aufgenommen und von den Meinungsstatistikern bestätigt, ein Trend aufkommt, der ewige Statisten für die Zukunft in den Hauptrollen sieht. Dann tritt der Ernstfall ein. So, wie es in der BayernSPD geschehen ist.

»Ja freilich«, sagt Renate Schmidt, habe sie Minister. Doch

der Ablaufplan sähe nicht vor, ein »Schattenkabinett« zu präsentieren. Wie will sie das schwierige Geschäft der Personalien betreiben?

»Nach dem Landesparteitag, der mich offiziell zur Spitzenkandidatin nominieren wird, wie ich denke, werden wir noch zwei Veranstaltungen mit unserem Sachverständigengremium durchführen. Dort wird unser zukünftiger Wirtschaftsminister im Vordergrund stehen. Und nach den Europawahlen werde ich ein Regierungsteam vorstellen. Nicht für jeden CSU-Minister ein Gegenüber. Sondern eine Gruppe von männlichen und weiblichen Menschen, die nicht nur besonders wichtig sind, sondern zeigen, daß wir im Vergleich jeden Vertrauensvorschuß wert sind.«

»Manche meinen, gegenüber dem Wirtschaftsminister Otto Wiesheu könnten Sie einen Holzpfahl aufstellen, weil ...«

»Das stimmt leider nicht. Sie werden sehen, bei unserem Kandidaten werden dessen zwanzigjährige Erfahrung in der Privatwirtschaft und auch die Tatsache, daß er nicht sturzbesoffen jemanden totgefahren hat, als deutlich weniger wert dargestellt als so eine Mitgliedschaft in der CSU. Auch gegen Wiesheu, wenn es ihn dann noch gibt, werden wir keinen Holzpfahl aufstellen. Und auch niemanden, der glaubt, nur weil er Juristerei studierte, alle Kompetenzen für gutes Wirtschaften gepachtet zu haben.«

»Werden Sie eine reine SPD-Mannschaft aufbieten?«

»Es werden Menschen sein, die bisher in der Landtagsfraktion waren und auch solche, die aus anderen Bereichen kommen. Sicher wird der größere Teil Mitglied der SPD sein. Aber ich habe nicht alle nach dem Mitgliedsbuch gefragt. Mir geht's um Kompetenz, und die ist, wie Sie wissen, nicht nur parteigebunden.«

»Namen nennen Sie grundsätzlich nicht?«
»Ich hüte mich. Es gibt ja selbsternannte Kandidaten, die dann über die Zeitung mitteilen, daß sie nicht zur Verfügung stehen. Oder Leute, mit denen man zwar spricht, die aber ihre folgenden tiefer gehenden Überlegungen dann nicht mit einem selbst, sondern mit den Medien besprechen. Das will ich nicht. Ich will Leute, die eines begriffen haben: Wir sind raus aus der Spielphase!«
»Aber dem erforderlichen Proporz können doch auch Sie sich nicht widersetzen.«
»Sicher müssen in meinem Team und in einer Regierung alle möglichen Interessensphären berücksichtigt werden. Ich werde es aber nicht zulassen, daß vor lauter Proporzdenken die Qualitätsansprüche auf der Strecke bleiben.«
»Ein Beispiel wäre besser als der beste Slogan.«
»Es gibt eines, das aufzeigt, wie bei uns Programmansätze und handelnde Personen qualitativ in Übereinstimmung stehen. Die Firma Audi hat es geschafft, das weltweit preisgünstigste Angebot zur Produktion des Compakt-Audi zu machen, die Produktion also im eigenen Hause zu halten. Wie wurde das gemacht?
Betriebsräte, Gewerkschaften, der Vorstand und weitere Beteiligte haben sich zusammengetan und einen Kompromiß entwickelt, der von allen getragen werden kann, damit Arbeitsplätze hier vor Ort gesichert werden können. Dabei hat an maßgeblicher Stelle Andreas Schleef mitgewirkt. Er hat den Nachweis erbracht, daß er fähig ist, die unterschiedlichsten Interessengruppen an einen Tisch zu bekommen und zu gemeinsamen Problemlösungen zu führen. Genau das wird er tun, um uns in ganz Bayern Arbeitsplätze zu erhalten und neue zu schaffen.
Mit neuen Konzepten eine neue Arbeitsverteilung schaffen,

Forschungsergebnisse und Innovationen fördern und nützlich machen und mit der einen oder anderen staatlichen Mark die Arbeitsplätze auf ein sicheres Fundament stellen, das ist das, was ich will. Ein Paradebeispiel dafür, wie das gelingen kann, habe ich genannt. Und was die anderen Personen betrifft: Wir können dicke mithalten mit dem, was die jetzige Regierung zu bieten hat.«

»Im letzten Jahr haben Sie ein Beraterteam berufen, von dem man dann nicht sehr viel hörte. Entspricht das Team personell Ihrer Regierungsmannschaft?«

»Das Beraterteam heißt Beraterteam, weil es Albert Schmid und mich beraten soll und nicht, weil es öffentliche Auftritte als seinen Zweck versteht. Für mich ist das etwas, was über den fünfundzwanzigsten September hinaus fortgeführt werden muß. Auch über diesen Umweg erörtere ich jetzt keine eventuellen Regierungspersonalien.«

»Wenn das Team in der Stille zu Ihrer Zufriedenheit gewirkt hat, war das Ganze also kein PR-Gag?«

»Ich hoffe zwar auch, daß sich diese Arbeit auf die öffentliche Meinung positiv auswirkt. Aber was ich damit wollte, hat einen viel sachlicheren Hintergrund.

Ich will raus aus dem Gefängnis, wo Politik in irgendwelchen Einzelzellen verhaftet ist. Der Umweltpolitiker scheitert am Kästchen Wirtschaftspolitik. Zusammen scheitern die beiden am Kästchen Sozialpolitik und umgekehrt. Oder der Sozialpolitiker scheitert, weil die Kästchen Umwelt und Wirtschaft gegen ihn dichtmachen. Das will ich aufbrechen. Das muß interdisziplinär laufen.

Deshalb will ich auf Dauer einen Beirat, der nicht im Ressortdenken gefangen ist. Er soll querdenken und mir auch mal ganz quere Ideen liefern. Was erfahren wir in der Politik schon von Innovationen, wenn es keinen vernünftigen Dialog zwischen Politik und Wissenschaft gibt? Den will ich organisieren. Ich will die Zufälligkeiten ausschalten. Die

Wissenschaft bringt ihre Erkenntnisse ja nicht regelmäßig vorbei, und die Politik holt sie sich nicht regelmäßig ab. Und die Verwaltungen sind in ihrer jetzigen Struktur gnadenlos überfordert, wenn sie den Ministern oder den Regierungschefs objektive Analysen aller brauchbaren wissenschaftlichen Veröffentlichungen auf den Tisch bringen sollen. Deshalb will ich eine interdisziplinäre, direkt bei der Ministerpräsidentin angedockte Beratergruppe, die im Kern unserem jetzigen Beraterteam entspricht.«

Die SPD – kein »Wahlverein«

Nach seinem spektakulären Sieg in der Urwahl durch die Mitglieder der SPD stand Rudolf Scharping zunächst wie der junge Held gegen den angestrengt wirkenden Helmut Kohl. Ein Vergleich zwischen beiden fiel der Öffentlichkeit schon deshalb leichter, weil landsmannschaftliche Unterschiede nicht zu berücksichtigen waren. Man konnte sich also auf Outfit, Ausstrahlung und das konzentrieren, was die Kontrahenten von sich gaben. Und nach weitverbreiteter Meinung machte Scharping eine gute Figur. Wer meinte, daß in Bonn ein Wechsel überfällig sei, atmete mehrfach kräftig durch. Doch dann wurde der Atem plötzlich wieder angehalten.

Beim »Tempolimit« und beim Wörtchen »Bruttoverdienst« hatte sich der Kandidat verstolpert. »Auf einem Seitenweglein«, meinte Renate Schmidt. Ja, Scharpings Stolpern hatte nicht die Geisterfahrerqualität, mit der sich Kanzler Kohl auf die wunderbaren »deutschen Autobahnen« verfuhr, als er im RTL-Fernsehen live nach dem Nutzen von High-Tech-»Datenautobahnen« gefragt worden war. Aber – auch auf »Seitenweglein« kann man sich die Knöchel stauchen.

Während keiner so recht weiß, ob es noch irgendeinen Menschen gibt, der dem Kanzler Kohl ehrlich sagt, von was er sprach und hätte sprechen sollen, fielen sie in Scharen über Rudolf Scharping her. Die deutschen und die Datenautobahnen kamen in das Kohl-Witz-Silo, in dem im Stau der dumpfen Stapelware schon längst die Luft zum lauten Lachen fehlt. Doch Scharping war auf allen Sendern. Und nicht nur die parteipolitischen Gegner holten wieder tiefer Luft, weil sie endlich etwas hatten, über das sich prächtig höhnen ließ. Auch die Genossinnen und Genossen konnten plötzlich wieder durcheinanderreden und taten es nach Kräften.

»Renate Schmidt, Sie sprachen von einem ›Seitenweglein‹, auf das Scharping sich verirrt habe. Wäre es nicht besser, Spitzenkandidaten ein programmatisches Wörterbuch mitzugeben, wenn die Partei schon nicht zum Kanzlerwahlverein taugt?«

»Von einem bestimmten Zeitpunkt an muß klar sein, daß unser Spitzenmensch unsere volle Unterstützung hat. Und wenn er sich mal in einem kleinen Seitenweglein verirrt, muß er ohne Aufsehen da herausgeholt werden. Man kann den Spitzenmenschen sogar mal gestatten, sich noch einmal in einem Seitenweg zu verirren. Er wird da schon wieder rauskommen. Sonst wäre er keine Führungsfigur.

Aber die Partei so zu degradieren, daß sie nur noch eine große Gruppe von Claqueuren ist, widerstrebt mir zutiefst. Wozu sollten dann jemand bei den Sozialdemokraten sein? Nur, weil er Beitrag zahlen will? Dafür gibt es genug andere Parteien.

Bei uns geht es um Solidarität, untereinander und mit denen, die wir an die Spitze wählen. Und wenn Sie die letzten Monate anschauen – die Solidarität ist jetzt da. Ich will noch einmal kurz etwas zu Programmen sagen, weil Sie von dem programmatischen Wörterbuch gesprochen haben.

Wir haben zu lange nur für den Container geschrieben, nur für den Papierkorb. Und das ist nun vorbei. Es ist kein Widerspruch, wenn ich sage, daß Programmarbeit nicht mehr ›in‹ ist, und gleichzeitig behaupte, daß wir tatsächlich so etwas wie programmatische Wörterbücher, also Programme, brauchen. Wenn wir in Bayern oder in Bonn an der Macht sind, werden und können die auf allen Ebenen Verantwortlichen wieder Programmarbeit machen. Sie wissen nämlich dann, daß sie nicht immer nur Eingaben zu formulieren haben nach dem Motto: ›Die Landtags- oder die Bundestagsfraktion möge beschließen . . .‹

Auf die generelle Frage möchte ich noch ein wenig plakativer antworten: Sozialdemokraten handeln solidarisch und machen gemeinsam Politik mit und für Menschen. Und wir sind solidarisch, um gemeinsam Wahlen mit denen zu gewinnen, die wir an die Spitze gewählt haben. Alles Geschehen in unserer Partei können Sie getrost so bewerten. Wir sind nicht in Gefahr, zu einem Kanzler- oder Ministerpräsidentinnen-Wahlverein zu degenerieren.«

Die unprogrammierte Eigendynamik eines Jahres

Im Rampenlicht

Fast alles wird »öffentlich«, wenn sich Personen ins Rampenlicht stellen oder dahin gestellt werden. Das ist so bei den Showstars der Unterhaltungsindustrie, deren öffentliches Bild von Managern und PR-Agenturen aufgebaut wird, zwecks Verbesserung der Erfolgsaussichten häufig künstlich geschönt, den Zeittrends und den Erwartungen des Publikums angepaßt. Das ist auch so bei Politikerinnen und Politikern, die sich zu jedem Zeitpunkt im offenen Wettbewerb um die Gunst der Wahlberechtigten befinden. Und ein wenig Exhibitionismus muß schon sein, wenn frau oder mann die breite Öffentlichkeit für sich gewinnen will.
Beim Showbusiness hatte die breite Öffentlichkeit noch nie etwas dagegen, den Schein fürs Sein zu nehmen und auch dann zu jubeln, wenn falsches Lächeln, falsche Zähne und falsche Haare einen falschen Namen tragen. Die Schauspieler, Sängerinnen oder wahre Showmutanten haben ihre Lobby zudem in einem liebedienerischen Zweig der Medienwelt, der davon lebt, bestimmte Illusionen immer wieder breitzutreten. Scheinbar kritisch-aufklärende Berichte über, zum Beispiel, Herrn Udo Jürgen Bockelmann mehren höchstens dessen Ruhm. Und warum auch soll der sich denn nicht Udo Jürgens nennen?
Obwohl die neuen Medien in ihrer Vielfalt auch in der

Politik schon böse Showauswüchse treiben, geht es in dem Metier noch etwas anders zu. Adenauers »Herbert Frahm«-Wahlkämpfe sind Legende: Willy Brandt, der seinen Tarnnamen aus der Zeit der Nazidiktatur beibehalten hatte, wurde wegen dieses »falschen« Namens zunächst schwer in Verruf gebracht, von seinen Gegnern in den C-Parteien.
Daß ein »Franz Strauß« sich ohne Not den Zweitvornamen »Josef« zulegte, wissen wir vom *Spiegel.* Geschadet hat dem »Alpen-Churchill« die Enthüllung nicht, denn eine Kampagne wurde nie daraus. In katholischeren Gegenden war es ein unauffälliges Markenzeichen, in »Preußen« Herkunftshinweis. In Bayern heißt man nicht einfach »Franz Strauß«. Strauß war während seiner gesamten politischen Laufbahn nicht nur Objekt der politischen Medien. Er war dank Fürstennähe und Pointensicherheit auch bei der Regenbogenpresse beliebt. Über bunte Träger veröffentlichter Meinung wollte auch ein anderer sich profilieren: Jürgen Möllemann. Worauf ihn Strauß als »Riesenstaatsmann Mümmelmann« enttarnte. Im Rampenlicht enthüllt eben sich kläglich, wenn Show die Politik ersetzt.
Was dem barocken Machtmenschen Strauß immer zugestanden wurde, kann sich der nicht leisten, der näher bei »normalen Menschen« ist. Es sei denn, er kombiniert politisches Talent mit Showtalent und verströmt volksnahe Glaubwürdigkeit, kurz: Er heißt Norbert Blüm. Doch selbst an ihm läßt sich studieren, daß Showmachen und gleichzeitig Ernst-genommen-werden-Wollen ein Spagat ist, der auf Dauer kaum gelingt. Was man dem Bundesminister Blüm mit fröhlicher Zustimmung oder lächelnder Nachsicht abgenommen hatte, fehlte ihm später als Ministerpräsidentenkandidat gegen Johannes Rau auf der Waagschale der Ernsthaftigkeit.
Als Politikerin im Rampenlicht muß sich seit einiger Zeit auch Renate Schmidt gefallen lassen, die immer wieder

gleichen Fragen der Journalisten zu ihrem Privatleben zu bedienen: Wer sie denn sei, was sie ist und ißt und warum und warum nicht. Diese Art der Fragen an die Frau, Mutter und Großmutter, aber auch Form und Stil ihrer Antworten reduzieren häufig ihr tatsächliches politisches Gewicht. Die Show frißt dann und wann die Wirklichkeit. Eine typische Frage:

»Gibt es irgendwelche Dinge, die Sie aus Ihrer jetzigen Perspektive in Ihrem Leben absolut anders machen würden?«

Die typische Antwort: »Ich bin einer der glücklichen Menschen, (...) ich würde denselben Mann wieder heiraten, ich freue mich, daß ich drei Kinder bekommen habe. Ich hätte auch wieder den ersten Beruf, den ich ergriffen habe, ...«

Tausendmal die eigene Vergangenheit beschwören oder am eigenen Image basteln, das gehört dazu.

Ergriffen textet die *Neue Revue*: »Renate Schmidt, der stärkste ›Mann‹ der SPD«, und »Die real existierende Weiblichkeit«, sagt ein Genosse. Diese wiederum definiert in der *Freundin*, was für sie »Paradies« bedeutet: »Dies ist der Zustand des absoluten Wohlgefühls, die Übereinstimmung der gesamten Welt mit einem selbst. Dieser Zustand ist während unserer Lebzeiten manchmal und danach – vielleicht – immer erreichbar.«

In diesem Zustand befand sich Renate Schmidt garantiert gerade nicht, als sie einmal eine Ohrfeige plazierte, wie es die Zeitschrift *Das Parlament* enthüllt. Ihr Jüngster habe weder von ihr noch von ihrem Mann je eine Ohrfeige bekommen, aber: »Bei meiner Tochter Jenny ist mir zweimal die Hand ausgerutscht – jedesmal, weil ich in der jeweiligen Situation besonders nervös war. Bei meinem älteren Sohn bin ich ebenfalls einmal handgreiflich geworden, als er mit fünf Jahren seiner zwei Jahre älteren Schwester ein Matchbox-Auto an den Kopf warf.«

Es entstehen Bilder, wenn man liest, was der *Spiegel* über »Omis ohne Kukident« zu sagen weiß: ». . . Prototyp der jungen Großmuttergeneration ist die bayerische SPD-Vorsitzende Renate Schmidt. Mit vierzig Jahren bekam sie ihr erstes Enkelkind.«

Für Sie enthüllt, was Oma mit den Enkelkindern spielt, nämlich Würfeln, das japanische »Jenga« und selbsterfundene Spiele. Pokern kann sie auch, ist sauer, wenn sie verliert, und stuft sich als »Bluffer« und »Kämpferin« ein. Sie selbst hat das für die Zeitung auf einen Fragebogen geschrieben.

Der *stern* will ihre Wünsche für 94 wissen und darf melden: »Ich wünsche mir mehr Glück in der Liebe. Und endlich einen Arbeitsplatz, wo ich nicht nur sagen darf, was ich politisch machen will, sondern praktisch handeln kann.«

Zuvor aber will Weihnachten gefeiert sein. Und die *Main-Post* spricht von dem »Familientier, das von den Enkelinnen Mona und Johanna bis zur Mutter ihres verstorbenen Mannes die gesamte Großfamilie zwischen 8 und 81 um sich schart. Der grüne Baum ist stets mit roten Äpfeln und gelben Bienenwachskerzen geschmückt, ein Ampelbaum, der in Bayern immer beliebter wird.« Letzteres habe »ihr Sprecher« verraten, wie die Zeitung verrät.

»Liebe Renate Schmidt«, hatte der *SPD-Ortsverein Mistelbach seit 1902* geschrieben, »der Ortsverein Mistelbach bittet Dich um einen ausgefallenen Wunsch (sic!). Wir hätten gerne ein Koch- und Backrezept aus Deiner privaten Küche . . .«! Wahlkampf 94. »Wir haben die besseren Rezepte« heißt das Mistelbacher Büchlein nun.

Weniger lustbetont will *Sybille* wissen: »Was ist für Sie das optische Symbol unserer Zeit?« Renate Schmidt schrieb: »Wenn ich pessimistisch bin: ein verlassenes Kind, weil uns die Zukunft der nächsten Generation offensichtlich nicht schert. (Zerstörung der Umwelt, Gentechnik und Klonen von Menschen, Bürgerkriege und Rüstungsexporte.)

Wenn ich optimistisch bin: die Sonne, als Symbol, daß die Menschen es lernen werden, mit Umwelt und Energie vernünftig umzugehen, es lernen werden, für die nächste Generation zu wirtschaften, und als Symbol der Hoffnung.«
Und da Outing in ist, geht's aus der Symbolistik nach draußen in *Fit for Fun*. Ja, sie kontrolliert ihr Gewicht und wiegt zuviel, hat Erfahrungen mit Schlankheitskuren gemacht. Nein, ihren Blutdruck muß sie nicht kontrollieren.
»Kennen Sie ihren C-Wert?«
»Ja, der ist niedrig.«
Sport treibt sie, Gymnastik, Schwimmen, Paddeln, Tischtennis – aber alles zu selten. Es gibt keine Krankheiten, die sie davon abhalten, bestimmte Sportarten zu betreiben. Sie rät von keiner Sportart ab, die in Maßen betrieben wird. Regelmäßiges Entspannungstraining macht sie nicht. Nikotin genießt sie nicht und genoß sie nie zuvor, bei Alkohol vermerkt sie »mäßig, aber regelmäßig«, und mit dem Coffein, das ist ihr selbst zuviel. Unter Punkt acht wurde nachgefragt:
»Was fällt Ihnen als erstes zum Thema Fitneß ein? Die Antwort würden wir gern als Zitat herausstellen.«
Also: »Fit ist ein Mensch, der im Einklang mit sich selber lebt.«
Das *Franken-Forum* darf die Antworten zu einer Dreifragenumfrage bringen, zu »Wahljahr«, zu »Deutschland«, zu »Nürnberg«.
Doch so leicht und flitterig bleibt's selbstverständlich nicht. Plötzlich, im Ringelreihen der Pressefrauen, die das Private interessiert, schlägt eine richtig zu. In *Die Woche* geht Claudia Kirsch mit einem »Stoßgebet« deftig ans Eingemachte.
»Heiliger Bimbam, Renate Schmidt!
Herr im Himmel, was ist denn in Sie gefahren?
An Ihre schrägen Auftritte mit großer Klappe und kurzen Röcken, engelsgleichen Löckchen und sündigen Strümpfen

hatten wir uns ja gewöhnt. Und wie Sie sich im trauten Plausch mit Domenica über das Kloster und die Huren austauschten, das brachte gar einen ungewohnten Hauch von Frivolität in die hohe Politik. Dargeboten von einer bayerischen Vizepräsidentin des Deutschen Bundestages – doch das hatte Klasse. Und einen hohen Unterhaltungswert sowieso.
Und ausgerechnet Sie kommen jetzt daher und kehren reuevoll in den Schoß der evangelischen Kirche zurück? Ist Ihnen denn nichts heilig? Nicht mal die eigene Masche? Nur weil Sie Ministerpräsidentin werden wollen? Okay, wir sehen ein, daß eine Frau Landesvater, zumal im Bayernland, gewisse Verpflichtungen hätte. Aber die könnten Sie auch anders erfüllen. Indem Sie bis zum Abwinken Bier zu sich nehmen oder sich in undurchsichtige Geschäfte verstricken lassen – beispielsweise.
Statt dessen aber versuchen Sie zu argumentieren. Sie seien, so erklären Sie, damals nicht ausgetreten, um Steuern zu sparen, sondern weil Sie ›zwischen kirchlicher Praxis und dem, was in der Bibel steht‹, eine Diskrepanz empfunden hätten. Aber auch als Bekehrte, so verkünden Sie vollmundig, würden Sie ein ›kritisches Verhältnis zur Kirche‹ behalten. O Gott, o Gott, und das war vorher nicht möglich?
Ein Vorschlag zur Güte: Treten Sie noch einmal aus. Und dann nichts wie rein in die katholische Kirche. Das wäre, in Bayern allemal, konsequent.
Friede Ihrer Seele.«
Das war schon Thema, eine kurze Zeit. Der *Express* enthüllte: »Renate Schmidt glaubt an Gott«, und die *taz*, die *Welt*, die *SZ*, die *Westfälischen Nachrichten*, alle meldeten die Sensation. Denn *epd* hatte berichtet: In einer Zeit, in der so viele Menschen die Kirche verlassen, da sei sie wieder eingetreten.
»Renate Schmidt, zumindest von außen hat man den Ein-

druck, daß Bayern unter einer außergewöhnlich festen klerikalen Glocke liegt. Haben Sie dem privat Tribut gezollt, als Sie im Vorwahlkampf . . .«

»Mein Wiedereintritt in die evangelische Kirche? – Sie können glauben, was Sie glauben. Und ich glaube, was ich glaube. Und ob ich meinen Glauben mit der Mitgliedschaft in einer Organisation manifestiere, ist meine privateste Sache. Ich bin sehr traurig darüber, daß dies in der Öffentlichkeit verhandelt wurde. Ich habe darüber keine Pressekonferenz veranstaltet. Und weitere Mitteilungen hierüber mache ich nicht.«

»Mit Ihrem Schritt haben Sie auch Freunde irritiert. Und Ihre Gegner behaupten, das sei ein Wahlkampfakt gewesen.«

»Mit meinen Freunden spreche ich schon selbst darüber. Und – Wahlkampfakt? Habe ich etwa Journalisten dazu eingeladen oder Fotos machen lassen? Wissen Sie, ich habe wirklich nicht erwartet, daß ich mich für etwas rechtfertigen muß, das nur mich selbst angeht und sonst niemanden. Nun könnten Sie sagen, ich hätte damit bis nach der Wahl warten sollen. Aber dann würde doch genauso geredet. Wenn man sich gegen manche Zeittrends zu irgend etwas entscheidet, dann ist man eben Zielscheibe der Kritik.

Ich will aber noch etwas zu der ›klerikalen Glocke‹ sagen, von der Sie sprachen. Vielleicht bin ich als Bayerin ja an dieser Stelle betriebsblind. Aber Gegenden wie Paderborn oder Münster sind doch auch auffällig katholisch – oder Aachen, Köln und Mainz. Trotzdem gibt es da eine Menge sozialdemokratischer Wähler und Wählerinnen und Bürgermeister und Inhaber sonstiger Wahlämter.

Und dann gibt es auch eine Menge protestantisch dominierter Gegenden. Das merkt man dann nicht so sehr, das ist vielleicht nicht so offensichtlich. Vielleicht spricht man dort auch nicht von einer ›klerikalen Glocke‹.

Aber eigentlich habe ich den Eindruck, daß es kaum noch

politische Präferenzen von diesen oder jenen für die CDU oder die CSU oder die SPD gibt. Nehmen wir einmal Eichstätt, Bischofssitz, katholischstes Bayern. Die Bürger und Bürgerinnen haben den Sozialdemokraten Arnulf Neumeier zu ihrem Oberbürgermeister gewählt. Das ist doch ein Beweis für überwundene politische Präferenzen, die sich früher an den Kirchen festgemacht haben.« Einer in Eichstätt hatte gesagt: »So stark waren wir hier nicht mehr seit der Inquisition.«

Das Thema »Kircheneintritt« verlief sich dann wieder. Neues war zu vermelden. Die *Hamburger Morgenpost* erinnert daran, daß Renate Schmidt »die Frau aus der Wundertüte« genannt worden sei, und berichtet über ihr Buch »Mut zur Menschlichkeit«. Ein Artikel mit viel Sympathie. Genauso wie ein Bericht über ihren Wahlkampfeinsatz in Niedersachsen.

Die *Bild Zeitung* hat früher einmal getitelt: »Genossen, was ist los mit Euch? Renate Schmidt sucht einen Mann.« Nun kann sie in der *Hannoverschen Allgemeinen* noch einmal Abscheu über diese Art »journalistischer Anmache« zeigen. Das gibt auch Gelegenheit, darüber zu reden, welchem Mann sie ihr derzeitiges Leben denn wohl zumuten könne, »diesen dauernden Reisezirkus«. Keinem eigentlich, sagt sie sich.

Ihre erste Liebe gehörte Schmuddla, ihrer Stoffpuppe. »Die hat keine Haare gehabt, beim Schlafen klappten auch nicht die Augenlider runter, und eine Stimme hatte sie auch nicht.« Reden konnte nur sie mit ihr, hat Renate Schmidt der *Münchener AZ* erzählt und noch vielen anderen Leuten. Immer wieder dieselben Geschichten. Immer wieder neu aufgemacht. Das Vexierbild von einer Politikerin.

Der Schmuddla und dem Spirifankerl – einer von der Großmutter erdachten Märchenfigur – konnte man überall begegnen. In den Zeitungen wurde über sie geschrieben, und in Talk-Shows sind sie aufgetaucht. Das unprogrammierte Jahr hätte so weitergehen können, mit dem scheinbaren Zwang zur gebetsmühlenartigen Wiederholung des immer Gleichen. Aber der Showteil des Politikerinnendaseins wurde angereichert.

Dem Credo, jede Gelegenheit nutzen zu wollen, um ihre Botschaften unters Volk zu bringen, kommt sie auch da nach, wo der blanke Nonsens blüht. Sie fühlt sich eben allem gewachsen.

So macht sie bei der »*Titanic*-Leberwurstumfrage 94« mit, aber nicht, ohne die Bühne selber zu gestalten: Aus der »Leber-« wird eine »Blutwurstumfrage«, denn »Rache ist Blutwurst«, wie sie in den Bogen schreibt. Welche Form der Beleidigung sie bevorzugen würde? Sie entscheidet sich für die »infame Unterstellung«, denn »dies entspricht am ehesten Ihrem fragwürdigen Niveau«.

Wie sie denn auf die Beleidigung reagieren würde, wird gefragt. Mit einer Anzeige »durch alle Instanzen«, mit einer Retourkutsche, »die aber gerichtsmäßig nicht ahndbar sein wird«, und mit einem Lächeln, »weil ich mich so auf das viele Geld freue«. Das bezog sich auf die letzte Frage im *Titanic*-Bogen: »Ihnen wird von korrupten Richtern ein nicht unerhebliches Schmerzensgeld zugesprochen. Welcher gemeinnützigen Organisation würden Sie es spenden?« Sie kreuzt an: Greenpeace, Medico International, AIDS-Hilfe, AG »Für das Leben« e.V., Sozialdemokraten in Not und macht ihr Kreuzchen außerdem bei dem Kästchen: »Ich behalte das Geld.« Begründung: »Weil's so viel sein wird, daß es für alle reicht.«

Auf die Frage, ob sie es als persönliche Auszeichnung empfinden würde, von dem Satireblatt beleidigt zu werden, sagt sie »nein«. Gefragt, welche Beleidigung sie am stärksten treffen könnte, schreibt sie: »Ich bin doch nicht so blöd, dies zu verraten. Denn Ihnen fällt ja doch nix ein.«

Dabei muß einem gar nichts einfallen, weil frau wie mann sich manchmal selbst verrät. So hat sie nach langer Zeit noch immer nicht verwunden, welcher »Frechheit« sich Kabarettist Richard Rogler im *ARD-Nachschlag* erkühnte: Zu einem bildschirmfüllenden Renate-Schmidt-Porträt fragte er nach den Zusammenhängen von sichtbarem Kopfputz und dem nur zu vermutenden Inhalt des behüteten Körperteils; die Betroffene trug einen Riesenblumenhut und – trägt nun Hader in der Seele.

Sie kann sich furchtbar darüber aufregen, wenn Kabarettisten Leute auf die Schippe nehmen, die doch nicht zuletzt aus eigenem Antrieb Personen des öffentlichen Lebens sind. Da gerät sogar der Kanzler unter ihre schützenden Gedankenfittiche, der »doch so doof gar nicht sein kann«, wie man immer tut.

Bleibt die Frage: Wer sagt ihr mal, daß sie sich nicht getroffen fühlen muß? Vor allem, wenn frau selber alles dazu beiträgt, als nichtdurchschnittlich zu gelten? Wie sagt sie zu Rolf Faltmann: »Daß ich für manche ein exotisches Tier in diesem Stall bin (gemeint war die SPD), das will ich nicht bestreiten.« Und: »Es ist im Prinzip nur das Sichtrauen, so zu sein, wie man ist – und nicht zu glauben, man müßte sich stromlinienförmig in andere Lebensformen einpassen.«

Wenn frau das ernst meint, dürfen andere sich auch trauen, sich einen Jux zu leisten, den frau nur dann ernst zu nehmen, wenn »Blumenhut« ein selbsterkanntes Vakuum verdeckt. Und das ist doch von allen Wirklichkeiten weit entfernt.

Renate Schmidt selbstbewußt auf eine Nachfrage der *Aachener Nachrichten*:

A. N.: »Ein lockerer Spruch besagt: ›Früher wußte ich nicht, wie Inscheneur geschrieben wurde, un heute bin ich selber einen‹. – Ging es Ihnen ähnlich mit dem ›Orden wider den tierischen Ernst‹?«

R. S.: »Wie Ernst geschrieben wird, wußte ich schon immer. Und ich bleibe bitte, bitte, weiterhin die Renate.«

Drum. Sie bleibt Renate Schmidt, trotz Orden und mit Blumenhüten. Und Kohl, als Kohl, bleibt allen Kabarettisten überlegen, mit und ohne Doktorhut.

Daß sie ein »Schlappmaul« ist oder ein solches hat, darf man der Bayerin in Bayern sagen. So faßt sie es auch als Kompliment auf, als sie den Orden dafür bekommt. Die Kitzinger Karnevalsgesellschaft verleiht den »Schlappmaul-Orden« an Personen, die »ein schlagkräftiges Wort und eine trefflich lockere Zunge beweisen«.

Bei der Verleihungsfeier erzählt die Schlappmaul-Ordensfrau, daß sie im Streit um die Rederechte im Bundestag vorgeschlagen habe, die Reihenfolge notfalls durch Würfeln oder nach Schönheit festzulegen. Auch habe sie festgestellt, »daß vor allem SPD-Abgeordnete die Literatur über indische Kultur in der Bundesbibliothek vollständig ausgeliehen und die Seiten über Witwenverbrennung markiert« hätten. Da sie selbst dieser Gruppe angehöre, müsse sie ihren Kollegen ins Stammbuch schreiben: »So werdet ihr das Problem ganz bestimmt nicht lösen.«

Austeilen kann sie, wie die *Main-Post* zeigt.

Eine Woche später dann gab Aachen sich die Ehre, und Frau Renate wurde »Ritterin wider den tierischen Ernst«. Zwei Ritter namens Schmid(t) hatte es schon gegeben: Helmut, den Kanzler, und Carlo, den großen alten Weisen von der SPD. Seit 1951 wählt der Aachener Elferrat jährlich seine Ritter. Dabei geriet die Tafelrunde äußerst schwarz. Als rote

Ritter wurden neben Carlo Schmid und Helmut Schmidt nur noch Johannes Rau und jetzt Renate Schmidt für würdig befunden. Vier Ritter stellte die nur regionale Bayern-CSU, fünf die FDP und zehn die CDU.
Im schwarzen Aachen-Karneval hatten neben den Sozis auch Frauen wenig zu »kamellen«, so der rheinische Fachausdruck. Von vierundvierzig Ritter-Narrenkappenträgern waren nur zwei weiblichen Geschlechts, Renate Schmidt schon eingerechnet.
In ihrer gereimten Rede wußte sie zu begründen, warum 1994 eine Frau vorgezogen wurde:

»Elferräte, Rittersleut',
Faschingsbräute, Frau'n von heut,
Leut' in Deutschland, eins ist klar:
Dies wird ein haarig schweres Jahr!
Und nur darum, punktgenau,
steht hier als Ritter eine Frau!
Denn immer wenn es Trümmer gibt,
sind Frauen plötzlich sehr beliebt!«

In Berichten für verschiedene Zeitungen hatte Almut Hauenschild geschrieben:
»Gegen die Nominierung gab es denn auch heftigen Widerstand. Wie man hört, vor allem vom Aachener CDU-Abgeordneten und Vorsitzenden des Auswärtigen Ausschusses im Deutschen Bundestag, Hans Stercken.
Der kennt natürlich die hohe Popularität dieser Auszeichnung unter Politikern. Vor allem im Superwahljahr 1994. Ist sie doch verbunden mit einem Live-Auftritt im Fernsehen. Denn die Ordensverleihung wird auch in diesem Jahr von RTL übertragen.
Doch die gescheite wie kesse Genossin hat es den Elferräten nun mal angetan . . .«
Bei der Festsitzung sang der schwarze Ritter Norbert Blüm in seiner Laudatio:

»Renate ist jetzt Ordensfrau.
Wir rufen ›Vivat‹ und ›Helau‹.
Sie ist der schönste Ritter.
Nur, daß sie bei den Sozis ist, ist bitter.«

Die erste Aachener Ordensfrau war von der CDU gewesen, die Literaturprofessorin Gertrud Höhler, auch Beraterin der Deutschen Bank und bei mancher Kohlschen Regierungsumbildung als potentielle Ministerin im Gespräch.

Ein Buch gegen »männliche Konzeptschwäche«?

Gertrud Höhler ist publizistisch tätig und schreibt Bücher in Sachen Unternehmenskultur. Und in einer kleineren Arbeit analysierte sie für die *Bunte*, was es mit den Sozis und mit den Frauen in dieser Partei auf sich hat:

»Die männlichen Helden lecken ihre Wunden: Auf den Schlachtfeldern der Gefallenen sind die weiblichen Engel unterwegs, um Wunden zu verbinden und die Brücken der Zukunft offenzuhalten. Der Tod der großen Zusammenhänge, da hatte Willy Brandt recht, ist die Stunde der Frauen. Sie trösten Verräter und Verratene gleichermaßen durch ihren Sprung in die Bresche; und sie ersparen den Männern beschämende Erkenntnisse. Das Scheitern des Verratenen, der seine ganze Aura aus dieser Rolle sog und dabei zwangsläufig zum Verräter seiner Grundsätze wurde, gibt ein Dilemma frei, das nicht durch weibliche Rückzüge und weibliche Wachablösung unterwandert werden kann: Während die Söhne die Altersbotschaften des Brandtschen Über-Ichs in ihrer visionären Qualität verkannten, weil sie sich selbst als Zukunftsmacher verstanden, mißlang die Gratwanderung zwischen Glaubwürdigkeit und Macht gleich mehrfach. Die Stunde des Programmverlustes ist es also, die zur Stunde der Frauen wird. Die männliche Konzeptenergie versiegt, die weibliche Kommunikationskraft wächst. In der Quotenpartei können Männer sich nur matt zur Wehr setzen. Das neue weibliche Profil der SPD ist also auch eine Krisenmeldung; und die Krise verschont die andere große Volkspartei auch nicht. Mit Frauen gegen männliche Konzeptschwäche?«

Geschrieben wurde das Ganze zu Beginn der Engholm-Krise, vor dem Kandidatenkarussell der SPD, vorausschauend vielleicht für die CDU-Zeiten nach dem Parteibeherrscher Kohl, wahrsagend für die Zukunft der Renate Schmidt? Sie jedenfalls war in Aachen als Wahrsagerin, als »Pythia von Nürnberg« aufgetreten. Und mehr noch als beim Vortrag ihrer eher nachdenklichen Verse zeigte sie nachher in freier Rede, daß sie den Orden nicht unverdient bekam. So antwortete sie auf die Frage, ob sie denn, anders als manch andere Ritter, auch zu den künftigen Rittersitzungen nach Aachen kommen würde: »So oft es meine Aufgaben als bayerische Ministerpräsidentin zulassen!«

Das brachte Beifall und Gelächter. Doch selbst von der Narrenbühne klang dieser Satz nicht so, als sei er nur als Jux gemeint gewesen. Es war ein närrisches Moment, in dem »weibliche Kommunikationskraft« die »Gratwanderung zwischen Glaubwürdigkeit und Macht«-Anspruch gelingen ließ. Und es war ein Moment, in dem Renate Schmidt ihren Mut bewies, und – keine Häme erntete. Die hatte es bei anderer Gelegenheit gegeben.

Mut zur Menschlichkeit ist der Titel ihres Buches, das bei ferenczy/Bruckmann erschienen war. Und in der *FAZ* überschrieb Roswin Finkenzeller eine gar nicht so wohlwollende Kritik mit der Zeile: »Mutterwitz und Erbauungskitsch«. Diese Sicht vom Schmidt-Buch mag nicht so gerne zulassen, daß sich die Verfasserin zum Ziel gesetzt hat, Menschen zum eigenverantwortlichen Tun aufzufordern, ohne

selbst in jedem Politikfeld bis zur letzten Konkretisierung vorgedrungen zu sein.
Daß auch eine andere Charakterisierung des Buches möglich war, zeigte Thomas Seim in der *WAZ*. Seine Überschrift lautete: »Menschlichkeit als Leitmotiv«. Unter anderem schrieb er: »Was Bayern, was die Deutschen erwartet, wenn es klappt in München, das kann man in ihrem ›Buch zum Mitmachen‹ nachlesen.« Der Rezensent betont, daß es nicht um eine Anweisung zum tagespolitischen Handeln gehe, sondern um »Kapitel (, die sich lesen,) wie der Entwurf einer Regierungserklärung«. Er nennt das Ganze einen »Rundumschlag der bayerischen Art«.
In der *FAZ* wird der Schmidt-Satz: »Es ist nicht möglich, Solidarität mit allen zu üben, weil sie sonst zur Solidarität mit niemandem wird«, als Sentenz empfohlen, »die es fast wert wäre, auswendig gelernt zu werden«. Und in der *WAZ* steht: »Zu den stärksten Stellen des Buches gehören jene Passagen, in denen sie aus der eigenen Lebensgeschichte schöpft.«
Erst wenn man letzteres ergänzt, wird der »fertige« Satz über die Solidarität zu einem Schlüssel für das Verstehen der Person Renate Schmidts: Dieser Satz ist die Zusammenfassung ihrer Erfahrungen aus der Familien- und Sozialpolitik, aus der Asyldebatte. Und solche Sätze gelingen ihr in allen Politikbereichen, die sie sich durch Diskutieren, Zuhören und der Arbeit mit den Fakten erschlossen hat.
Sie ist die »Frau Schmidt aus Zabo«, die Anteil nimmt und sich gegen grassierende Larmoyanz auflehnt. Sie fordert andere zum Engagement auf und zur Diskussion. Ihr Konzept heißt »Miteinander« und beruht auf Kommunikation. In ihrer schriftlichen Äußerung zeigt sie sich nicht als »Schmidt-Kosmos«, und das nicht nur, weil Helmut Schmidt diesen Platz uneinholbar besetzt.
Ihre »Visionen« betreffen Politikverdrossenheit, Europa,

Bundeswehr, Zivildienst, Dritte Welt, Umweltpolitik – die Aufzählung ist beliebig zu erweitern. Da, wo sie sich entschieden hat, zeigt sie die Sprache der entschlossenen Politikerin. Und an keiner Stelle jammert sie über andere. Sie fordert von andern, das Jammern aufzuhören.
In zweifacher Hinsicht ist es interessant nachzulesen, was Ulrich Zimmermann in einem Buch über Strauß aus dessen CDU-Kanzlerwahlkampf-Parteitagsrede von 1980 notierte: »Helmut Schmidt ist ein Sozialist. Daran ändert auch nichts, daß viele Millionäre und Milliardäre in dieser oder jener kapitalistischen Gesellschaftstracht ihn wie die Insekten die Lampe umschwärmen ... Er ist eben ein Chamäleon, das sich der jeweiligen Umgebung anpassen kann. Andererseits haben wir von gewissen Leuten der Großwirtschaft, ihren Funktionären und Managern im Laufe der Jahre auch kein anderes Verhalten kennengelernt oder erwartet ...«
Weiter sagte Strauß damals in Berlin: »Ich komme aus dem Milieu einer Arbeitervorstadt. Ich bin mit deren Problemen großgeworden. Ich kenne die Sprache des Volkes. Ich kenne die Mentalität und Psychologie der breiten Schichten, der breiten Massen unseres Volkes, weil das meine Natur ist, weil ich dort mehr politische Heimat habe als in manchen Häusern der Vornehmen und Reichen, die heute um Helmut Schmidt herumscharwenzeln ...«
Solche oder vergleichbare Töne sind von Renate Schmidt weder zu hören, geschweige denn nachzulesen. Sie schlägt nicht ›drauf‹, sie fordert zum Mitgestalten auf. Aber als das Buch entstand, war sie in mancher Hinsicht auch noch weniger entschlossen. Die Frage der Kanzlerinnen-Kandidaten-Kandidatur hatte sich noch nicht gestellt. Und insofern dürften manche Buchpassagen auch sehr bewußt als Denkanstöße angelegt worden sein. Inzwischen würde sie sicher vieles ergänzen. Umschreiben müßte sie nicht.

Ein bunter Strauß, ein opulentes Fest

Der bunte Hut, das eigene Buch, der Orden aus Aachen, die Kanzlerin-Kandidatinnen-Kandidatur und die sichere Nominierung als Spitzenkandidatin für die bayerischen Landtagswahlen ergaben – zusammen mit der ohnehin nicht zu übersehenden Person – einen bunten Strauß. Diesem Angebot von so viel Political- und Human-Appeal konnten sich die Medien nicht entziehen.

Und wie sie selbst laut FAZ-Fragebogen »alle Sommerblumen« liebt, »ganz bunt«, so muß dieses ganz unprogrammierte Jahr mit der Gewißheit über sie gekommen sein, daß das nun der Beginn ihres politischen Sommers sei. Beachtet wurde sie von allen, herumgereicht und ausgezeichnet, und wenn, dann oft mit Nachsicht kritisiert.

Keine Talk-Show auf deutschen Kanälen konnte ohne sie auskommen, und sie selbst hat keine ausgelassen. *Flitterabend* und ihr Fernsehporträtversuch an Harald Schmidt, *Der heiße Stuhl*, mit Bestnote vor drei Komma neun Millionen Zuschauern als Supersondernervenkitzel bravourös bestanden – das »Gesamtkunstwerk Renate Schmidt«, wie sie sich selber manchmal nennt, erlaubt kein Entweichen. Daß sie sich auch im Spektakulum nicht heuchlerisch verbiegt, konnte man in der *Süddeutschen Zeitung* nachlesen. Michael Brandt sah bei 1PLUS *Mannsbilder* und schrieb: »Sie tranken Tee und Kölsch. Harald versteht etwas von Spaß, wer wird das bestreiten. Renate versteht etwas von Politik, auch daran zweifelt keiner. Beide heißen mit Nachnamen Schmidt, und beide haben sich nicht viel zu sagen, das wissen wir seit Montagabend ebenfalls ganz genau.

Wir sehen Herrn und Frau Schmidt auf dem Weg durch Köln, wir sehen sie im WDR-Haus gemeinsam Paternoster fahren, wir sehen sie im Museum Ludwig gemeinsam Bilder anschauen, am Rheinufer gemeinsam promenieren und

schließlich auf dem Schiffsrestaurant ›Alte Liebe‹ gemeinsam etwas trinken, Renate trinkt Tee, Harald trinkt Kölsch, und wir denken, genau so ist auch der Dialog der beiden.
Renate fragt freundlich und direkt, sie fragt nach seiner Kindheit, der ersten Liebe, seiner Karriere und seiner Rolle als Spaßmacher. Und Harald antwortet, wo er antworten will, erzählt von seinen Eltern, von der Schwäbischen Alb, dem Fernsehen und seiner Beziehungskiste. Aber er spricht merklich ungern von sich. Er weicht aus, reißt Witze, über die Renate herzlich und warm lacht.
Das Portrait des Spaßmachers im Gespräch mit der Politikerin ist brav, es ist langweilig. Was fehlt, ist der Funke, aber wo sollte er überspringen? In keinem Augenblick wird Renate Schmidt in die leichtfüßige Rede des Spaßmachers hineingezogen und beginnt, selbst zu hüpfen; in keinem Augenblick nimmt auch Harald Schmidt die politisch und ernst gemeinten Fragen der Politikerin an, etwa nach der Rolle der Frau, nach der Bedeutung des Alters.
Zwei, die beide etwas zu sagen haben, redeten gründlich aneinander vorbei. Schmidteinander allein ist noch kein Erfolgsrezept.«
Mehr Erfolg hatte sie bei Lesungen aus ihrem Buch. Und dann bei den Großereignissen ganz anderer Art, wo »Dabeisein« völlig risikolos mindestens mit einem Zeitungsfoto belohnt wird, oft Seite an Seite mit allgegenwärtiger anderer Prominenz.
Mit Barbara Genscher und Ursula Kinkel saß sie im Ehrenkomitee und beim Festkonzert, das der American Embassy Club zum Internationalen Weltfrieden veranstaltete.
In Himmelkron tanzte sie in einer Seniorendisco, und in Bonn zeigte sie vierhundertfünfzig Jugendlichen den Bundestag. Mit zweiunddreißig ostbayerischen Genossen erklomm sie den eintausenzweihundertdreiundneunzig Meter hohen Osser, auf dem allerdings Theo Weigel gerade vor

ihr gewesen war. Die Einheimischen registrierten, daß beide vom Parkpatz »Sattel« bis zum Gipfel jeweils eine Stunde brauchten.
Zusammen zeigten sich Schmidt und Waigel bei einer Benefizaktion für hilfsbedürftige Kinder in München. Sie ließen sich sogar gemeinsam fotografieren. Natürlich war es eine Gala, bei der Gina Lollobrigida, Rolf Liebermann, Roger Moore, Vanessa Redgrave, Christopher Lee, Ephraim Kishon und wer weiß wer noch alles anwesend waren. Klaus Kinkel war der Schirmherr, und Sir Edward Heath durfte eine Operngala dirigieren.
Beim Presseball im Deutschen Theater kamen Stoiber und Schmidt getrennt ihrer Pflicht nach. Während sich Stoiber beim Neujahrsempfang in der Staatskanzlei dann doch anhören mußte, was Schmidt ihm zu sagen wagte: »Grüß di Gott vieltausendmal, vielleicht ist's heuer 's letzte Mal.« Der Theo Waigel habe ihr das grad' auf dem Flug nach München als passenden Vers gereimt, erzählte sie.
Und mit einer weiteren Kopfbedeckung macht sie Furore. Ihr Foto mit schwarzer Lederschirmmütze ging über alle Agenturen. Und die Zeitungen druckten es auch. Aus den Bildunterschriften, immerhin, erfuhr die Leserschaft, daß Renate Schmidt sich gemeinsam mit den Männern von der IG Bau gegen die Abschaffung des Schlechtwettergeldes wehrte.
Wer den Schmidtschen Modetrends nicht folgen will, der kann sich ja einen Topf mit »Renate-Schmidt-Dahlien« kaufen. Die Sorte soll sehr widerstandsfähig sein, sagt der Züchter aus Wiehl bei Köln. Er hat auch Christina Rau, die Frau des Johannes, als Dahlie verewigt, meldet die *AZ*, die außerdem wissen läßt, daß auch Marianne Strauß schon Blumenpatin war.
Beck-Eröffnungsfeier im Kölner E-Werk, Oldie-Party in Coburg, Erkundigungen über die Sorgen des Augsburger Tier-

parkpersonals, gegen Blüm und Biedenkopf für Punkteabzug bei den Fußballern von Dresden, Küßchen für Scharping und von Scharping ...

Renate Schmidt wurde fünfzig. Sie feierte und wurde gefeiert. In Nürnberg auf der Burg wie eine Markgräfin, in München im »Lustspielhaus«, einem kleinen Theater in Altschwabing, mit dem Spruch: »Den Einundfünfzigsten feiere ich in der Staatskanzlei.« Noch sitzt da allerdings Edmund Stoiber, der ihr zum Geburtstag schrieb: »Meine guten Wünsche gelten Ihrem persönlichen Wohl und dem Erfolg in Ihrem Bonner Amt.«

Ins »Lustspielhaus« kamen statt der erwarteten dreihundert sogar fünfhundert Gäste. Kurzfristig mußte das gesamte Mobiliar aus dem Theater entfernt werden. »Ein richtig schönes Chaos«, strahlte Renate Schmidt.

Weil die Nürnberger und die Münchener Gästeliste denn doch zu wenig Neues bieten würden, soll ein gänzlich unverdächtiger Beobachter über die Geburtstagsfeten berichten. Rolf Linkenheil schrieb für den Berliner *Tagesspiegel*: »Bavaria mit sanftem Löwen – Wenn Renate Schmidt feiert«: »Dem Bayerischen Löwen wird ganz wohlig zwischen den Ohren, und er prustet vor Vergnügen, wenn die Bavaria ihn krault. Die voluminöseste aller Bayerinnen, eherne Symbolgestalt des untergegangenen Königreichs auf der Münchener Theresienwiese, trägt die Züge von Renate Schmidt. So sieht sich die Kandidatin der SPD, die im September Edmund Stoiber aus der Staatskanzlei verdrängen will, am liebsten. So ließ sie sich auch zeichnen: Als weiß-blaue Powerfrau, die im Begriff ist, sich den Lorbeerkranz selbst aufs Haupt zu setzen, den gezähmten Leu zu ihren Füßen. Es galt, ihren fünfzigsten Geburtstag zu begehen, und der Landesvorstand der bayerischen Sozialdemokraten hatte ins Schwabinger ›Lustspielhaus‹ zum Stehempfang gebeten.

Es kamen so viele, daß sie im Gedränge kaum mehr stehen konnten; unter ihnen einige, die es verstehen, die Nase in den Wind zu halten, erscheint ihnen doch ein Aufschwung der Sozialdemokraten auch in Bayern als durchaus möglich. Nur von der bayerischen Staatsregierung war kein Ministerhaupt und kein Staatssekretärsgesicht auszumachen. (...) Weil sie's so lustig fand, wollte die SPD-Chefin gleich alle mitfeiern lassen, die im Freistaat Edmund Stoiber heißen, aber kein Mensch dieses Namens kam. Schmidt oder Schmitt oder Schmid, egal ob mit oder ohne ›e‹, ist hingegen auch in weißblauen Landen ein überaus beliebter Name. Immerhin wurden so an die fünfzig Renates dieser Gattung in Bayern aufgegabelt und mit einer Einladung verblüfft. Zehn waren da, und eine hatte gar Tucholskys Dialog unter Zwillingen im Uterus auswendig gelernt, um Frau Schmidt zu entzücken.
›Ich bin eine glückliche Frau‹, behauptet die ›Frau Schmidt aus Nürnberg-Zabo‹, die auf den ›Club‹ soviel Hoffnung setzt wie auf sich, aber das kann halt trügerisch sein. (...)«
Soweit der Bericht vom 15. Dezember 1993.
Frage: Wo steht der »Club«, der 1. FC Nürnberg, heute?
Der »Club« ist abgestiegen in die zweite Liga! Und »die fränkische Seele ist so sehr getroffen, daß nur eine Ministerpräsidentin, die aus Franken kommt, die Schmach tilgen kann«. Der Abstieg war der Wermutstropfen an einem ansonsten triumphalen Tag für die Nürnbergerin Renate Schmidt: Mit 244 von 246 Stimmen nominierte der Wahlparteitag der BayernSPD sie als Spitzenkandidatin. Die eine Stimmenthaltung soll von ihr gewesen sein. Auch soll sie Anweisung gegeben haben, die Recherchen nach der einen Nein-Stimme einzustellen ... Man sagte: »Die Fee vom Nockherberg hat gezaubert!« Mit einer furiosen Rede, die selbst dem CSU-Generalsekretär Huber Hochachtung abverlangte, überzeugte sie die Delegier-

ten in dem Saal, wo wenig später der FC Bayern seine Meisterfeier zelebrierte.
Frage dann: Wie haben sich die Umfrageergebnisse im Bayernland entwickelt?
Umfragen sind Momentaufnahmen. Mitte Mai 1994 titelt *Focus*: »Zwick zwingt die CSU in den Keller«. Und weiter: »Die CSU erreicht nur noch 42 Prozent (Wahlergebnis 1990: 54,9 Prozent), die SPD landet mit einem Plus von neun Prozentpunkten bei 35 Prozent (1990: 26 Prozent).« Außer CSU und SPD könnten nur die GRÜNEN mit Sicherheit in den Landtag einziehen, nicht aber FDP und Republikaner. Dann würden, rechnet *Focus* weiter, Edmund Stoiber 44 Prozent der Stimmen zur absoluten Mehrheit der Sitze reichen. Nach dem Superergebnis bei der Nominierung lastet nun noch mehr Verantwortung auf der Kandidatin.
»Angst vor großen Tieren wird mir so rasch niemand nachsagen, aber wenn ich mich hier so umsehe, kann man schon das Fürchten lernen«, sagte Renate Schmidt nicht beim Anblick von irgendwelchen Gegenkandidaten oder den ihr und ihrer Partei immer besser gefallenden Umfragezahlen, sondern bei der Eröffnung einer DINO-Ausstellung in Nürnberg.
Womit die Frage ansteht, wie sie es selbst beurteilt, warum ihre Sympathiewerte noch immer darunter leiden, daß sie für nicht so »kompetent« gehalten wird.

Richter in Sachen »Kompetenz«

»Sie haben einmal gesagt, ich zitiere: ›Die Streibls, Waigels und Stoibers sind noch genausowenig reif fürs Geschichtsbuch wie Renate Schmidt . . .‹«
»Das stimmt, und dazu stehe ich mit der unübersehbaren Demut, die mir eigen ist.«

»Nun wollen Ihnen die genannten Herren aber auch den Weg dahin verwehren. Trifft es Sie sehr, wenn die überall herumerzählen, Sie seien nicht kompetent genug, das Ministerpräsidentenamt zu übernehmen?«
»Das ist eine Strategie der CSU, die nach meinem Eindruck nicht mehr so ernst genommen wird. Diese inzwischen auch nachlassende Kampagne wurde von der höchstwissenden 31jährigen Hotelkauffrau Monika Hohlmeier angeführt, die im Gegensatz zu mir die unschätzbare Gnade besitzt, die Tochter von Strauß zu sein.
Aber von Waigel wurde der Vorwurf auch propagiert, das stimmt. Dabei weiß es der Waigel viel besser. Von Stoiber kam das nur hin und wieder. Waigel sagte, das war aber schon am Anfang 94, so einen typischen Satz: Ich sei eine nette Frau und sehr sympathisch, aber fähig sei ich nicht. Und dann sagte er, im Zweifelsfall würden sich die Leute dann nicht für mich entscheiden, sondern für denjenigen, der das besser verwalten kann.«
»Das muß Sie doch treffen! Sie sagen von sich selbst, Sie seien eher eine Generalistin. Und Verwaltungserfahrungen in der Staatsbürokratie können Sie nicht vorweisen. Im Falle der Kanzlerkandidatur sagten Sie, für so ein Amt müsse man schon mal ein bißchen regiert haben. Trifft das für das Ministerpräsidentenamt nicht zu? Waigels Vorwurf muß . . .«
»Es trifft mich, ja. Aber vor allem deshalb, weil die falschen Prämissen gesetzt werden. Man will nicht eingestehen, oder man sieht es nicht, daß es um deutlich mehr geht als um reine Verwaltung. Auch und gerade auf Landesebene sitzen die Leute dieser typischen Fehleinschätzung auf, vielleicht, weil sie nicht mehr können als Verwalten. Ich sage: Zum Verwalten hat man einen tüchtigen Kanzleichef, der das kenntnisreich, erfahren und vernünftig macht.
Für die Qualität der Politik, auch auf Landesebene, ist

entscheidend, wo und wie man welche Akzente setzt, was man in Gang bringt und wie man in der Lage ist, die unterschiedlichen Interessen wahrzunehmen und zu koordinieren. Landespolitik muß gegenüber dem Bund und der EU kreativ sein. Sie muß Mängel bekämpfen und diese nicht verwalten. Die kapieren das einfach nicht: Politik ist nicht Verwaltung, Politik bedient sich der Verwaltung!

Stoiber ist ein guter Verwalter, überhaupt keine Frage. Daß wir in Bayern eine effizientere Verwaltung brauchen und sie modernisieren müssen – darüber gibt es keinen Dissens. Aber: Warum hat der gute Verwalter Stoiber diese effizientere Verwaltung nicht längst geschaffen? Ich denke, weil er die großen Linien der Politik nicht sieht, sondern sich im kleinen Schnittmusterbogen der Verwaltungsbürokratie verirrt. Bei mir läuft das dann anders: Ich werde jemand sehr Tüchtigen mit dieser Reform beauftragen. Und mein politisches Pfund lege ich noch obendrauf.«

»Was Sie dann tun könnten, wenn der ›gute Verwalter‹, wie Sie Stoiber nennen, gescheitert ist. An was wird er eher scheitern – am Angebot, das Sie den Wählern machen, an seinem eigenen Unvermögen oder an der ausgezehrten Glaubwürdigkeit seiner Partei?«

»Unser und damit mein Angebot ist natürlich sehr gut. Aber der jetzige Ministerpräsident wird an sich selber scheitern, wie man überhaupt meist an sich selber scheitert und nicht an irgendwelchen ominösen fremden Mächten.

Ich betreibe keine politische Leichenfledderei. Das ist mir zuwider. Ob die Namen Wehner oder Brandt oder Strauß lauten, spielt dabei keine Rolle. Die politische Lebensleistung dieser Menschen muß jeder von seinem Standpunkt aus beurteilen. Aber es geht auch darum, wie das sonstige Verhalten dieser Persönlichkeiten beurteilt wird. Und da darf ich schon kritisch sein beispielsweise auch gegenüber Wehner. Das erwarte ich von einem Mann wie Stoiber, und

ich erwarte von ihm nicht nur verbale Distanzierung und ein wenig Asche auf's eigene Haupt. Er fühlte sich stets wie ein Musterschüler, weil er die Nähe zu Strauß hatte. Wenn er sich distanzieren will, sollte er Einkehr halten.
Er müßte sich fragen, wie haben wir eigentlich in den letzten fünfzehn Jahren agiert? Er müßte veranlassen, daß der Bayerische Rundfunk als Anstalt des öffentlichen Rechts nicht länger instrumentalisiert wird. Ich will das Weitere gar nicht alles aufzählen. Er müßte sich selbst fragen, wo welche Verfilzungen bestehen und aufgebrochen werden müssen. Die Einsicht dazu fehlt ihm, und die Kraft dazu ebenso.«
»Werden denn die Wählerinnen und Wähler sagen, Renate Schmidt hat Kompetenz?«
»Wenn sie die Wahrheit erkennen – sicher!«
»Sie haben tatsächlich Chancen?«
»Es wird immer wahrscheinlicher. Aber es ist noch einige Zeit bis zum Termin ...«

Wurzeln in Kontrasten

Renate Schmidt in der Georg-von-Vollmar-Akademie in Kochel am See:
»Vor hundert Jahren, als Georg von Vollmar wenige hundert Meter von hier entfernt, im ›Eldorado‹, in der Holzstraße 3, seine berühmte Rede über ›Die nächsten Aufgaben der Sozialdemokratie in Bayern‹ hielt, redete erstmals ein führender SPD-Politiker offen einer praktischen Reformpolitik das Wort. Damals durften Menschen weiblichen Geschlechts, vulgo: Frauen, keiner politischen Vereinigung angehören. Wollten sie unter Umgehung des geltenden Vereinsrechts statt am heimischen Herd zu stehen, aus unerfindlichen Gründen dennoch einem der Politik ›machenden‹ Herren der

Schöpfung lauschen, mußten sie sich in Männerkleidern auf Versammlungen schleichen! O süßer Fortschritt! Heute brauchen sich die Frauen nicht mehr zu verkleiden. Ja, sie dürfen sich sogar politisch äußern, dürfen wählen, dürfen kandidieren und gewählt werden. Und sie dürfen öffentliche Reden halten!

Die bayerischen Sozialdemokraten haben unter Georg von Vollmar am Fortschritt zwischen Alpen und Rhön ganz wesentlich mitgestrickt. Nicht nur in der Frage der Gleichberechtigung von Mann und Frau. Sondern auch bei der Gleichberechtigung des ›Kleinen Mannes‹ und den Großen dieser Welt.

Von nichts kommt nichts, auch nicht der gesellschaftspolitische Fortschritt. Der mußte stets gegen den erbitterten Widerstand von Reaktionären und Konservativen mühsam durchgesetzt werden, die immer dann den Untergang des Abendlandes an die Wand malten, wenn es an ihre Pfründen ging.

Damals traten die Rechten in Bayern und anderswo noch unter ganz anderen Buchstabenkombinationen wie heute auf. Wie oft mußten sie im Laufe der letzten hundert Jahre die Firma wechseln, wenn der Karren wieder einmal in den Graben gefahren war!

Aber bis in die Schulbücher und das meist einfarbige bayerische Fernsehen hinein tun die Konservativen so, als hätten sie den ›Freistaat‹ Bayern selbst geschaffen. Dabei ist er die authentische Gründung des Unabhängigen Sozialdemokraten Kurt Eisner vom 7. November 1917.

Und dann tun die Konservativen noch so, als seien sie bei der Liquidation des Freistaates Bayern zugunsten des Einheitsterrorstaates der Nazis am 27. April 1933 im Bayerischen Landtag ebensowenig dabei gewesen wie bei der Zustimmung zum Ermächtigungsgesetz wenige Wochen zuvor im Reichstag von Berlin.

Allein die bayerische SPD hat es in dieser Zeit immer gegeben, mit all ihren Stärken und Schwächen, ja, auch mit ihren Fehlern. Und sie war weiß Gott nicht frei von Irrtümern, angefangen bei ihrer Haltung zum Krieg 1914 bis zum Müll 1990. Aber als Reformpartei hat sie in Opposition und kurzen Regierungszeiten auch in Bayern segensreiche Spuren hinterlassen.

- *In den 90er Jahren des letzten Jahrhunderts hat sie im Bündnis mit den Progressiven für das allgemeine und direkte Wahlrecht gekämpft und es durchgesetzt.*
- *Sie hat mit Toni Pfülf und im Verein mit radikalen Frauenrechtlerinnen – wie Anata Augspurg – den Frauen in Bayern das Stimmrecht erstritten. Erstmals im ganzen Deutschen Reich konnten am 12. Januar 1919 in Bayern Frauen gleichberechtigt an einer Landtagswahl teilnehmen.*
- *Sozialdemokraten aus der USPD und der MSPD, zuvörderst der Pazifist Kurt Eisner, haben unter Einsatz ihres Lebens den republikanischen ›Freistaat Bayern‹ aus der Taufe gehoben.*
- *Der SPD-Landesvorsitzende und spätere Ministerpräsident Wilhelm Hoegner gilt als Vater der mustergültigen Bayerischen Verfassung von 1946.*
- *Bayerische Sozialdemokraten haben zu Zeiten Volkmar Gaberts die christliche Gemeinschaftsschule – gegen ›den Geist von Tuntenhausen‹, Dr. Dr. Alois Hundhammer – maßgeblich mit durchgesetzt.*

Um auf Georg von Vollmar zurückzukommen. Bei seiner Rede von 1891 hat er folgende Punkte als die für die Arbeit der Sozialdemokraten dringendsten benannt:

- *den Arbeitsschutz, die Absicherung des 8-Stunden-Tages, die Sicherung des Maifeiertages;*
- *die Absicherung, daß der Staat sich nicht in Tarifkämpfe einmischen darf;*

- *die Schaffung und Absicherung der Versammlungsfreiheit;*
- *die Schaffung eines wirksamen Kartellrechts und die Abschaffung der Lebensmittelzölle.*

Was wollte er? Mit anderen Worten: Ihm ging es um soziale Gerechtigkeit, um Liberalität für alle Staatsbürger und um ein staatliches Handeln, das eine funktionierende Marktwirtschaft sichert.

Diese reformerische Saat legte Georg von Vollmar ironischerweise bei seiner Rede im Saal mit dem Namen ›Eldorado‹. Dabei wollte er doch die Sozialdemokratie gerade aus dem Reich der Wünsche und des Träumens hinausführen. Nach dem Ende der Verfolgung durch den von Bismarck geprägten Staat war die Sozialdemokratie vor dem Erfurter Parteitag vor allem ›wortrevolutionär‹ gewesen. Sie wartete, sie träumte vom großen revolutionären ›Kladderadatsch‹, der kommen würde. Vollmar hielt dagegen: ›Wir sollten das Zukünftige im Auge behalten, aber darüber hinaus nicht das Gegenwärtige, Nächste, Dringende vergessen!‹

Vollmars ›Reformpolitik‹, formuliert für die ›Sozialdemokratie in Bayern‹, ist längst Allgemeingut der ganzen SPD von Flensburg bis Füssen. Vor hundert Jahren wurde Vollmar verbal verprügelt, von August Bebel, von Karl Kautsky und von anderen Genossen, und lange vor dem ›Revisionisten‹ Eduard Bernstein. Heute ist ›Reform‹ keine verwerfliche Taktik des königlich bayerischen Sozialdemokraten ›Girgl‹ von Vollmar mehr, sondern längst Markenzeichen der Reformpartei SPD.

Bei alldem sollten wir einen Hinweis beachten: Wer bei dem Klassiker Georg von Vollmar nachliest, wird erkennen, daß wir die Welt nicht alle paar Jahre neu analysieren, interpretieren und erfinden müssen. Wir in Bayern müssen dafür kämpfen, daß wir unsere Welt verändern können.«

In ihrer Rede zitierte Renate Schmidt den neuen Münchener Oberbürgermeister Christian Ude, der einige Jahre zuvor gesagt hatte, daß den Sozialdemokraten weiterhin der Mißerfolg wie eine reife Frucht in den Schoß fallen würde, weil sie landauf, landab, immer aufs neue gewährleisteten, daß die bayerischen Sozis bei ihren Palavern auch wirklich unter sich blieben.

1991 hatte sich Renate Schmidt auf Peter Grafe berufen, nach dessen Aussage die SPD mehr sein müsse als ein »Betriebsrat der Gesellschaft«. Sie müsse das Amt des »Betriebsleiters« anstreben. Renate Schmidt hatte ergänzt:

»Die BayernSPD muß raus aus ihrem selbstverliebten Sozialbiotopismus. Sie muß ihren liebgewordenen Bavaro-Masochismus aufgeben, der bewirkt, daß sie sich selbst und ihre kritischen Sympathisanten durch Kleinmut und Selbstgenügsamkeit und Selbstbeschränkung noch weiter in den Keller zieht.«

Es war die Zeit nach dem Aufbruch, den Renate Schmidt ihrer Partei verordnet hatte, als sie sagte:

»Es darf für uns keine SPD-freien Biotope in Bayern mehr geben. Denn es gibt, anders als zu Vollmars Zeiten, längst keine ›natürliche‹ Gegnerschaft irgendeiner gesellschaftlichen Gruppe zur BayernSPD. Und auch wir sind offen gegenüber allen: Solange sie nicht Menschen, die Umwelt oder den Staat ausbeuten, sind sie für uns mögliche Verbündete und wünschenswerte Bündnispartner für eine Politik der sozialen, wirtschaftlichen und ökologischen Erneuerung.«

Daß solche Reden nicht nur von Außenstehenden zeitweise höhnisch kommentiert wurden, bleibt nachvollziehbar. Zu lange hatten die Sozialdemokraten in Bayern sich oppositionell eingerichtet. Und so unbequem war das ja nicht. Aber die Überzeugungstäterin Renate Schmidt hatte ihre

»Liebe« zur »Aufgabe Bayern« entdeckt und zog allmählich auch die Zögerlichen mit:
»Die roten Schmidts müssen zu den Hubers und den Meiers und den Müllers gehen und mit ihnen über die Sicht der Hubers und Meiers und Müllers reden und dann auch über die Sicht der Schmidts.«
Die »Botschaft von Rosenheim«, der Aufruf der neugewählten bayerischen Parteivorsitzenden, wurde Anfang der Neunziger zu einem von ihr ständig wiederholten Text:
»Was die Stärke der Sozialdemokratie in Bayern ausmachen muß, ist der offene, öffentliche politische Diskurs als unverklemmte und kompetente Partei. Hieraus kann uns eine neue bayerische Parteiidentität erwachsen, die sich nicht aus der verbissenen Abgrenzung zum politischen Gegner ergibt, sondern aus inneren Bezugspunkten. So könnte ›Politik‹ wieder mehr Spaß machen, und so könnten mehr Menschen wieder mehr Lust auf ›Politik‹ bekommen.«
Bisher jedenfalls hat die große Anstrengung der Renate Schmidt Früchte getragen, bei den Bayern und Franken, innerhalb und außerhalb der Partei. Auch bei ihren Appellen an Genossinnen und Genossen, den »Spaß an und die Lust auf Politik« in sich zu mehren und nach draußen zu tragen, nahm sie Anleihen bei dem großen Landesvorsitzenden Georg von Vollmar. Hatte der doch am 29. März 1894, also vor ziemlich genau einhundert Jahren, an den fernen Historiker Franz Mehring geschrieben:
Die bayerische SPD »ist wohl die eigenartigste im ganzen Reich«. Dies führte er unter anderem auf bestimmte »Charaktereigenschaften der Bajuwaren« zurück. Renate Schmidt ergänzt etwas ironisch, daß eigene ›Feldstudien‹ bei manchen Franken ähnliche Eigenschaften zutage gebracht hätten. Zu den Charaktereigenschaften der SPD-Bajuwaren zählte Vollmar: »Bei ungebrochener Volkskraft« sei durchaus »Starrsinn« vorhanden, »Steifnackigkeit« und

»keine Spur von Unterwürfigkeit«. Dazu käme ein »ausgeprägtes demokratisches Gefühl« und eine ebenso ausgeprägte »Genußfreudigkeit«, aber »keine Spur von Spekulation und Grübelei«. Kurzum, seine Bajuwaren-Diagnose lautete:
»Die Politik wird wesentlich mit dem Gefühl erfaßt, für Theorien fehlt fast der Sinn.«
Wenn Renate Schmidt ausrief: »Genossen und Genossinnen, richten wir uns danach!« folgte sie damit den klugen Einschätzungen ihres Ur-Ur-Ur-Vorgängers im Amte. Sie entsprach aber auch der Erwartungshaltung ihrer bayerischen Partei und dem eigenen, mehr auf die politische Praxis ausgerichteten Temperament. Und sie nahm sich die gesellschaftliche Wirklichkeit zum Kampfgesellen, in einer Zeit, wo Ideologien und Theorien müdes Gähnen provozieren. Ihr bisheriger Erfolg ist nicht zuletzt darauf zurückzuführen, daß sie Politik nacherlebbarer erscheinen läßt und macht.
In ihren Reden verweben sich eigene Erlebnisse mit dem, was Gegenstand der Betrachtung ist. Selbst wenn sie eine Ausstellung eröffnet, versucht sie – jenseits von parteipolitischer Argumentation und manchmal gegen die Intentionen der Veranstalter –, Nachdenklichkeit ohne erhobenen Zeigefinger zu erzeugen.
Hier einige Auszüge aus der Rede, die sie zur Eröffnung der Nürnberger DINO-Ausstellung hielt:

». . . Hier soll eine ›Ur-Zeit‹ – durch High-Tech – zum ›Leben‹ erweckt, soll ein archaischer Zustand imaginiert werden. Und fast höre ich das ›Ur-Ur-Ur . . .‹, das Thomas Mann so eindringlich beschworen hat, um unsere Sehnsucht nach den Generationen vor uns lautmalerisch zu erfassen. Eine Sehnsucht wohl auch nach dem vorzivilen Zustand, nach einer – gedachten – Freiheit von Zwang, eine Sehnsucht, der man

sich dann auch einmal ganz ungestört überlassen darf, je weiter der Fixpunkt unserer Träume zurückliegt. Also, ich denke, das Bedürfnis war da, lange bevor die Kulturindustrie nun dieses Bedürfnis aufgreift, verstärkt, und es für ihre Zwecke nutzbar macht. (...)

Der archaische Gegenstand und die futuristische Präsentation haben einen ganz besonderen Reiz. Und die gelernte Programmiererin und Systemanalytikerin Renate Schmidt hätte in ihrer aktiven Berufszeit mit Begeisterung an einem Programm geschrieben, das diese ›possierlichen Tierchen‹ in Bewegung setzt. (...)

Die Möglichkeiten der heutigen modernsten Technologie sollen uns nun für die Dauer des Besuchs einer Ausstellung das Eintauchen in die Illusion ermöglichen. (...) Aber es gibt da schon unterschiedliche Möglichkeiten, wie das inzwischen ›öffentlich‹ gewordene Thema ›Dinosaurier‹ angefaßt werden kann. Dinos allüberall.

Wenn eine Mutter heute mit ihrem Sechsjährigen ein Paar Schuhe kaufen geht, werden wahrscheinlich gerade die nicht drücken, die mit einem freundlich lächelnden Dino bedruckt sind. Schulhefte, Tornister, T-Shirts und was sonst noch zur kindlichen Gebrauchswelt gehört, werden erst durch einen Dinoaufdruck wirklich aktuell. Das kann natürlich für die betroffenen Familien schon mal problematisch werden.

Und wenn die Kinder täglich dreißig Minuten Trickfilmdinos vom Fernseher konsumieren, trägt das auch nicht gerade dazu bei, der kindlichen Psyche einen festen Standpunkt in der Realität zu verschaffen. Schon lange warnen Soziologen und Psychologen vor der Isolation und der Realitätsflucht Heranwachsender. Und wenn das Sichzurückversetzen in eine erträumte Urzeit zur Grundkonstante des kindlichen Alltags wird, dann sehe ich darin eine wirkliche Gefahr.

Wenn aber Kinder mit ihren Eltern oder Lehrern in diese

Ausstellung kommen, wenn sie erleben, was durch Technik an Illusion möglich wird und wenn dann aber auch über diese Technik gesprochen wird, dann macht das Sinn. Und wenn die Saurier als erdgeschichtliches und biologisches Phänomen zum Gegenstand des Gesprächs werden, dann hat der gleiche Gegenstand, der eben vor dem Fernsehschirm noch der Tranquilizer für knatschende Sechsjährige war, plötzlich eine wichtige Funktion. Er ist Gesprächsgegenstand und nicht nur Vergessenmacher und Konsumartikel. Wenn Wissenschaftler und Techniker mit Kindern ins Gespräch kämen über einen Gegenstand, der beide auf unterschiedliche Art fasziniert, dann, denke ich, hat sich der ungeheure technische Aufwand, das Zusammenwirken so vieler Fachleute aus den unterschiedlichsten Fachgebieten und vielen Nationen doch gelohnt. Und wenn im Angesicht der Größe unserer ›Vormieter‹ auf der Erde vielleicht zwischen Eltern und Kindern einmal ein Gespräch über die Verhältnismäßigkeit von Größe und Kraft, über die Relationen Macht und Stärke beginnt, dann wäre auch gesellschaftspolitisch schon einiges erreicht. (. . .)«

Sie hat und ist Programm

»Wir wollten über Ihre persönlich-programmatischen Ansichten sprechen.«
»Ich mache das mit einem bayerischen Bezug . . .«
»Wobei Sie aber immer betonen, daß die politischen Möglichkeiten auf Länderebene sehr gering seien.«
»Ja, es ist schon so, daß manches ohne Bundespolitik überhaupt nicht geht. Aber wir hätten als Landesregierung schon viele Möglichkeiten, initiativ zu werden. Konkret vor Ort, dadurch, daß wir bestimmte Schwerpunkte anders setzen als bisher. Und dann natürlich über den Bundesrat. Initiativen

über die Länderkammer anzuschubsen wäre eine der Hauptaufgaben der neuen bayerischen Landesregierung.«
»Sie setzen auf einen Sieg von Rudolf Scharping bei der Bundestagswahl. Und im Bundesrat haben die sozialdemokratisch regierten oder mitregierten Länder ohnehin eine Mehrheit. Sind die bundespolitischen und die landespolitischen Intentionen und Programme so identisch, daß . . .«
»Oh, da wird es eine ganze Reihe von Problemen geben, die wir als Länder anders sehen müssen als der Bund. Auch anders als eine von Scharping geführte Bundesregierung. Und die Länder untereinander haben auch nicht immer die gleichen Interessenlagen. Nehmen Sie die unterschiedlichen Gegebenheiten von Küstenländern auf der einen und Bayern und Sachsen als Binnengrenzländer auf der anderen Seite.«
»Es kann also sein, daß Sie mit Biedenkopf eine Initiative befürworten, die Sie mit anderen SPD-Ländern in Streit stellt?«
»Von Fall zu Fall sehe ich das so. Wenn wir mal das Energiepaket betrachten, das wir für Bayern anschieben wollen . . .«
»Ihr ganz spezielles Hobby?«
»Das ist kein Hobby: Das Programm entspringt meiner tiefsten Überzeugung. Und bevor ich auf Einzelheiten eingehe, muß ich noch sagen, daß dies auch ein Beispiel dafür ist, welchen neuen Typus ›Politiker‹ wir brauchen.«

Scheuklappen durch »Klienten«

»Wir brauchen dringend überall Politiker eines neuen Stils. Solche, die offen sind und sich mit den Problemen der Bürger auseinandersetzen und nicht mehr in Schablonen denken. Wer zuerst fragt: ›Von welcher Partei kommst du?‹ und dann die guten Ideen der anderen gleich abqualifiziert, der wird nichts mehr bewegen. Wir brauchen soviel Gemein-

samkeit wie möglich. Unsere Situation erfordert Leute, die sich gegenseitig Ideen und Mut bringen und keine Spezialisten fürs Jammern und für parteipolitische Farbenlehre.«
Auf ihren Wahlveranstaltungen spricht Renate Schmidt immer von »notwendiger Führung und notwendiger Gemeinsamkeit«. Sie plädiert für eine »Führung«, die den eigenen Sachverstand und das eigene Wissen immer wieder mit dem Sachverstand anderer konfrontiert, um ihn zu überprüfen und zu ergänzen. Und sie sieht sich selbst als eine Person, die in der Lage ist, auch ihre eigenen Meinungen dann zu korrigieren, wenn Tatsachen und der Sachverstand anderer sie überzeugen. Nur so ist auch ihre Forderung zu verstehen, daß die Parteien sich aus den Klammern ihrer »Klientel« befreien müssen:
»Ich denke, es geht nicht länger, daß sich einige Politiker im Bundestag, in den Länderparlamenten oder gar in den Kommunen glauben leisten zu können, sie seien die Interessenvertreter von Unternehmen und Unternehmerverbänden. Und damit meine ich die CDU/CSU. Es geht auch nicht länger, daß die FDP glaubt, sie könne nur die Lobby der Zahnärzte und der Versicherungswirtschaft sein. Und die GRÜNEN sind ebenso auf dem Holzweg, wenn sie sich weiterhin ausschließlich als Interessenvertreter von Bürgerinitiativen verstehen.
Und ich sage es ganz deutlich: Auch wir dürfen nicht glauben, daß wir ausschließlich dazu auserwählt sind, die Interessen von Gewerkschaften wahrzunehmen!
Die Politikpraxis hat dazu geführt, daß in diesem Land zunehmend eine reine Klientelpolitik betrieben wird. Wir brauchen aber weder in den Kommunen noch auf Landes- oder Bundesebene Klientelpolitik, sondern eine ›Mutmachpolitik‹, die allen gleichermaßen dient.«

»Bei allen Unterschieden müssen die politischen Parteien dazu fähig sein, sich auf Prioritäten zu einigen. Wir müssen zu gemeinsamen Zieldefinitionen kommen, dann können wir immer noch über die Wege streiten. Es gibt die eine eindeutige Erfordernis für Gemeinsamkeiten an verschiedenen Stellen!

Und jetzt komme bitte keiner, der sagt: ›Die Schmidt will die große Koalition.‹ Die Schmidt will den Regierungswechsel in Bayern und im Bund! Von wegen ›Nachtigall, ick hör' dir trapsen‹ und große Koalition in Bayern! Es kann doch nicht mein erstes Ziel sein, daß wir den Amigos ihr zerwühltes Bett bereiten!

Es gibt drei herausragenden Ziele in dieser Zeit, die gleichwertig nebeneinanderstehen.

Das erste Ziel: Die Arbeitslosigkeit bekämpfen und neue Arbeitsplätze schaffen.

Das zweite Ziel: Das erste zu tun unter Wahrung der sozialen Gerechtigkeit, und sie dort, wo sie in den letzten Jahren abhanden gekommen ist, wiederherzustellen.

Und das dritte Ziel heißt: Das erste und das zweite zu tun, ohne unsere natürlichen Ressourcen weiter zu mindern, uns bei allem bewußtzusein, daß die Schonung der Umwelt ersten Rang haben muß, weil wir nämlich dazu bestimmt sind, unsere Schöpfung zu bewahren.«

Bevor sie in ihren Wahlreden die Sachfragen abarbeitet, kommt noch eine Passage, die Stimmung macht, Applaus einfordert. Angelehnt an ihre Zieldefinition klingt das zum Beispiel so:

»Ich plädiere nicht dafür, jeden Konflikt mit der Vanillesoße des Kompromisses zu übergießen. Aber wir müssen in schwierigen Zeiten versuchen, die Gesellschaft zusammenzuführen und nicht weiter zu spalten. Und schon aus diesem

Grunde halte ich die Wortwahl vom ›kollektiven Freizeitpark‹ für schlimm ...
Ich möchte jetzt gern darüber reden, wie es mit diesen drei Zielen bestellt ist, was wir tun müssen und können, um ihnen näherzukommen, und was wir anders machen werden als diejenigen, die heute regieren.«

Millionäre und Arbeitslose

»Lassen Sie mich mit einer guten Nachricht beginnen: In Bayern hat sich die Zahl der Millionäre um zweiundzwanzig Prozent gesteigert ...
Zwanzigtausendvierhundertundachtzig Menschen in Bayern verfügen über ein Vermögen von mehr als einer Million Mark. Wenn das keine gute Nachricht ist ...
Jetzt folgt leider Gottes die schlechte Nachricht: Die Zahl der Arbeitslosen in Bayern hat sich im Januar und im Februar 1994 um zwanzig Prozent erhöht. Mehr als vierhunderttausend Menschen sind in Bayern arbeitslos. Allein in der Stadt Schweinfurt sind im Januar 22 730 Menschen ohne Arbeit gewesen.
Das ist eine unvorstellbare Zahl. Aber gleich wieder eine gute Nachricht: Die Konjunktur hat sich leicht erholt. Es gibt Tendenzen, die dafür sprechen. Und ich freue mich darüber, daß die Rezession in Deutschland allmählich überwunden wird.
Aber auch dieser guten Nachricht folgt eine schlechte: Die Arbeitslosigkeit steigt dennoch weiter; und bei der Eröffnung der Handwerksmesse hat dieser Herr Bundeswirtschaftsminister, dessen Namen ich lieber noch einmal nenne, also, Günter Rexrodt heißt der Herr – er hat gesagt, daß in diesem Jahr die Arbeitslosigkeit noch einmal um mindestens 450 000 steigen würde. Und es sei eine Tendenz

da – das sagte der Herr auch bei anderen Gelegenheiten –, daß wir uns auch bei einer sich erholenden Konjunktur mit einem hohen Sockel von Arbeitslosigkeit abzufinden hätten.
Und nun sage ich: Wir, die Sozialdemokraten und Sozialdemokratinnen, werden uns mit einem hohen Sockel von Arbeitslosigkeit niemals abfinden! Das ist für uns nicht irgendeine abstrakte oder statistische oder volkswirtschaftliche Größe, sondern das sind in Bayern vierhunderttausend lebendige Menschen und auf Bundesebene inzwischen sechseinhalb Millionen, nein, nicht statistische, sondern lebendige Menschen. Menschen ohne Arbeitsplatz, Menschen mit Familien, Menschen mit Kindern. Und das darf und das kann und das wird uns nicht ruhen lassen!«

Lasten und Steuern

»Für uns besteht die Aufgabe eines Sozialstaates darin, alles in seinen Kräften Stehende zu tun, um dem Ideal der Vollbeschäftigung so nahe wie möglich zu kommen!«
Renate Schmidt macht an späterer Stelle deutlich, daß ihr »Ideal der Vollbeschäftigung« nicht mehr mit jenem Begriff übereinstimmt, der in den sechziger Jahren gültig war. Damals sah sich die Republik gezwungen, ausländische Arbeitnehmer als »Gastarbeiter« anzuheuern, weil die Vollbeschäftigung im Begriff war, sich zur Überbeschäftigung zu entwickeln.
Sie geht zunächst auf die Verteilung der Lasten beim weiteren Vollzug der deutschen Einheit ein:
»Ich sehe absolut nicht ein, warum die in Richtung Osten erforderlichen Transferleistungen für die Renten- und Arbeitslosenversicherung nur von den westdeutschen Arbeitern und Angestellten und ihren Arbeitgebern geleistet wer-

den müssen. Die Arbeitgeber und die Arbeitnehmer des Westens zahlen fünfzig Millionen Mark jährlich, um mit ihren Beiträgen die leeren Kassen des Ostens zu füllen.
Aber dies muß doch eine Aufgabe der gesamten Gesellschaft sein! Das kann doch nicht über Beiträge, das muß aus Steuern finanziert werden! Über meine Steuern, über die Steuern von Freiberuflern und Selbständigen und auch über die Steuern von Beamten!
Dies ist nicht nur eine Frage der Gerechtigkeit bei der Lastenverteilung in der Realisation der deutschen Einheit. Wenn wir diese Kosten gleichmäßig verteilen, dann könnten sogar die Lohnnebenkosten sinken, und wir hätten – zusätzlich – ein Stück mehr Gerechtigkeit!
Für diese Gerechtigkeit müssen wir kämpfen. Dennoch – wir dürfen uns keine Illusionen machen. Wir werden trotzdem noch hohe Löhne haben, und die Lohnnebenkosten werden trotzdem noch höher bleiben als anderswo. Selbst dann, wenn wir an manchen Stellen einen vernünftigen Umbau vornehmen.
Nun kommen aber Leute von sogenannten Studienreisen aus Südostasien zurück, die uns erzählen, wie fein das sei, dort zu produzieren. Letztlich war es ein Vorstandsvorsitzender eines großen Betriebes, auch hier aus Bayern, der verkündet hat, es sei doch erstaunlich, da gäbe es doch in Malaysia tatsächlich Menschen, die würden für zwei Mark fünfzig in der Stunde, zwölf Stunden am Tag, sieben Tage in der Woche, nahezu das ganze Jahr arbeiten. Was wollen uns solche Leute eigentlich sagen?
Ein Konzept für uns kann das sicher nicht sein. Und die Behauptung, daß mit dem Aufschwung in diesen Ländern unsere Exportchancen wieder steigen, greift auch nicht, wenn auch aus anderen Gründen.
Es ist richtig, daß wir fünfunddreißig Prozent dessen, was wir in diesem Land produzieren, anschließend exportieren.

Aber es ist und bleibt auch Tatsache, daß wir fünfundsechzig Prozent dessen, was wir hier an Gütern und Dienstleistungen produzieren, selber, das heißt im eigenen Land verbrauchen. Wir müssen also dafür sorgen, daß von den hier gezahlten Löhnen und Gehältern auch die hiesigen Mieten bezahlt werden können, die Kinder ernährt und die Güter und Dienstleistungen gekauft werden können, die wir produzieren! Arbeitslosigkeit läßt sich also nicht mit Niedriglöhnen bekämpfen.

Das zweite, was uns angedient wurde, zuerst vom Herrn Bundeskanzler, ist in der Zwischenzeit da, wo es hingehört, nämlich in der Witzecke! Über lange Zeiten des letzten Jahres wollte man uns doch wirklich weismachen, man könne Arbeitslosigkeit mit Arbeitszeitverlängerung bekämpfen! Mir hat nie jemand erklären können, wieso eine immer kleiner werdende Zahl arbeitender Menschen, die dann immer länger arbeiten sollten, bei immer höheren Abzügen, diejenigen über die Runden bringen können, die überhaupt nicht mehr arbeiten dürfen. Und dann noch das wundersame Argument, damit wurden neue Arbeitsplätze geschaffen? Damit würden nur weitere Arbeitsplätze vernichtet.

Das Gebot der Stunde heißt: Arbeitszeitverkürzung! Und das selbstverständlich nicht überall mit vollem Lohnausgleich.

Die dritte Diskussion, die in diesem Zusammenhang geführt wird, ist die über die Steuerbelastung der Unternehmen und der Unternehmer. Ich bin schon der Meinung, daß das eine oder andere anders gemacht werden kann. Und ich halte es für richtig und absolut vernünftig, Unternehmer, die ihre Gewinne hier im Land wieder in ihren Betrieben investieren, steuerlich zu entlasten.

Aber ich halte es grundsätzlich für falsch, diejenigen, die ihre Gewinne aus den Unternehmen herausnehmen und

irgendwo in Luxemburg oder sonstwo anlegen, auch noch mit einer Senkung des Spitzensteuersatzes bei der Einkommensteuer zu belohnen!
In der Unternehmensbesteuerung könnte man einiges anders und vernünftiger machen. Wir sind auf vielen Ebenen in Gesprächen und haben bereits konkrete Vorschläge gemacht.
Um die Diskussion aber auch in den richtigen Rahmen zu stellen, will ich eine Information weitergeben, die das Handelsblatt brachte, eine Zeitung, die sozialdemokratischer Umtriebe nicht verdächtig ist. Am 31. Dezember 1993 wurde dort eine Statistik veröffentlicht, die einen Vergleich der Steuerbelastung von Unternehmen in den europäischen und außereuropäischen Industriestaaten zum Inhalt hatte. Die Zeitung kam zu dem Ergebnis, daß die Steuerbelastung der deutschen Unternehmen sich absolut im Mittelfeld bewegt.«

Ohne Patentrezepte

»Aber es sind ja nicht nur die steuerpolitischen Aspekte, an denen wir derzeit kranken. Und es sind auch weiß Gott nicht immer die Politiker, die den Bockmist machen. Es fehlen hier und da wohl auch innovationsbereite Unternehmer. Und kreative Gewerkschafter können manchmal auch was bewegen. Sich zusammentun, kann Mut machen. Und Hemmschwellen sind dazu da, daß man sie überwindet. Es gibt keine Patentrezepte aus Großmütterchens oder Großpapas Zeiten. Aber mutige Leute, die gibt es schon.
Dazu gibt es gute Beispiele! Und so wie diese Beispiele es zeigen, stelle ich mir das in solchen Zeiten vor! Eines davon ist ganz hier in der Nähe, in Ingolstadt.«
Renate Schmidt beschreibt das Zusammenwirken von Vor-

stand und Betriebsrat bei Audi, von leitenden Angestellten und Gewerkschaften, die Kompromißbereitschaft aller Seiten, und wie es dadurch gelungen ist, dreitausendvierhundert Arbeitsplätze zu sichern. »Und das an dem angeblich so schlechten Wirtschaftsstandort Deutschland und Bayern!« ruft sie aus. »So stelle ich mir engagierte Arbeitgeber und Arbeitnehmer in diesen Zeiten vor!«

Dieses Zusammenwirken müsse überall möglich sein. An dieser Stelle bringt sie dann den Hinweis an, daß es Zeit sei für einen Wechsel.

»Und zwar nicht nur wegen der Amigos. Sondern weil denen, die heute regieren, nichts anderes einfällt, als mit Milliardenbeträgen die Arbeitslosigkeit zu finanzieren, anstatt Milliardenbeträge dafür einzusetzen, Arbeit zu finanzieren. Das ist aber das Gebot der Stunde.

In aller Deutlichkeit: Auch eine SPD-geführte bayerische Staatsregierung oder eine SPD-geführte Bundesregierung hätten es nicht im Kreuz, die Arbeitslosigkeit von sechseinhalb Millionen Menschen mit einem Schlag zu beseitigen. Wir haben kein Patentrezept und schon gar keinen Zaubertrick. Aber was man tun kann, ist, den Weg in eine annähernde Vollbeschäftigung zu beschleunigen, ist Hoffnung dadurch zu stärken, daß man bestimmte Weichen anders stellt.«

Arbeitsmarkt

»Was wir als erstes brauchen, ist die Einsicht, daß die notwendige Prozeßsteuerung längere Zeit dauert. Deshalb plädiere ich für einen Zeitraum von fünf bis zehn Jahren, in denen wir einen öffentlichen Arbeitsmarkt fördern. Neue Arbeitsplätze entstehen nicht über Nacht. Deshalb müssen wir eine mittelfristige Durststrecke finanzieren, öffentlich finanzieren, und mehr als bisher.«

Es folgt ein ausführliches Beispiel aus der bayerischen Praxis. Aller Voraussicht nach werden in Bayern auch in den saisonal besseren Monaten etwa 370 000 Menschen arbeitslos sein. In den saisonal schlechteren Anfangsmonaten des Jahres 1994 waren es über 435 000. Dem stehen für ganz Bayern im Jahre 1994 ganze 3946 ABM-Stellen gegenüber. In diesem Zusammenhang sieht Renate Schmidt einen Nachholbedarf der alten Bundesländer.

»Die Relation von Arbeitslosigkeit und Arbeitsbeschaffungsmaßnahmen in Bayern kann ja wohl nicht als vernünftig angesehen werden. Deshalb plädiere ich dafür, die in den östlichen Ländern wirksamen Möglichkeiten des Arbeitsförderungsgesetzes auch auf die westlichen Länder der Bundesrepublik zu übertragen. Ich schaffe damit auch in Bayern die Grundlagen für ein Landesarbeitsmarktprogramm. Wir müssen in den einzelnen Regionen mit regional einsetzbaren Mitteln Arbeitsplätze schaffen können.«

Zwischen drei- und vierhundert Millionen sollten nach Meinung von Renate Schmidt dafür zur Verfügung stehen. Auf die Frage, woher das Geld kommen solle, gibt sie die Antwort:

»Man müsse sich von dem einen oder anderen Großprojekt verabschieden und bei anderen Projekten statt der »wuchtigen« Version eine »ökologische« Variante wählen.

»Ich denke zum Beispiel an den geplanten Donauausbau. So, wie er jetzt von der Bayerischen Staatsregierung und der Bundesregierung vorgesehen ist, verschlingt er weit mehr als die von mir genannten Kosten für Arbeitsbeschaffungsmaßnahmen in Bayern. Wir sind dafür, die Donau auszubauen. Aber nach einem billigeren und bereits entwickelten ökologischeren Verfahren. Das macht Schiffahrt trotzdem möglich. Und wir hätten das Geld, um den öffentlich geförderten Arbeitsmarkt finanzieren zu können.«

Das zweite, was sie in Sachen Arbeitsplätze umtreibt, ist,

wie sie es nennt, die »Wiederherstellung von Wettbewerbsgleichheit unter Arbeitnehmerinnen und Arbeitnehmern«. Sie kann sich des Beifalls sicher sein:

»Wir dürfen nicht zulassen, daß hier bei uns in der Bundesrepublik Deutschland Arbeitnehmer aus Osteuropa mit Stundenlöhnen von fünf Mark und weniger beschäftigt werden. Es ist ungeheuerlich, daß es Unternehmer gibt, die das zulassen und dabei noch die Dreistigkeit besitzen, sich an der Zahlung von Sozialabgaben vorbeizumogeln. Mit diesen Methoden werden deutsche Arbeitnehmer und ausländische Kolleginnen und Kollegen, die seit Jahrzehnten hier bei uns arbeiten, von ihren Arbeitsplätzen verdrängt.

Wenn es in einer bestimmten Branche Fachkräftemangel gibt, zum Beispiel bei Restauratoren, dann ist trotz Massenarbeitslosigkeit nichts gegen die Beschäftigung speziell dafür angeworbener Arbeitskräfte einzuwenden. Aber dann doch bitte zu denselben Bedingungen, zu denselben Löhnen, bei gleichartigen Abgaben! Gegen die andere Art von Beschäftigung, gegen den Verdrängungswettbewerb auch unter Arbeitnehmerinnen und Arbeitnehmern müssen wir uns zur Wehr setzen, weil Lohndumping für uns alle schädlich ist.«

Beim dritten Punkt ihres Ausflugs in die Beschäftigungs- und Wirtschaftspolitik kommt sie zu einem ihrer Lieblingsthemen. Sie spricht über die Notwendigkeit, Arbeit anders zu verteilen, über die nach ihrer Ansicht vorbildlichen Konzepte von VW und Audi. Und was sagt Herr Jagoda, bekanntlich kein Sozialdemokrat, aber Präsident der Bundesanstalt für Arbeit?

»Wenn wir denselben Anteil an Teilzeitbeschäftigung hätten wie die Niederlande, dann gäbe es bei uns zwei Millionen Arbeitslose weniger.« Und er sagt, daß es bei uns sicher mehr als zwei Millionen Menschen gäbe, die an Teilzeitarbeit interssiert wären.

Ja, warum tun wir das nicht endlich? Warum schaffen wir in Teilbereichen unserer Wirtschaft nicht mehr solcher Arbeitsplätze? Das würde sehr viele Menschen in Arbeit bringen und auch den Unternehmen in Teilen zu einer höheren Flexibilität verhelfen.
Nur muß man eines ganz klar sehen: Mit dieser Umverteilung von Arbeit, mit einem öffentlich stärker geförderten Arbeitsmarkt und auch mit der Wettbewerbsgleichheit von Arbeitnehmern und mit mehr Menschen, die in Arbeit wären, hat man noch keinen einzigen neuen Arbeitsplatz geschaffen!
Deshalb kann es nicht darum gehen, nur umzuschichten. Aber wenn wir nur das wollten, würden wir vielleicht nicht sehr viel mehr tun, als bisher getan wird – wir würden nur den Mangel besser verwalten.«

Forschung und Entwicklung

»Wir müssen neue Dinge produzieren, Produkte, die bisher noch nicht oder nicht in größerem Rahmen produziert wurden. Das schafft neue Arbeitsplätze.
Und was heißt das genau?
Wir müssen in unserem Land mehr in Forschung und Entwicklung investieren! Gerade zum jetzigen Zeitpunkt dürfen wir doch nicht ausgerechnet die Forschungs- und Entwicklungshaushalte zusammenstreichen!
Wir müssen erkennen, daß wir noch mehr Qualifizierung brauchen, auch in den Betrieben!
Und dann müssen wir analysieren, wo unsere tatsächlichen Chancen liegen.
Ich werde an zwei Beispielen klarmachen, was ich will.«

»Die Firmen Siemens und DASA haben hier in Bayern technologisch höchst anspruchsvolle Solarzellen entwickelt. Anschließend haben sie mit öffentlicher Förderung auf Landesebene ein vergleichsweise sparsames ›Tausend-Dächer-Programm‹ durchgeführt. Die Nachfrage war so groß, daß ein weiteres Landesförderprogramm gar nicht ernstgenommen werden konnte, weil man nicht bereit war, die erforderlichen höheren Mittel zur Verfügung zu stellen. Und so sind die beiden Programme Ende 1993 ersatzlos ausgelaufen!
Das ist ein Skandal. Denn was war die Folge?
Japanische Firmen kamen daher, kupferten das ›Tausend-Dächer-Programm‹ ganz einfach ab, machten daraus ein Siebzig-Tausend-Dächer-Programm und haben daraufhin in Saudi-Arabien ein Auftragsvolumen im Gegenwert von 6,5 Milliarden Mark abgeschlossen. Und sie haben die klare Perspektive, die Nutzung der Sonnenenergie in diesem Land zu entwickeln.
Diese Möglichkeit hätten wir auch gehabt!
Ich will, daß wir endlich die Zukunftschancen sehen, die in den sogenannten ›Regenerativen Energien‹ liegen!
Das sage ich auch meinen Kollegen im Saarland und in Nordrhein-Westfalen: Ich habe es satt, mit Milliardenbeträgen immer weiter die rückwärtsgewandte Kohle zu fördern! Und ich habe es auch satt, mit Milliardenbeträgen für Betrieb und Entsorgung die ebenfalls antiquierte und rückwärtsgewandte und viel zu teure Kernenergie zu fördern!
Dabei behaupte ich nicht, daß wir mit einem großen Schlag oder in zwei oder fünf Jahren alles umstellen könnten. Aber ich will, daß wir endlich gemeinsam mit dem Energiesparen anfangen, mit den regenerativen Energien! Ich will auch, daß wir die Chancen der sogenannten ›nachwachsenden Energien‹ endlich frei von lobbyistischen Scheuklappen un-

tersuchen, um unseren Bauern eine neue Perspektive zu eröffnen.
Daraus werden neue Arbeitsplätze entstehen. Ich habe die große Sorge, daß wir diese Möglichkeiten unserer Zukunft schlicht und einfach verschlafen.
Die Vereinigten Staaten beabsichtigen, in den nächsten Jahren den Sonnenenergieanteil jeweils zu verdoppeln. Die Japaner planen in der gleichen Konsequenz vorzugehen. Und unsere Regierungs- und Energieforschungsstrategen glauben sich auf der Festschreibung von einem Prozent Sonnenenergie ausruhen zu dürfen?
Das ist nicht in Ordnung!
Ich will, daß wir die innovativen Unternehmen und die innovativen Techniken des Energiebereichs endlich so fördern, daß Zukunft machbar wird! Zukunft heißt neue Arbeitsplätze und ökologisches Denken!«

Beispiel: Telekommunikation

»Mein zweites Beispiel betrifft die Telekommunikationsindustrie. Auch in diesem Zukunftsbereich habe ich viele Betriebsbesuche gemacht. Und in den unterschiedlichsten Unternehmen hat man gesagt: ›Frau Schmidt, wir sind nicht mehr konkurrenzfähig!‹ Natürlich habe ich nach dem ›Warum‹ gefragt.
Es wurde mir gesagt und gezeigt, warum es amerikanische, japanische, französische oder italienische Unternehmen so sehr viel leichter hätten. Ja – in dieser Branche ist der Kostenanteil für Forschung und Entwicklung sehr hoch. Und was passiert in diesen anderen Ländern? Die Unternehmen erhalten dort zwischen sechzig und siebzig Prozent ihrer Entwicklungskosten vom Staat. In der Bundesrepublik sind es gerade mal zehn Prozent!

Bei meinem letzten Besuch in Brüssel habe ich den Kommissar Bangemann gefragt, was denn die Europäische Union dazu beitragen könnte, um hier endlich für Wettbewerbsgleichheit zu sorgen. Sinngemäß sagte der Herr Bangemann: ›Tja – die halten sich halt nicht an die Regeln der Marktwirtschaft.‹ Dazu fällt mir überhaupt nichts mehr ein, außer daß man mit solcher Weisheit kein Problem bewältigen kann.
Ich will, daß wir es alle sehen: Wenn andere Länder versuchen, ihrer Industrie Wettbewerbsvorteile solcher Art zu verschaffen und wenn wir es nicht im Kreuz haben, sie davon abzuhalten, dann müssen wir unserer Industrie dieselben Bedingungen geben! Dann ist die nämlich sehr wohl konkurrenzfähig, und dann bleiben Arbeitsplätze auch bei uns!«

Wettbewerbskriterien

»Wir sind hier in Deutschland aufgrund unseres hohen Exportanteils davon abhängig, daß wir einen freien Welthandel haben. Aber ich füge wie Bill Clinton und Jacques Delors hinzu: Wir brauchen einen freien und – fairen Welthandel!
Ein paar Kriterien dürfen wir schon setzen:
Fairer Welthandel heißt, daß die Wechselkurse nicht zu Lasten der Exportindustrie verzerrt sein dürfen.
Fairer Welthandel heißt aber auch, daß wir es nicht zulassen dürfen, Produkte in unser Land hereinzulassen, die mit sozialem und ökologischem Dumping hergestellt wurden. Auch wenn es beim GATT in Marakesch wieder einmal schamhaft umgangen wurde: Produkte, die mit Kinder- und Sklavenarbeit hergestellt werden, dürfen unseren Markt nicht überschwemmen!

Das ist nicht nur ein Denken, das unserem gewachsenen und erkämpften Verständnis von Menschenwürde entspringt. Das ist auch ökonomisches Denken. Diese Produkte machen unsere Industrie kaputt und füllen am Produktionsstandort nur die Taschen von ein paar wenigen Bonzen! Außer denen hilft es also niemandem, wenn wir keine Kriterien setzen.
Das gleiche gilt für die Ökologie.
Wem hilft es denn, wenn wir in unserem Land in unbegrenzten Mengen Textilien kaufen können, die uns Allergien bescheren und deren Herstellung die Gewässer in den Produktionsländern zu Kloaken verkommen läßt? Nur ein paar weiteren Bonzen!
Ich will, daß wir Kriterien setzen! Aber zum Nutzen vieler Menschen auf beiden Seiten.«

Ökologische Umgestaltung

»Für dieses Thema werde ich keinen großen Beifall bekommen, aber ich sag's trotzdem. Wir werden bei unserem Projekt einer ›Ökologischen Umgestaltung‹ unseres Industriestaates bleiben. Es ist dringend notwendig, daß wir den Verbrauch an natürlichen Ressourcen einschränken und daß wir bei allem Tun unsere Umwelt weniger belasten. Was tut man, um den Verbrauch zu drosseln? Wir werden den Verbrauch von Gütern, die unsere natürlichen Ressourcen zu erschöpfen drohen, teurer machen. Und zum Ausgleich werden wir die Arbeit entlasten.
Ich will das nicht nur verklausuliert sagen, sondern eine Sache ganz konkret ansprechen, die uns alle miteinander betrifft, die unser Denken auch besonders deutlich macht. – Auch ich bin jetzt mit dem Auto hier. Mit dem Gegenstand, der uns allen lieb und teuer ist. Und ich sage ganz deutlich,

daß auch unter einer SPD-geführten Bundesregierung die Energie, das heißt auch Mineralöl, in einem Zeitraum von zehn Jahren und in Absprache mit der Industrie und den Gewerkschaften, schrittweise teurer werden muß. Nicht so ein Blödsinn mit fünf Mark pro Liter und sofort! Aber es wird teurer werden.

Aber im Gegensatz zur jetzigen Bundesregierung werden wir mit diesem Geld keine Haushaltslöcher stopfen. Wir werden es den Menschen an anderen Stellen zurückgeben.

Aber dies wird nicht so geschehen, wie bei diesem unerträglichen letzten Beispiel, wo bei den Mineralölsteuererhöhungen den Berufspendlern das Geld aus den Taschen gezogen worden ist, das anschließend den Vorstandsvorsitzenden auf dem Silbertablett als Senkung des Spitzensteuersatzes serviert wurde. Das ist nicht unser Weg!«

Umlenken mit Mineralölsteuern

»Wir wollen die Einnahmen aus der Mineralölsteuererhöhung den Menschen auf dreierlei Weise zurückgeben:

Erstens, und das hat mit Kommunalpolitik zu tun, wollen wir den Gemeinden einen verläßlichen Anteil zur Verfügung stellen – aber mit Zweckbindung. Damit können sie den in ihre Zuständigkeit gegebenen Schienennahverkehr und den öffentlichen Personennahverkehr in der zweckmäßigsten Form abwickeln. Wir korrigieren damit einen großen Fehler der jetzigen Regierung. Man kann den Gemeinden nicht dauernd zusätzliche Aufgaben übertragen, ohne ihnen die Mittel dafür in die Hände zu geben.

Zweitens. Die Gebietskörperschaften werden trotzdem nicht in der Lage sein, auf einen Schlag ein neues und gutes öffentliches Nahverkehrssystem auf die Räder zu stellen.

Das braucht Zeit. Und deshalb wollen wir einen Teil der Mineralölsteuern über Entfernungs- und Fernpendlerpauschalen an die Menschen zurückgeben, die doch noch auf das Auto angewiesen sind. Aber gleichzeitig werden wir ausreichende Anreize bieten, damit das Auto nicht benutzt wird.
Drittens. Den größten Teil der Mehreinnahmen aus erhöhtem Mineralölsteueraufkommen werden wir dazu benutzen, eine Erhöhung des Steuerfreibetrages zu finanzieren. Damit werden wir die Arbeit entlasten. Den Verbrauch von Umwelt werden wir stärker belasten. Das ist nicht überall angenehm und nicht für alle bequem. Das erfordert ein Umdenken. Aber wir sind es unseren Kindern und Enkelkindern schuldig, daß wir uns endlich auf den Weg einer tatsächlichen ökologischen Modernisierung machen.«

Was geschwollen wirkt, ist oberfaul

»... Da nennt sich etwas ›Duales System Deutschland‹, kurz DSD. Und ich sage Ihnen, ich habe in meiner jetzt zweiunddreißigjährigen Berufserfahrung eines gelernt: Immer dann, wenn Dinge so höchst geschwollen daherkommen und klingen, wie ›Föderales Konsolidierungskonzept‹, kurz FKK ... oder ›Duales System Deutschland‹, dann ist irgend etwas oberfaul damit!
Dieses ›Duale System Deutschland‹ ist das Brett vor dem Kopf von Umwelt- und Wirtschaftspolitikern, die wieder ›mal nicht genug Mumm in den Knochen hatten, Mehrwegverpackungen, wo es immer möglich ist, vorzuschreiben und Einwegverpackungen, wo immer es möglich ist, zu verbieten! Statt dessen wurden wir zu Müllhilfsfacharbeitern ausgebildet! Jetzt stehn wir da mit den Packungen, mit diesen Becherchen und diesen Folien und den Pappkartons – oder

was es auch immer mit dem grünen Punkt gibt, und müssen das in die verschiedensten Säcke und Tonnen schmeißen. Und gleichzeitig erleben wir jetzt mit staunenden Augen vor dem Fernseher, wo unser Müll überall auftaucht. Wenn zum Beispiel der Umweltreferent meiner Heimatstadt Nürnberg nicht aufgepaßt hätte, wären die gelben Säcke aus Nürnberg nach Indien verschifft worden!
Und das nennen wir bei uns Müllvermeidung und Müllrecycling! Da sage ich, wir haben doch nicht mehr alle Tassen im Schrank! Das darf nicht so weitergehen!
Damit alle es richtig verstehen: Das ist kein Vorwurf an die Gemeinden, die dies eingeführt haben. Es ist wurscht, wer da in den Gemeinden regiert, die konnten nicht anders, als leider Gottes das nachzumachen, was ihnen der Bundesgesetzgeber und der Landesgesetzgeber an Unsinn vorgemacht hat.
Und an dem Punkt ist nämlich gar keine Politikverdrossenheit, sondern in diesem speziellen Falle eine Grüne-Punkt-Verdrossenheit! Den druckte man auf alle möglichen Verpackungen und hob den Preis um einen, um zwei, um fünf Pfennige, manchmal waren's auch zehn. Und die Begründung? Dieser Betrag müsse an diese Entsorgungsgesellschaft DSD abgeführt werden.
Dann dachten sich manche Firmen, es sei doch viel besser, dieses Geld in die eigene Tasche zu stecken. Und so fehlten plötzlich achthundertsechzig Millionen Mark, eine knappe Milliarde, die den Verbrauchern vorher aus den Taschen gezogen worden war! Ich frage mich, wie Sie das nennen. Ich nenne so etwas schlicht und einfach Betrug! Und ich frage, wo ist eigentlich in diesem Fall der Staatsanwalt? Nirgends.
Und ich frage weiter, wieso kriegt diese Betriebsgesellschaft dann auch noch zinslose Darlehen? Die Firma hat überall Schulden und muß diese nicht zurückzahlen, und als nachgefragt wird, wer das Geld nicht weitergegeben hat, darf sie

auch noch tönen: – ›Ach, wir wollen doch keine Firmen an den Pranger stellen!‹«

Konkreter in die Einzelheiten

»Renate Schmidt, einmal weg vom Wahlkampftext . . .«
»Den habe ich nur auf kleinen Merkzetteln dabei, der Rest ist bei mir verinnerlicht, den kann ich einfach abrufen.«
»Aber vielleicht geht es mal etwas konkreter als in den Wahlreden, wo Sie häufig unter Zeitdruck stehen. Was meinen Sie konkret mit dem Energieprogramm?«
»Ich werde auf Landesebene die Solarenergie und deren Einsatz mit allen Mitteln fördern. Dazu werden wir eine Initiative im Bundesrat einbringen, um das Energiewirtschaftsgesetz zu ändern. Wir müssen und werden die bayerischen Kommunen bei ihren Initiativen unterstützen, Solarstrom ins Stromnetz einzuspeisen. Wir werden nach entsprechenden Änderungen Genehmigungen dafür erteilen, was die jetzige Staatsregierung nicht tut. Dies ist ein sehr innovatives Programm, das ich noch erweitern will.
Ich werde gemeinsam mit der Industrie und den anderen Beteiligten ein Energiesparprogramm auf Landesebene auflegen. So etwas macht nur gemeinsam und in einem geographischen Rahmen Sinn, der überschaubar und leichter erfaßbar ist. Die Daten werden uns helfen zu prüfen, wo andere regenerative Energiequellen auf- oder auszubauen sind. Und wir werden mit der Landwirtschaft das Programm für nachwachsende Rohstoffe intensivieren. Es gibt Anfänge. Aber das muß intensiviert werden.«
»Das geht gegen feste Strukturen und gegen die Lobby der Energiewirtschaft, deren Stärke sich nach der Vereinigung doch auch im Osten wieder zeigte.«
»Zum einen gibt es auch in der Energiewirtschaft Leute, die

zum Umdenken bereit sind. Und zum anderen werden ab dem 25. September die Uhren in Bayern wieder richtiggehen. Erstens wird die Zeit umgestellt, und sonst wird auch einiges umgestellt werden ...«

»Das ist Wahlredentext.«

»Und der ist ernst und wahrhaftig.«

»Ganz ernstgenommen: Sie sprechen immer von einer breitangelegten Initiative mit sogenanntem ›Risikokapital‹. Was ist das?«

»In den Vereinigten Staaten und in Ansätzen auch bei uns in Baden-Württemberg gibt es Modelle dafür. Und es gibt Leute, die würden in Bayern ähnliches machen wollen. Und wir wollen ihnen die Möglichkeiten dafür bieten. Es soll eine breit angelegte Initiative zur Schaffung und Schöpfung von Risikokapital geben. Kapital, das denen helfen soll, die kein Vermögen und keine Sicherheiten haben, dafür aber Ideen und das Know-how für die Schaffung von Arbeitsplätzen.

Das Kapital soll auch einer weiteren Gruppe zugute kommen. Ich denke an Großbetriebe, die Betriebsteile stillegen wollen. Dort gibt es häufig Mitarbeiter, die diesen Betriebszweig in anderem oder kleinerem Rahmen fortführen könnten, wenn sie das nötige Kapital hätten. Das aus dem Osten kommenden neudeutsche Wort ›Ausgründungen‹ steht für solche Vorhaben, wo Ideen und Produktionsvorhaben nach entsprechender Prüfung durch dieses sogenannte Risikokapital verwirklicht werden sollen. Häufig scheitern solche Betriebe aber auch an mangelndem Wissen über ganz simple Unternehmensverwaltung oder Marketing. Auch das können wir in den neuen Ländern leider sehr genau studieren.

Also: Risikokapital plus Marketing- und Verwaltungsunterstützung für einen bestimmten überschaubaren Zeitraum. Das schafft mehr Selbständige, und das schafft mehr neue Arbeitsplätze, die sonst niemals entstünden.«

»In der Zeit der Berufsverbote entstanden bei uns schon die sogenannten ›Netzwerke‹. Mit denen hat sich auch eine alternative Bank etabliert, die ›Ökobank‹. Übernehmen Sie die Netzwerkkonzeption?«

»Nein. Wir müssen auch in großen oder zumindest größeren Einheiten denken, als die Netzwerker es naturgemäß tun können.

Ich denke zum Beispiel an eine mögliche ›Ausgründung‹ aus der DASA, das ist das Werk Neuaubing, da sind heute eintausendachthundert Arbeitsplätze. Die neuen Konzeptionen der Ingenieure und des Betriebsrates sehen immerhin noch zwölfhundert Arbeitsplätze vor, das hat schon sehr viel Gewicht und dementsprechenden Kapitalbedarf.

Natürlich geht es auch im kleineren Rahmen. Ich sage immer ›mein Erfinder‹. Also mein Erfinder ist auch ein klassisches Beispiel für die Möglichkeiten, Risikokapital vernünftig einzusetzen, um neue Arbeitsplätze hier bei uns zu schaffen. Mein Erfinder hat sein Patent nach Japan verkaufen müssen, weil er niemanden fand, der bei ihm mitmachte. Da kann man ja mal Motivforschung betreiben, warum das so ist. Jedenfalls, der Mann kommt aus Mittelfranken und hat einen Motor entwickelt, der mit einer neuen Art von Pleuelstange ausgerüstet ist. Diesen Motor kann man mit allem betreiben, mit Diesel oder mit Rapsöl, beispielsweise. Vor allem aber: Dieser Motor verbraucht nur zwei oder drei Liter Betriebsstoff.«

»Alle Hersteller entwickeln solche Motoren. Vielleicht liegen ja auch schon serienfähige Modelle vor . . .«

»Gerade wenn das so wäre, müßte einer solchen Neuentwicklung eine Chance gegeben werden, weil man so öffentlichen Druck, eben ökologischen Druck, auf die großen Hersteller ausüben könnte. Mit meinem Konzept hätte der Mann eine kleine Produktion aufbauen können, er hätte Verwaltungs- und Marketinghilfen gehabt und innerhalb

kurzer Zeit eine gewisse Anzahl von Arbeitsplätzen geschaffen. Nun ist es zu spät, das Projekt ist in Japan. Eine Wiederholung solcher Fälle will ich verhindern.
Die Netzwerkkonzeption wäre mir ein bißchen zu kleinteilig. In unserem Konzept muß für kleinere und große Projekte Platz sein.
Das ist ein Konzept, ein Projekt, das wir für die Mittelstandsförderung entwickelt haben. Ein weiteres Projekt für den Mittelstand ist die Förderung von Verbundforschung. Es ist Unsinn, wenn unterschiedliche Unternehmen Parallelforschungen betreiben und alle mit dem verständlichen Wunsch kommen, der Staat möge helfen. Mit der Förderung von Verbundforschung würden wir mittelständischen Unternehmen helfen können, preisgünstiger und schneller zu Ergebnissen zu kommen.
Immer, wenn sich zumindest ein Dreierbund fände, also zwei Unternehmen und eine wissenschaftliche Institution beispielsweise, dann würde der Freistaat Bayern staatliche Förderung gewähren. Auch so kämen wir schneller zu neuen Produkten oder Produktlinien und eben zu neuen Arbeitsplätzen.«

Arbeitsplatzinstrumentarium

»Ihr zweiter wichtiger politischer Ansatz ist das, was sie die ›Teilzeit-Offensive‹ nennen. Stellt sich die Frage nicht eher den Tarifpartnern als einer Bundes- oder Landespolitikerin?«
»Nein, ich sage doch immer, daß ich es für sehr gut halte, was alle Beteiligten bei VW und bei Audi gemacht haben. Und es gibt sicher auch noch andere Beispiele, die aber nicht so plakativ sind. Als bayerische Landespolitikerin geht es mir allerdings um etwas anderes. Und wenn das dann

bundespolitischen Vorbildcharakter annehmen sollte – warum nicht?
Unsere ›Teilzeit-Offensive‹ soll auf der Ebene des Bundeslandes, in diesem Falle also Bayerns, alles beseitigen, was Teilzeitarbeit an Nachteilen für Arbeitnehmer und Arbeitnehmerinnen mit sich bringt, was sich aber auch für Unternehmer als Hemmnis erweist, wenn sie Teilzeitarbeit anbieten wollen.
So müssen beispielsweise gesetzliche Hindernisse beseitigt werden, damit Menschen, die Teilzeitbeschäftigungen ausüben oder ausüben wollen, nicht weiterhin ungeheure Nachteile in ihrem eigenen Alterssicherungssystem haben.«
»Da gibt es aber nicht sehr viel, was Sie von Landeseben aus tun könnten.«
»Es gibt schon genug. Dazu kommt aber, daß ich über Initiativen im Bundesrat erreichen will, daß die erforderlichen Instrumente geschaffen werden. Wir brauchen an bestimmten Stellen ein anderes Arbeitsmarktinstrumentarium.
Ich will erreichen, daß denjenigen geholfen wird, die aus der Vollzeitbeschäftigung kommend, arbeitslos werden. So ein Mensch kann es sich einfach nicht leisten, eine Teilzeittätigkeit anzunehmen, weil das für ihn weniger Einkommen bedeutet als das Arbeitslosengeld. Ich möchte aber, daß er die Teilzeitbeschäftigung annehmen kann. Wenn wir für diesen Fall, bei einer Halbtagsbeschäftigung, das Arbeitslosengeld auf die Hälfte reduzierten, könnte sich die oder der Teilzeitbeschäftigte das Halbtagsarbeitslosengeld zu normalen tariflichen Konditionen aufstocken. Das würde allen Beteiligten dienen und auch die Bundesanstalt für Arbeit entlasten.
Und dann würde ich bei einer Sache ansetzen, die mit einem Landes-Arbeitsmarkt-Programm zusammenhängt. Als Instrumentarium brauchen wir weniger personen- als vielmehr projektbezogene Förderprogramme.«

Renate Schmidt fordert mehr interdisziplinäres Denken, mehr interfakultatives Handeln und eine größere Offenheit der Manager auch von mittleren Betrieben gegenüber neuen Entwicklungen. Sie ist sich bewußt, damit auch Strukturen in Frage zu stellen, die veraltet sind. Ihre Folgerungen schließen die staatlichen Strukturen nicht aus:

»Solche Programme erfordern ganz selbstverständlich neue Ansätze, die unter die Rubriken ›Staatsvereinfachung‹ und ›Verfahrensvereinfachung‹ gehören. Ich kann nicht immer wieder hingehen und den Gewerkschaften und den Unternehmern sagen, ›nun seid mal schön innovativ‹, wenn ich den Staat aus dem Zwang zum innovativen Handeln herauslasse.

Also – alle Verfahrens- oder Verwaltungsvereinfachungen des Staates fördern die Schnelligkeit von wirtschaftlichen Abläufen. Sie sind damit auch innovative Leistungen, die nur deshalb noch nicht erbracht wurden, weil sich die hochgelobten perfekten bayerischen Verwalter so bequem eingerichtet haben und ausschließlich mit Skandalen beschäftigt sind.

Wir haben in Bayern, wie in den meisten anderen Bundesländern, ganz unterschiedliche Regionalstrukturen. Ich will, daß die erforderlichen unterschiedlichen Fördermaßnahmen aus dem Bedarf heraus von den Regionen selbst entwickelt werden und daß die Bezuschussung dann nach bestimmten übergeordneten und koordinierten Kriterien erfolgt.

Jetzt funktioniert es genau umgekehrt. Die Menschen in den Ministerien denken sich was aus. Und da gibt es ganz viele Ministerien, die sich alle ganz viel ausdenken. Guten Willens sicher, aber jedes für sich. Und dann werden die Regionen von oben beglückt. Und die unten wundern sich über das, was sie bekommen, und vergleichen das traurig oder sauer mit dem, was sie gebraucht hätten.

Ich habe bei der Eröffnung der Passauer Frühjahrsmesse ein Grußwort gesprochen. Dabei habe ich diese Gedanken auch vorgetragen. Und anschließend kamen die CSU-Landräte zu mir und sagten: ›Vollkommen richtig, Frau Schmidt!‹ Es kommt ein Punkt hinzu, der von der derzeitigen Regierung anscheinend nicht wahrgenommen wird. Und auch damit verschenkt der bayerische Staat eigene Innovativkräfte. Wir müssen unsere neue geographische Situation endlich nutzen. Da wird ständig davon geredet, daß wir nun keine Randlage mehr haben, sondern uns plötzlich in einer Mittelpunktfunktion befinden. Ja – dann muß man doch auch etwas tun!
Aber da gibt es eine Menge Dinge, die derzeit von der bayerischen Staatsregierung und insbesondere vom Wirtschaftsministerium eher behindert werden.
Ich sagte schon, daß es wirklich ein Unsinn wäre, zum Beispiel Tschechien sofort als Vollmitglied in die Europäische Union aufzunehmen. Das würde weder der kleine Staat noch der große Zusammenschluß vertragen. Aber wir sind uns nahegerückt, es gibt die fürchterliche Grenze nicht mehr. Und da müssen wir im beiderseitigen Interesse Zwischenlösungen für engeren Handel und Wandel finden. Und da haben wir in Bayern eine herausragende Funktion.
Wir brauchen Wirtschaftszusammenarbeit, Bildungszusammenarbeit, Austausch auf allen Gebieten. Hier ist die bayerische Politik gefordert, über den Bund oder direkt in Brüssel initiativ zu werden.«
Renate Schmidt wiederholt dies Tag für Tag in ihrem Wahlkampf.
Sie will durch Kompetenzverlagerung auf die unteren Gebietskörperschaften punktuellere und zielorientiertere Eigenverantwortlichkeiten schaffen.
Sie will eine Teilzeitoffensive starten und dabei dem Staat eine Vorreiterrolle geben: »Nicht nur in der Form, daß die

älteren Arbeitnehmerinnen und Arbeitnehmer die Möglichkeit haben, die letzten Jahre teilzeitbeschäftigt zu sein. Ich will, daß in dieser arbeitsteiligen Gesellschaft auch jeder Arbeitsplatz grundsätzlich teilbar ist. Und diejenigen, die behaupten, daß ein Arbeitsbereich nur mit einem Vollzeitbeschäftigten besetzt werden könne, müssen das erst einmal begründen. Also in die umgekehrte Richtung gehen!
Und dann mit unterschiedlichen Arbeitszeitsystemen nicht nur die Möglichkeit schaffen, täglich weniger zu arbeiten. Sondern fragen, ob eine andere Wochen-, Monats- oder Jahresarbeitszeit sinnvoller ist. Und wenn einer sagt: ›Das geht nicht‹ – dann sage ich: ›Das geht selbstverständlich!‹ Denn wozu haben wir denn die Datenverarbeitung? Dann laßt uns mal ein bißchen was tun, damit sich das schneller organisieren läßt!
Der öffentliche Dienst muß hier und da auch mal eine Vorreiterrolle spielen.
Innovation, andere Verteilung von Arbeit, öffentlich geförderter Arbeitsmarkt, wohlgemerkt, mit Landesmitteln. Dabei sind wir allerdings darauf angewiesen, daß auf Bundesebene nicht gerade das Gegenteil passiert. Es muß eine vergleichbare Richtung geben. Und das wird mit einer Regierung Scharping ganz sicher besser gehen als mit einer anderen.«

Nervenschwäche kontra ruhige Kompetenz

Der CSU-Vorsitzende Theo Waigel machte eine törichte Bemerkung. Die Pressestelle der BayernSPD konterte prompt mit einer Erklärung. Der Wortlaut:
»Mit der den Frauen eigenen heiteren Souveränität nimmt Bayerns SPD-Chefin Renate Schmidt, die nach einer heute veröffentlichten Emnid-Umfrage erstmals bei der Minister-

präsidentenfrage vor dem CSU-Amtsinhaber liegt, zu der ›intelligenten Bewertung‹ als ›wandelnde feminine Ignoranz‹ (WFI) wie folgt Stellung:
›Mein hochgeschätzter maskuliner Kollege Dr. Theo Waigel versucht sich offenkundig für die geistige Nachfolge des ausgewiesenen Frauenkenners Max Streibl zu qualifizieren. Ich habe großes feminines Mitgefühl dafür, daß den CSU-Spitzenmännern angesichts der schmerzhaft harten Umfragewerte die Glieder schlottern.‹« Kommentar in einer Moderation des ZDF-Magazins Frontal lautet dazu: eins zu eins.
Was den CSU-Vorsitzenden bei seiner unstrittigen Nominierung zum Spitzenkandidaten der CSU-Bundestagsliste dazu gebracht hat, ist unschwer zu erraten: Er hat die Nerven verloren. Fünf Monate vor der Landtagswahl muß er klar erkannt haben, daß die BayernSPD ihr Tief definitiv überwunden hat. Und die Tatsache, daß die ohnehin schon schwer angeschlagene CSU überdies von einer Frau gänzlich zu Fall gebracht werden könnte, muß ihn ins Mark getroffen haben.
Max Streibls alte, eher bäuerliche ›Krampfhennen‹-Beschimpfung wollte Waigel offenbar durch eine neue Qualität von Abqualifizierung ersetzen. Dieser Chauvi-Versuch endete im Dilemma. Dem CSU-Vorsitzenden wurde nicht nur von Renate Schmidt Bescheid gegeben. Obendrein hatte er wohl nicht bedacht, daß sich auch Frauen aus der eigenen Partei betroffen fühlen könnten.
Wer bei den Wahlreden von Renate Schmidt auf eine große Abrechnung mit der CSU und ihrem Führungspersonal wartet, wird enttäuscht werden. Sie ist der Meinung, daß eine Partei sich selber richtet. In ihren Reden sind deshalb meist konkrete Sachbezüge da, wenn sie Namen aus der CSU-Führung nennt. Ein Beispiel: Sie stimmt zwar zu, daß der Mißbrauch von Sozialleistungen zu bekämpfen sei,

gleichzeitig berichtet sie aber von einer Feststellung einer Sozialhilfeorganisation, daß 1993 einhundertdreißig Millionen Mark an Steuern hinterzogen worden seien. Und sie sagt:
»Wir könnten uns die Waigelschen Sparpakete sparen, wenn wir dieses Geld im Steuersäckel hätten. Wir könnten dann im größeren Ausmaß aktive Arbeitsmarktpolitik betreiben. Und ich verspreche Ihnen hier eines: Ich werde den öffentlichen Dienst in meiner Regierungszeit in Bayern nicht aufblähen. Aber an einer Stelle wird es mehr Personal geben: Bei den Betriebsprüfungen der Finanzämter, die dann dafür sorgen können, daß die Steuern auch tatsächlich in die Kassen kommen!«
Das unprogrammierte Jahr der Renate Schmidt rundet sich. Und diejenigen, die ihren Weg in dieser Zeit verfolgt haben, stellen Veränderungen an ihr fest. Wie damals, als sie sich entschloß, die BayernSPD zu reformieren, um sie schlagkräftiger und tatsächlich regierungsfähig zu machen, wundern sich auch jetzt diejenigen, die sie für ein politisches Leichtgewicht gehalten hatten. Ihre noch vor einem Jahr häufig belächelte Aussage, sie wolle Ministerpräsidentin von Bayern werden, wird längst wie selbstverständlich akzeptiert. Man hält es nun nicht mehr für ein Spiel.
Ihre Gegenspieler haben nicht das politische Schwergewicht von Strauß, deshalb wird ihre Kompetenzkritik auch immer weniger ernst genommen. Und warum sollte Renate Schmidt sich auch irritieren lassen? Sie weiß am besten, was sie erfahren und sich selbst erarbeitet hat.

Bundestagsnachlese

Von 1981 bis heute hielt Renate Schmidt achtundfünfzig Reden im Deutschen Bundestag. Ihre Themenpalette wur-

de im Laufe der Jahre immer umfangreicher. Sie sprach häufig über Frauen- und Familienpolitik, über Ausbildung, Bildung und Wissenschaft. Sie sprach zum NATO-Doppelbeschluß und zur Errichtung einer Stiftung »Entschädigung für NS-Unrecht«. Der Tierschutz wurde zu ihrem Thema. Rentenentwicklung und Familienlastenausgleich beschäftigten sie so intensiv wie die allgemeinen Fragen des Parlaments und die Altersversorgung von Parlamentarierinnen und Parlamentariern.
In Wehr- und Zivildienstfragen machte und zeigte sie sich kundig, und in Sachen Aids-Hilfe engagiert. Nach dem Reaktorunfall von Tschernobyl hielt sie eine ihrer großen Reden. In der Asyldebatte kämpfte sie auch im Bundestag für ihren Standpunkt und um die Geschlossenheit ihrer Partei.
Die deutsche Vereinigung und der Staatsvertrag darüber ließen Renate Schmidt für die Rechte von Frauen kämpfen, denen im Osten mehr genommen als gegeben wurde. Und ihre ständige Beschäftigung mit Arbeitnehmerfragen, mit der Arbeitslosigkeit und ihren Folgen hat ihre bisherigen Berufserfahrungen um wirtschaftspolitisches und fiskalisches Wissen ergänzt.
Renate Schmidts Präsenz als Parlamentarierin war, die Bundestagsprotokolle zeigen es, stets engagiert, kenntnisreich und – außer in den noch nicht ganz sicheren »linken« Anfangszeiten – auch stets offen für sachgerechte überparteiliche Diskussion. Kraft schimmerte immer durch die eigenständig formulierten Reden.

Ganz normal unterwegs

Ein Mensch mit drei Büros an verschiedenen Orten ist immer unterwegs und überall zu Hause. Auch im Auto, wo

Renate Schmidt Akten liest, telefoniert oder ein kurzes Schläfchen hält. Sie kann im Flugzeug arbeiten oder ein Nickerchen machen, und im Hubschrauber auch. Eigentlich bevorzugt sie die alten Rotorflügler der ehemaligen NVA, die seien bequemer ausgestattet, »aber leider sind sie langsamer.«

Wer mit ihr unterwegs ist und mit angespitztem Bleistift auf zitierfähige Sprüche oder Witzchen wartet, braucht Geduld. Und er kann dabei Erkenntnisse über Verhaltensökonomie à la Renate Schmidt gewinnen. Bonmots sind von ihr gar nicht einfach zu bekommen, wie die Medien vermuten lassen. Manche werden für Gelegenheiten ausgedacht und dann so häufig wiederholt, daß sie genug Verbreitung finden. Oder es gibt zugespitzte Bemerkungen, die nur aus der jeweiligen Situation heraus verständlich sind. Und das ist dann nichts fürs Kurzzitat.

Sie ist zwar meistens heiter, aber ihre Zeit- und Verhaltensökonomie hält sie in einem tieferliegenden ernsteren Rhythmus gefangen. Da wird nichts verplempert oder verplappert. »Was liegt an?« – »Was machen wir jetzt?« – »Und was weiter?« – Ruhe ist äußerst selten im Programm. Zuhören kann sie gut – aber nicht warten. Geduldig ist sie nur so lange, bis sie den Zusammenhang erkennt und weitere Details erfragen und dann entscheiden kann. Sie steht scheinbar niemals still.

Unterwegs ist sie immer.

Morgens von 6.15 bis 8.30 Uhr hat sie mit dem Münchener Oberbürgermeisterkandidaten Christian Ude vor einem Betriebstor Wahlkampf gemacht. Dabei sind ihnen die Trupps begegnet, die sie im Auftrag von Gauweilers Team vom interessierten Publikum abhalten sollten.

Um 9.55 Uhr geht ihr Flug von München nach Dresden. Dort holt ihr Wagen sie um 11 Uhr vom Flughafen ab. Auf der Fahrt nach Görlitz telefoniert sie mit Bonn und Mün-

chen, arbeitet an den vom Fahrer mitgebrachten Papieren, nimmt zwei Anrufe entgegen.
In Görlitz wird die Fraktionsarbeitsgruppe für Arbeit und Sozialordnung tagen. Treffpunkt ist das Hotel »Zum Grafen Zeppelin«: »Leider können wir das Restaurant erst morgen zum Frühstück öffnen.« Auch die anderen fünf Frauen und zehn Männer des Ausschusses und zwei Fachreferenten sind eingetroffen. Nach der Zimmerverteilung haben alle erfahren, daß bis zum Tagungsort eine halbe Stunde Fußmarsch absolviert werden muß. Der Viezpräsidentenwagen übernimmt den Aktentransport. Die Arbeitsgruppe mit Renate Schmidt geht durch das verregnete Görlitz. Bis zum Marktplatz bleiben die Augen häufig auf den Boden gerichtet, weil der Regen die Straßenlöcher füllte.
Im Tagungsraum gibt es ein Mittagsbuffet und Getränke. Die Anordnung der Arbeitstische behagt den Teilnehmern nicht. Aus einem sehr langen, schmalen Rechteck wird ein großes Quadrat gemacht. Brote kauend schiebt die Vizepräsidentin mit an den Tischen und trägt Stühle, während manche Männer ganz Wichtiges zu besprechen haben.
Bevor die Klausur ihren ordentlichen Anfang nimmt, kommt in Begleitung einer Freundin Greta Wehner. Einfach so. Von einigen sehr warmherzig begrüßt, setzt sie sich in die Nähe des Tagungsleiters und holt Strickzeug und Stenoblock aus ihrer Henkeltasche. Laut sagt sie während der nächsten Stunden nichts. Sie schreibt aber häufig mit, wie vormals Herbert Wehner.
Um 14 Uhr eröffnet der Arbeitsgruppensprecher und Tagungsleiter Otmar Schreiner die Klausur. Es geht um Konzepte gegen die Massenarbeitslosigkeit. Als Fachreferenten sind die Professoren Hengsbach, ein Bischof aus Frankfurt und Scharpf vom Kölner Max-Planck-Institut, eingeladen. Der Bischof akzeptiert die Ernennung zum »Genossen ehrenhalber« für die Dauer der Klausur.

Während der Referate macht Renate Schmidt Notizen, lehnt sich zurück, reibt ihre Schläfen, streift mit den Händen ihre Haare über die Ohren, läßt sie wieder heruntergleiten. Mimische Reaktionen auf die ersten Ausführungen sind ihr nicht anzusehen. Nicht alle Teilnehmer nehmen sofort Anteil am Geschehen. Einer ist mit der Bahn angereist und hatte siebenmal bis Görlitz umsteigen müssen. Der wird erst wach, als Renate Schmidt, den Kopf in beide Hände gestützt, leise in Richtung des vortragenden Referenten sagt: »Vielleicht noch mal erklären, ich bin vielleicht zu doof . . .«

Die Schläfrigkeit, die über der Gruppe lag, ist wie weggeblasen. Nach weiteren Ausführungen des Professors kommen Fragen von allen vier Seiten des Tisches. Im Laufe der folgenden Stunden läßt sich die Entwicklung der ersten Grundzüge eines Gesetzentwurfes der Opposition verfolgen. Drei Tage wird die Klausur dauern, nur am ersten ist Renate Schmidt mittendrin.

Es wird spürbar, wie die Ostmenschen die Westmenschen mit ihren ganz eigenen Ansichten nerven. In einer Pause sprechen die Ostmenschen über »viel Ignoranz, auch in dieser Partei«. Einem Westmenschen rutscht zwischen zwei Bissen noch die Bemerkung vom »verdammten Jammergehabe« durch die Zähne.

Die Arbeitsgruppe vertagt sich gegen 19 Uhr auf den nächsten Morgen. Im Parterre ist eine Gaststätte. Die Tür ist offen, die Tische sind gedeckt, aber der Kellner sagt, das Restaurant sei geschlossen. Wie in alten HO-Zeiten entläßt er die über zwanzig Hungrigen und Durstigen in den platschenden Regen. Nein, ein Taxi könne er nicht bestellen. Nein, wo eine andere Gaststätte sei, wisse er nicht.

Passanten geben widersprüchliche Auskünfte. Es gießt, was es gießen kann. Beim weiteren Suchlauf durch die Görlitzer Innenstadt verdünnisiert sich ein Teil der Gruppe. Neun

finden ein noch geöffnetes Restaurant, in dem keine Automaten toben. Dafür probt ein Männerchor im Hinterzimmer. Es gibt nur für sechs Personen einen Tisch. Renate Schmidt setzt sich an den Bartresen, um dort etwas zu essen und ein Bier zu trinken.
Nur für vier gibt es dann ein Taxi, mit einem Fahrer, der seine Tätigkeit zu hassen sccheint. Hörbar unzufrieden ist er über die zu kurze Fahrstrecke und laut bekennender Antiwessi ist er auch. Renate Schmidt fragt ihn, was ihn dazu bringe, so zu hassen. Nach einem, zumindest für die Beifahrer auf dem Rücksitz unverständlichen, langen Monolog bricht aus ihm heraus: »Und dann nennen die Idioten jetzt die Kneipen und Hotels ›von Bismarck‹ und ›von Hindenburg‹!« Das ist am Ende dieser Fahrt, beim Hotel »Graf Zeppelin«.
Dort hat der Hotelier schließlich doch einigen aus der Gruppe das Restaurant für ein paar Drinks geöffnet. Renate Schmidt sagte: »Gut' Nacht.« Und daß sie noch ein paar Seiten lesen wolle, in ›Der Rote Ritter‹ von Adolf Muschg. Sie sei ganz neugierig, ». . . wie das mit Sigune und Schionatulander weitergeht«.
Frühstück um 7.45 Uhr. Um 8.30 Uhr meldet auf dem Segelflugplatz Görlitz ein Offizier des Grenzschutzes der Frau Vizepräsidentin seinen Hubschrauber startklar für den Flug nach Nebra. Die Sonne scheint. Hier und da flieht ein Stück Wild vor dem Lärm des Luftgefährts.
Am Stadtrand von Leipzig wird der »Rundling« sichtbar. Eine in den Jahren 1929 bis 1930 von dem Leipziger Stadtbaurat Ritter konzipierte und fertiggestellte Siedlung aus drei konzentrischen Kreisen mit zwei Magistralen und ca. 1000 Wohnungen, die alle mit Balkon und kleinem Bad ausgestattet sind. Ein Modell für den sozialen Wohnungsbau hatte er schaffen wollen, was ihm mit architektonischer Originalität gelungen ist. Weder im Osten noch im Westen

hat man von diesem Modell gelernt. Im Krieg wurden ein Dutzend Häuser zerstört. Jetzt, beim Überfliegen, kann man erkennen, daß der Wiederaufbau im Gange ist.
Dann sieht man auch von oben den häßlich anmutenden Klotz des Völkerschlachtdenkmals, danach die Rauchfahnen eines der letzten dort in Betrieb befindlichen alten Braunkohlekraftwerke. Und dann folgen Industriebetriebe und die tiefen Erdwunden, die der Braunkohleabbau hinterlassen hat. Erst später wird die Landschaft wieder reizvoll. Bei der Annäherung an Nebra überfliegt die Maschine einen Teil des nördlichsten Weinanbaugebietes von Europa, im Bereich des naturgeschützten sogenannten Unstrut-Trias-Landes.
Während des Fluges studiert Renate Schmidt die »Tischvorlage zur 2. Aufsichtsratssitzung« der GESA, der »Gesellschaft für ökologische Sanierungs- und naturnahe Fremdenverkehrsinfrastrukturprojekte mbH«. Dort ist sie im Aufsichtsrat. Ohne Entgelt. Vorsitzende hatte sie aus Zeitgründen nicht werden wollen. Aber diejenigen, die es ihr angetragen haben, werden von ihr auch so gut beraten und wo nötig unterstützt, soweit es in ihren Möglichkeiten liegt. Landung auf dem Sportplatz. Der Bürgermeister, ein Landrat und ein Journalist. Fahrt ins »Schloßhotel«, das gleichzeitig Sitz der »Landesumweltakademie Sachsen/Anhalt« ist. Ein kaltes Buffet ist aufgetragen. Zwischen kalten Platten und Tellern haben Aufsichtsrat und Geschäftsführung auch ihre Sitzungsarbeitsplätze. Vortrag folgt auf Vortrag. Renate Schmidt hört jeweils so lange zu, bis sie genug weiß, um selber Fragen zu stellen. Von da an geht es strukturierter durchs Programm. Mit ihrem Füllfederhalter rechnet sie auch schnell mal etwas aus, bevor jemand mit dem Taschenrechner damit fertig ist.
Anträge, Beschlußfassungen, einen Vorgang entgegennehmen, der dem Forschungsminister zur Kenntnis kommen

soll. Zwischendurch einen Happen essen, anschließend zehn Minuten für vier Journalisten.
Der Landrat will noch etwas mit ihr bereden. Die Bürgermeisterin muß unbedingt auch noch mit der Frau Vizepräsidentin sprechen. Sie wird nämlich eines der Opfer der neuen Gesetzgebungen des Bundes sein.
Um 12 Uhr soll der Hubschrauber wieder starten, eine Minute vor zwölf sind die Wagen auf dem Sportplatz. Aber nicht wegen des möglichst pünktlichen Starts haben die Fahrer es eilig. Aus Anlaß des Besuchs der Frau Vizepräsidentin wird in einiger Entfernung vom Sportplatz im Tal ein Schornstein gesprengt. Eine der GESA-Sanierungs-Tätigkeiten. Die Vizepräsidentin vermittelt nicht den Eindruck, als ob sie das besonders interessiert.
Nach wenigen Minuten Flug ist Renate Schmidt auf ihrem schmalen Sitz schon eingenickt. Die Reise geht weiter nach Hohenstein-Ernsttal. Kurz vor der Ankunft um 14 Uhr wirft sie einen Blick in einen winzigen Spiegel. Dann Landung, Blumen, sehr viel mehr Menschen als zuvor, Ankunftsort ist wieder ein Sportplatz. Irgendwer spricht von »Sicherheitsstufe eins«. Was auch immer das bedeutet haben mag. Zur Freude der Fotografen und der Genossinnen und Genossen und zur großen Verwunderung des mit Dienstwagen anwesenden Oberbürgers dieser Stadt läßt sich Renate Schmidt von einem dieser merkwürdig gebauten Kultmotorräder in die Stadt transportieren.
Gespräche mit den Stadtgewaltigen über ihre Leistungen und Sorgen. Um 16 Uhr eine Versammlung in einem verhältnismäßig großen Saal, mit Funktionsträgern der Partei und normalen Bürgerinnen und Bürgern. Auf der Bühne steht ein Podium, an dem einige Herren und eine Dame Platz genommen haben. Renate Schmidt setzt sich dazu, wird sehr förmlich begrüßt und ans Rednerpult gebeten, das sie jedoch verschmäht.

Sie bleibt an ihrem Platz in der Bühnenreihe sitzen und erzählt kurz etwas von ihrem politischen Traum. Dann fragt sie leise in den Saal, was sie denn schon Sinnvolles reden könne. Sie wolle erst einmal von den Anwesenden etwas erfahren. Wie sich ihr Leben nun gestalte, wie es ihnen ginge, wo sie der Schuh drücke und ob sie vielleicht bei der Lösung von Problemen behilflich sein könne. Ihre Stimme bleibt freundlich, ihre Sprache ruhig, sie drückt Nachdenklichkeit aus. Ihre Gesten sind unaufdringlich. Und nach nur wenigen Minuten hat sie aus der Versammlung ein Gespräch gemacht. Erst melden sich einzelne, dann immer mehr Menschen zu Wort. Und Renate Schmidt bekommt zurück, was sie gegeben hat. Freundliche Fragen, keine Polemik, kein Ossi-Wessi-Gebramse, freundliche Sachlichkeit pur.

Irgendwann hat sie daran erinnert, daß sie zu einer bestimmten Zeit weiter müsse. Die vielen Blumen müssen ihr nachgetragen werden. Sie selbst hat einen großen Stapel mit Umschlägen unter den Arm gepackt, in denen Briefe stecken, Bittbriefe, Anfragen und Petitionen.

Um 18 Uhr der Start in Richtung München. Sie rückt den Blumenberg so zurecht, daß sie ihre Beine auf dem gegenüberliegenden Sitz auflegen und so etwas bequemer schlafen kann.

Beim Blick nach unten kann man auch noch in der Dämmerung die Narben erkennen, die den Verlauf der alten Grenze zeichnen.

In der Tischvorlage der GESA ist eine Grafik, die in Monatsschritten zeigt, wie sich die Belegschaft nach Ist und Soll zwischen Mitte 1992 und Ende 1994 zu entwickeln hat: Mitte 1992 hatte sie um 450 Beschäftigte, ab Anfang 1994 soll sie unter 200 haben. Doch selbst dieses Soll kann nur dann Realität werden, wenn die Mittel nicht versiegen. Wenn die Finanzierung funktioniert, dann könnte die Hälfte

der Belegschaft zukünftig im Naturpark tätig sein. Die andere Hälfte hätte Sanierungsprojekte durchzuführen. Da ist auch die Entsorgung eines Erbes aus der Zeit des letzten Weltkriegs geplant, das Gelände einer ehemaligen großen MUNA (Munitionsanstalt). Auf dem gesamten Gebiet der neuen Länder liegen aber noch zig alte MUNAs, für deren Entsorgung auch noch keine Finanzierung steht.
Gegen 19 Uhr Landung in München. Dank an die Piloten, die viele Freundinnen bräuchten, um alle Blumengestecke zu verschenken. Denn Renate Schmidt nimmt nur eines mit. Fahrt zum »Oberanger« in München. Zum Büro der BayernSPD. Dort wartet Friedrich Weckerlein auf die »Chefin«. Der promovierte Historiker ist überzeugter Schmidt-Anhänger und Pressechef der bayerischen Partei. Seine Mitstreiterin Anette Voß ist vor längerer Zeit von den GRÜNEN gekommen. In München arbeitet noch ein Abgeordnetenmitarbeiter der Powerfrau: der ehemalige Bundeswehroffizier und Mitarbeiter der Bonner Bundestagsfraktion, Harald Schneider.
Kaum ein »Grüß Gott«, und schon sind Schmidt und Weckerlein mitten in der Arbeit. Unterschriften, Austausch von Papieren und Informationen, Absprachen werden getroffen, bis Weckerlein sagt: »Du, es wird Zeit.« Renate Schmidt zieht sich um. Das Arbeitsgespräch wird um einige Ecken herum fortgesetzt. Es ist die heiße Phase im Oberbürgermeister-Wahlkampf in München. CSU-Buhmann Gauweiler gegen den etwas blaß wirkenden Kronawitter-Nachfolgekandidaten Ude.
Um 20.30 Uhr geht's per Fußmarsch zur *Münchener Abendzeitung*, die heute Wahlparty macht. Topküche, Topgetränke und schier unerträgliches Gedränge durcheinanderredender und gestikulierender Menschen. Hitze, Scheinwerfer, Rauch. Irgendwann kommt Ude, Gauweiler auch. Der Chefredakteur hält eine launige Rede.

Die Kandidaten lächeln beide ziemlich angestrengt und sind bald wieder verschwunden, zu weiteren Terminen unterwegs. Friedrich Weckerlein unterhält sich mit seinem Kollegen von der CSU, sehr kollegial und sehr offen. Überhaupt redet jeder mit jedem, so wie er mag. Renate Schmidt zeigt zumindest an diesem Abend kein großes Interesse. Sie steht etwas abseits. Selbstverständlich sind Leute um sie herum, mit denen sie auch spricht. Aber unbedingt smalltalk-begeistert zeigt sie sich nicht.

Gegen 23 Uhr rast der Wagen mit 200 Stundenkilometern auf der Autobahn nach Nürnberg. Renate Schmidt telefoniert wegen des Fußballspiels vom Nürnberger Club am Samstag, spricht mit ihrem Fahrer über den nächsten Tag, fragt noch dies und das, nickt dann ein wenig ein. Kurz nach Mitternacht steigt sie vor ihrem »Biotop«, wie sie ihr tatsächlich bescheidenes Reihenhaus liebevoll nennt, aus dem Wagen.

»Bis morgen dann.«

Morgen, ein Donnerstag, zeigt in ihrem Kalender das seltene Wörtchen »frei«. Den Tag über macht sie private Besorgungen.

Aber um 19 Uhr, im Schloß Faber-Castell bei Nürnberg, ist sie anwesend: Vier Frauen eröffnen eine Ausstellung, die Gräfin als Hausherrin, die Landrätin von der CSU, die Kulturdezernentin von der Stadt und die Bundestagsvizepräsidentin als Festrednerin. Die Wanderausstellung heißt *Grenzenlos* und vereint Werke von ausländischen Künstlern, die bei uns leben.

Die Festrednerin:

»›Grenzenlos‹ – ein wunderschönes Wort der Weite und der Öffnung. Grenzenlose Liebe, grenzenlose Freude. Ein Wort zum Jubeln.

›Grenzenlos‹ – aber auch ein Wort zum Frösteln, das Ängste erweckt. Denn der Mensch hat schließlich, bei aller Sehn-

sucht nach Offenheit und Weite, ein immanentes Bedürfnis nach Grenzen. Denn ein bißchen Abgrenzung soll schon sein.
Grenze ist als Begriff immer ambivalent, die Grenze hindert uns, schützt aber auch. Und wir alle kennen ganz persönliche Positionen, wo wir anderen Grenzen ziehen müssen, um selbst noch zurechtzukommen.
Auch erfahren wir uns täglich als ›Begrenzte‹; irgendwo stößt unsere Leistungsfähigkeit an ihre Grenzen, unsere gesundheitliche Belastbarkeit, unsere Zeit, unsere Lebenszeit zumal . . .«
Besichtigung der Kunstwerke, Gespräche mit den aus Bonn kommenden Organisatoren, wieder Small-talk-Zwang beim Gehen und Stehen, jetzt auf hartem Schloßparkett.
Gegen 21 Uhr ruft Monika Hohlmeier in einem Bierzelt auf der Nürnberger Festwiese mit so hoher, lauter und klarer Stimme und ohne Mikrofon »Ja – hallo!«, daß selbst die Musik den zwölfhundert Gästen diese Begrüßung der eintreffenden Renate Schmidt nicht vertuschen kann.
»Grüß Gott«, sagt die so Beschallte ziemlich leise. Die beiden Frauen reichen sich die Hand, aber haben sich augenscheinlich nichts zu sagen. Die Veranstaltung nennt sich *AZ*-Stammtisch, und die heutige Festrede hat Monika Hohlmeier am früheren Abend schon gehalten.
Renate Schmidt sitzt bei Genossinnen und Genossen, dann bei der Presse und schließlich bei Leuten aus der Kulturszene der Stadt. An dem Tisch, an dem auch die CSU-Bundestagskollegin Renate Blank mit Ehemann ißt und trinkt, hält sie sich nicht sehr lange auf. Dann fordert die Zeitung ihren Tribut: Blank, Hohlmeier und Schmidt werden aus dem Zelt gebeten – Rummelplatzbummel ist angesagt und Karussellfahren für die Fotografen auch.
Später, sagte Renate Schmidt, gegen Mitternacht, würde Werner Knaupp, ein Professor von der Akademie der Bil-

denden Künste in Nürnberg, zu zweien seiner Studenten gehen, die in einer Eisenbahnunterführung eine Kunstaktion veranstalteten. Sie wolle sich das auch anschauen. Nach Mitternacht erzählen Ullrich Lepka und Stefan Rummel der staunenden Renate Schmidt, was sie in der übelriechenden Eisenbahnunterführung treiben: Rummel hat Lepka bei seinem ersten New-York-Besuch zweihundert Stunden lang durch die Stadt geführt. Lepka hatte sich die Augen verbunden. Nur tasten, hören und riechen konnte er die Stadt. Auch bei Nacht oder im Kino blieb die Binde vor den Augen. Rummel trug einen Kassettenrecorder mit sich herum, beide hatten ein Ansteckmikrofon. Alles, was hörbar wurde, wurde dokumentiert, die Gespräche und auch das Schnarchen bei Nacht. – In der Nürnberger Eisenbahnunterführung stehen nun zwei Eisenbetten, eine Phonoanlage ist installiert. Über den Köpfen dröhnten die Züge. Und wieder zweihundert Stunden erleben die beiden New York, jetzt zusätzlich vermischt mit den Nürnberger Stadtgeräuschen. Renate Schmidt beeindruckt die Aktion, vieles kann sie nachvollziehen – auch die Faszination des Ullrich Lepka, der erzählt, wie er damals ganz früh morgens seine Augenbinde auf der Brooklyn-Bridge stehend entfernte, die Farben neu sah und das Licht plötzlich als Materie empfand. Was sie nicht versteht, morgens, in der Eisenbahnunterführung, ist, daß die beiden Kunstabenteurer ihre Aufnahme mit der Wiedergabe gleichzeitig bewußt löschten. Zweimal zweihundert Stunden und es bleibt – nichts?

Die Schmidtsche Vernetzung

Am folgenden Morgen hat Renate Schmidt ihren ersten Termin um 7.30 Uhr im Karl-Bröger-Haus, dem Sitz ihres Nürnberger Abgeordnetenbüros. Bevor sie ein Gespräch mit einem türkischen Magazin führt, hat sie bereits ihrem Nürnberger Abgeordnetenmitarbeiter, Richard Würfel, die von ihr bearbeitete Post übergeben und – wie eineinhalb Tage zuvor schon Herrn Weckerlein in München – einen Teil ihrer arbeitsbeschaffenden Reisemitbringsel.

Den Rest der Papiere ihrer kurzen Ostexkursion und was sonst noch so an Bürgerpost anfällt, wird sie ihrem Bonner Büro zur Bearbeitung überlassen. Dort ist Klaudia Sonntag mit ihren Terminen und allen persönlichen Organisationsfragen befaßt, Stefanie Poetés schreibt Reden und bearbeitet die Post. Die Bonner Abgeordnetenmitarbeiterin heißt Helga Dederichs. Den Ruhepol im Sturmwirbel bildet ihr Persönlicher Referent, Eduard Moser, studierter Soziologe und Politologe, der seit 1984 mit ihr zusammenarbeitet. Als Abgeordnetenmitarbeiter hat er bei ihr angefangen, in Personalunion war er zunächst aber auch ihr Sekretär.

In den drei Schmidt-Büros landen monatlich etwa fünfhundert ernst zu nehmende Briefe und Anfragen, die von der Politikerin und ihrem Stab bearbeitet werden. Nach Fernsehauftritten erhöht sich das Aufkommen noch. Diese Post betrifft alle Politikbereiche.

Monatlich bearbeiten die Mitarbeiter in den Büros zwischen einhundertsechzig und zweihundert Terminanfragen, die nicht nur im Kalender disponiert und gewichtet, sondern auch vor- und nachbereitet werden müssen.

Die Impressionen von vielen Reisetagen, die Erfahrungen aus der Bearbeitung fast unglaublich vieler Vorgänge, die von Bürgerinnen und Bürgern aufgetischt werden, die Inhalte von Parteiberatungen und die Beobachtung der parteipolitischen Konkurrenz, – diese und viele andere Eindrücke, Wissensvermittlungen, Analysen und eigenes kreatives Handeln ergeben eine Vernetzung von solcher Dichte, daß nur sehr kraftvolle Menschen damit umgehen können, ohne daran zu ersticken.

Wer nicht delegieren kann, ist von Anfang an verloren. Wer keine vertrauensvolle Zusammenarbeit mit seinen Mitarbeiterinnen und Mitarbeitern pflegt, kann nur in kleinsten Teilbereichen wirksam sein. Wer nicht fähig ist, Prioritäten in seinem Inneren zu setzen, erstickt im Chaos des Tagwerks, das Führungsfiguren der Politik zu leisten haben.
Wer mit Renate Schmidt unterwegs war, sie im Gespräch mit älteren Menschen oder Kindern beobachtet hat, beim Popkonzert oder bei offiziellen Anlässen, wer ihren vielen Ausdrucksmöglichkeiten ein wenig Aufmerksamkeit schenkt und mit ihren Mitarbeitern spricht, kann zu einer solchen Feststellung kommen: Diese Person ist wirklich und wahrhaftig in der Lage, den scheinbar unstrukturierbar auf sie einströmenden Wust von Anforderungen zu ordnen. Sie ist in der Lage, komplexe Vorgänge so weit zu vereinfachen, daß sie für sie handhabbar werden. Sie kann Meinungen bündeln und auf ihre spezfische Weise zu Entscheidungen kommen. Sie spricht meist weich und kann mit Härte handeln. Sie ist mißtrauisch und vergißt nicht zu kontrollieren. Wer ihr Vertrauen hat, kann sich auf sie verlassen. Sie ist Fixstern, um den Planeten sicher kreisen können.
Sie kann politisch führen. Das vom Parteitag verabschiedete fast fünfzig Seiten starke BayernSPD-Regierungsprogramm »Für ein soziales, ökologisches und demokratisches Bayern« empfindet sie nun nicht als Last, weil es die Inhalte ihrer Politik untermauert. Die komplexen Programmpunkte der Landespolitik reizen sie, in deren Vernetzung sieht sie ihre stärkste Herausforderung. Interdisziplinär handeln, das kann sie. Und überparteiliche Lösungen zu finden, bereitet ihr keinen Schrecken.
Und schon deshalb empfindet sie großen Widerwillen, wenn vor den Wahlen koalitionsarithmetische Wenn-und-aber-Rechnungen aufgemacht werden, die bis zum Wahlabend reinste Spekulation bleiben müssen. Und noch empfindli-

cher reagiert sie, daß manche und mancher schon weit im voraus Zusagen für Ämter haben wollen, die längst noch nicht zu vergeben sind. Sie würde auch mit Nicht-Sozialdemokraten und Überhaupt-Nicht-Parteigebundenen in einem Kabinett arbeiten, wenn deren Kompetenz es nahelegt.
Sie will ihre Vernetzungen erst dann gestalten, wenn die richtige Zeit gekommen ist und – wenn ihre Partei darüber diskutieren kann, was konkret zu tun und zu verteilen ist.

Renate Schmidt – Ein Bild von Mitte 1994

»Wasser! Wasser!«, diesen Ruf nach Erfrischung kann man hören, wenn man in Renate Schmidts Vorzimmern sitzt, mit ihr Gespräche führt, sie bei Beratungen beobachtet oder bei Reisen begleitet. Das hat sich in den letzten eineinhalb Jahren nicht verändert. Aber sonst hat sich eine Menge getan.

Ihre Schlagfertigkeit hat nicht nachgelassen, aber ihre Gelassenheit ist größer geworden. Ihre Lust, über politische Träume und Visionen zu reden, ist ungebrochen. Aber deren Vermittlung hat an Glaubwürdigkeit gewonnen, seit der ihr eigene politische Realismus sich in größerer Verantwortlichkeit und offener mit der Utopie verbindet.

Anfang 1993 wußte sie noch mit mädchenhafter Freude von Aufmerksamkeiten zu erzählen, die ihr widerfuhren. Inzwischen findet sie manches aufdringlich und lästig, anderes schon wieder normal.

Da Renate Schmidt sich ihre Rolle selbst erträumte, schrieb und inszenierte, kann sie sich jetzt, da auch die Bühne stimmt, selbst als Person nach außen kehren. Und da spielt diese Frau nicht mehr nur die Rolle einer potentiellen Landesmutter – sie ist es in Person. Seit Strauß hat Bayern nicht mehr die Chance zu einem solchen Elternteil gehabt . . .

Bei ihrem politischen Pragmatismus muß sie den Vergleich mit Strauß nicht scheuen. Auch ihr persönlicher Machtwille

ist durchaus ausgeprägt, aber gleichzeitig von einer übergreifenden Solidarität kontrolliert.
Ihr Durchsetzungsvermögen erprobte sie in der eigenen schwierigen Partei und nicht zu deren Schaden.
Vor populistischen Tönen schreckt auch sie nicht immer zurück. Sie ist aber den ›normalen‹ Menschen näher, was vor größerer Übertreibung eher schützt.
Straußens umfassende humanistische Bildung markierte vor allem in seinen freien Reden seinen unverrückbaren individuellen Führungsanspruch. Dem steht die Schmidtsche Einsicht gegenüber, daß Führungsanspruch sich heutzutage, und ihrer ganz speziell, nur in Teamarbeit erwerben und bewahren läßt. Insofern sind auch ihre freien Reden eher Sachdarstellung mit oft persönlichen Bezügen. Häufig sind sie zwar individuelle Präsentation, aber mehr noch Dialog in einem erweiterten Sinne. Auch ihr Führungsanspruch wird immer deutlich. Aber Profilierung auf Kosten anderer kommt kaum vor.
»Renate Schmidt, würde es Sie sehr stören, wenn man Sie als politischen Menschen gar als ›politisches Urgestein‹ mit Franz Josef Strauß vergliche, und zu ähnlichen Ergebnissen käme?«
»Ich sag' dazu nur, daß das manche schon mal tun.«
»Also eine Alpen-Maggie nach dem ›Alpen-Churchill‹?«
»Maggie Thatcher? – So möchte ich als Frau nicht sein.«
»Maria-Theresia?«
Erst ein Lacher. »Aber die hat das doch alles schön unter einen Hut gekriegt. Familie und so. Und dann hat sie doch wirklich nicht schlecht regiert.«
Familiensinn habe auch Strauß gehabt, was ja durchaus mal unabhängig von seinem Erwerbssinn gewürdigt werden könne. Und mit ersterem sei sie zwar sehr, aber mit letzterem sei sie nun wirklich gar nicht ausgestattet, sagt Renate Schmidt.

»Haben Sie Stoiber schon gefragt, was Sie verdienen würden, wenn Sie ihn im Amt beerben?«
»Ich gehe davon aus, daß ich davon leben kann! Darum habe ich mich wirklich nicht gekümmert. Nur durch diese Testamentsvollstreckungsgeschichte von Strauß und Streibl weiß ich, daß es etwas mehr als dreihunderttausend Mark sein müssen.«
»Wieviel bekommen Sie jetzt?«
»Ich habe im Jahr ein Bruttoeinkommen von rund hundertachtzigtausend Mark.«
»Wieviel stiften Sie der Partei, Ihrer Gewerkschaft und Leuten, denen Sie helfen wollen?«
»Nach meiner letzten Steuererklärung waren es ungefähr sechsunddreißigtausend Mark an Spenden. Ich muß sagen, daß mich meine Mitarbeiter manchmal vor zuviel Großzügigkeit bewahren.«
»Haben Sie Vermögen?«
»Nichts, außer meinem Haus in Nürnberg-Zabo.«
»Teilen Sie Nebeneinkünfte, zum Beispiel Honorare aus Ihrer Buchveröffentlichung oder für TV-Auftritte oder Vorträge mit Zuarbeitern oder Helfern?«
»Falls es überhaupt Honorare gibt, und wenn es Helfer gibt, dann ja.«
Manche Menschen wollen aus der vitalen Offenheit und Gesprächsbereitschaft der Renate Schmidt noch immer den Nachweis ableiten, daß es ihr ausschließlich um den öffentlichen Wirbel gehe. Dabei hat ihre politische Arbeit dies längst widerlegt. Daß es ihr bei der Kanzler-Kandidatinnen-Kandidatur sehr darum ging, hat sie nun zugegeben. Daß sie Offenheit und Gesprächsbereitschaft, Outfit und Auftritte als die ihr gemäßen Mittel nutzt, um auf sich aufmerksam zu machen, ist legitim.
Offenheit und Gesprächbereitschaft sind aber auch Schmidts Mittel, sich die Fähigkeiten von Fachleuten zu

sichern, um in den komplizierten politischen Geweben die richtigen Fäden in der Hand zu behalten. Ihre Konzentrations- und Lernfähigkeit und ihre Neugierde sind noch längst nicht erlahmt. Dabei hat sie die nützliche Fähigkeit, sehr schnell zu unterscheiden, welche Information und welcher Vorgang für sie und ihre Ziele brauchbar sind. Erst wenn sie sich auszukennen glaubt, ist sie sehr meinungsfreudig. Und wenn sie sich eine Meinung gebildet hat, ist es schwierig, sie von etwas anderem zu überzeugen. Dazu kommt, daß sie das für richtig Erkannte mit absoluter Hingabe umzusetzen versucht.

Was sagte sie, als sie davon erzählte, wie sie das bayerische Parteiamt übernahm? Erst sei es Muß gewesen, »und dann wurde es so etwas wie Liebe«! Das klingt so leicht dahingesprochen und ist doch sehr ernst gemeint. Denn sie hatte ihre Aufgabe wirklich angenommen. Und die Umgestaltung der in bayerischer Opposition erlahmten Partei gelang ihr nur, weil ihre Hingabe glaubwürdig war. Die es zuließen, konnten ein bis dahin nicht gekanntes Wir-Gefühl mit ihr erleben. Wer wollte, konnte erkennen, daß sie ihre Gestaltungskraft aus einem fast familiären »Wir« bezog, und nicht aus einem herrlich vorgefühlten plakativen Ich.

Wenn sich ein spielerisches Verhältnis zu Liebe entwickelt, ist vor der Hingabe der Liebenden kaum mehr eine Flucht möglich.

Die neue Gemeinschaft erforderte neue Aufgabenteilung, Kontrolle und Disziplin. Und manche Beobachter bemerkten es schneller und gewisser, daß da etwas Neues geboren worden war: Eine ganz neue Partei, die selbst erst allmählich begreift, was mit ihr geschehen ist.

Dabei könnten Umfrageergebnisse die leidige Selbstbespiegelung schon längst ersetzen. Hier bestätigen die potentiellen Wähler die hingebungsvolle Glaubwürdigkeit des politischen Wollens der Renate Schmidt. Auch vielen, die nicht ihre Meinungen teilen, sie schon aus alter Gewohnheit oder anderer fester Bindung nicht wählen werden, hat sie bereits Achtung abgetrotzt. Es gibt da schon eine Menge Menschen, die ihren alten Antisoziargwohn einer freundlich-distanzierten Beachtung opferten. Selbst hier entsteht ein Wir-Gefühl, ausgehend von Renate Schmidt.

Da, wo sie nicht eint, sondern polarisiert, macht sich die Gegnerschaft häufig an »Frau« fest, auch wenn es anders klingt. Nur deshalb auch glaubten die politischen Gegner so lange, die politische Kompetenz der Kandidatin lächerlich machen zu können. Peinlich genug, daß die gestandenen Mannsbilder selbst ständig gezwungen waren, von Politik abzusehen und vor allem im Feld der Skandalbegrenzung tätig zu werden.

Es sind noch zwei Fragen zu stellen. Renate Schmidt sagt selbst, daß ihre größte Stärke die der Außenwirkung ist. Und der Nachweis dieser Stärke hat sich in Bayern mit dem Ergebnis verbunden, daß große Außenwirkung Binnenstärke bewirkt – zumindest so lange, wie der Außenerfolg andauert.

Bleibt die erste Frage, ob nämlich die BayernSPD es schafft, sich innerlich zu konsolidieren und so viel Geschlossenheit zu konservieren, wie sie sich aus der bisher erfolgreichen Arbeit der Vorsitzenden ergeben hat. Es wäre fatal, wenn die Partei nur ein Zweckbündnis mit der großen Kommunikatorin geschlossen hätte, das aufgekündigt würde, falls das große Ziel des Machtwechsels in Bayern nicht im ersten Anlauf gelingt. Auch wenn die Zusammenarbeit mit ihr schwierig sein kann – Renate Schmidt hat einen langen Atem. Und die Partei?

Bleibt eine weitere Frage. Renate Schmidt sagt, Rudolf Scharping sei der »kommunikativste Vorsitzende«, den sie in der Partei erlebt habe. Draußen ist das weniger gut erkennbar. Die Bundes-SPD präsentiert nicht so sehr das helle Gute, und die CDU liefert keinen so dunkel bösen Hintergrund. Die Kontraste sind schlechter markiert, als regional, im Land der Bayern. Und ein übergreifendes Wir-Gefühl ist bundesweit so deutlich nicht in Sicht.

Oskar Lafontaine hatte schon häufiger die richtigen Eingebungen, manchmal zur unrechten Zeit. Renate Schmidt sagt keinen Ton darüber. Es wird gemunkelt, er habe der Partei dringend empfohlen, sie zur Vorsitzenden zu wählen, und er habe sie auch gedrängt, für den Bundesvorsitz zu kandidieren. Wäre in diesem Falle bei Schmidt nicht auch aus einem »Muß« dann so etwas wie Liebe geworden? Schon aus der Einsicht, daß eine große Familie ein großes Herz braucht, das sie verteidigt?

Personenregister